Gabriele y Christian Handl

Islandia

55 rutas selectas por la «isla de fuego y hielo»

ROTHER • MÚNICH

ROTHER Guías excursionistas

Prólogo

En esta época marcada por el daño ecológico, Islandia, la «isla de fuego y hielo», ejerce un influjo casi mágico sobre cualquier amante de la naturaleza. Parajes vírgenes y salvajes, enormes glaciares que contrastan con imponentes volcanes, una fauna y flora únicas y unas pocas carreteras que cortan el paisaje garantizan una experiencia inolvidable, pero también suponen un reto fuera de lo común. Islandia se ha convertido en un popular destino turístico, sobre todo el sur. Esto se debe por una parte a los abusos del turismo masificado (alojamientos agotados a un año vista, aumento de precios) y por otra, a la considerable mejora de la infraestructura, con alojamientos, restaurantes y cafeterías incluso en las localidades más pequeñas. La oferta para los senderistas también ha aumentado: hay caminos señalizados y se han editado mapas con consejos para hacer rutas. Pese a todo, Islandia sigue siendo un reto para el senderista, y es que todavía resulta complicado orientarse, los refugios son sencillos y escasos y en las cotas altas no hay ni posibilidades de hacerse con provisiones ni puentes para cruzar los impetuosos ríos glaciares.

Pero los verdaderos problemas surgen cuando nos fijamos en la geología islandesa: puesto que la actividad volcánica todavía está presente en muchos puntos de la isla, encontramos una capa vegetal fina e inestable con una flora sumamente delicada que además tiene que luchar contra el duro clima. Solo con que algunos senderistas se salgan del camino basta para destrozar la vegetación y causar graves daños en los sensibles colchones de musgo y en los escasos recursos forestales. Por este motivo, en esta guía hemos intentado recoger únicamente aquellas rutas que discurren por caminos existentes. Nuestro objetivo es mostrar el camino a las bellezas naturales de Islandia, a las que solo el senderista tiene acceso. Por ello solo hemos incluido unas pocas rutas de larga duración, pues aquí el tiempo es muy valioso debido a la inestabilidad meteorológica. A menudo, una caminata corta es suficiente para vivir una experiencia inolvidable si aprovechamos el tiempo para disfrutar de los variados paisajes y de las tonalidades de la luz, que suelen cambiar rápidamente. Quien se lo pueda permitir debería contar como mínimo con tres semanas. Hacer una breve escapada a Islandia no es ni bueno para el medio ambiente ni sensato. Esa es la razón por la que muchas de nuestras propuestas se concentran en los Parques Nacionales, que combinan impresionantes paisajes con una infraestructura aceptable y accesibilidad en transporte público, todos ellos requisitos esenciales para hacer senderismo. Además, le presentamos brevemente todas las regiones de Islandia para que usted decida cuál le interesa más. Esperamos que, durante sus caminatas, nuestros lectores también sientan la fascinación que despierta Islandia con sus desiertos de lava y glaciares, su reluciente musgo y sus imponentes cascadas y que, al igual que nosotros, queden cautivados por ella.

Verano de 2017   Gabriele y Christian Handl

Índice

Prólogo 3

Mapa general 6

Consejos prácticos 8
      Las rutas TOP de Islandia 11
      Tracks de GPS 13
      Símbolos 16

Hacer senderismo en Islandia 18

Información y direcciones 27

Sur de Islandia

TOP	1	7.45 h	Skógar – Fimmvörðuháls, 1.019 m – Þórsmörk 30
	2	2.30 h	Cuevas y gargantas en Þórsmörk 32
	3	1.45 h	Montaña panorámica de Valahnúkur, 465 m 34
	4	3.30 h	El volcán subglacial Þórólfsfell 36
	5	4.30 h	Þakgil: gargantas y glaciares 38
	6	2.30 h	Acantilados de aves en Vík 40
TOP	7	2.15 h	Montaña panorámica de Bláhnúkur, 945 m 42
	8	2.15 h	Brennisteinsalda: la montaña más colorida, 881 m .. 44
	9	8.00 h	Zona termal de Hrafntinnusker 46
	10	3.00 h	Suðurnámur: recorrido panorámico 48
	11	1.15 h	Kirkjubæjarklaustur 50
TOP	12	2.00 h	Recorrido por cascadas en el Parque Nacional de Skaftafell .. 52
	13	3.45 h	Morsárdalur 54
	14	6.45 h	Kristínartindar, 1.126 m 57
	15	2.30 h	Montañas de liparita en la garganta de Hvannagil ... 60

Este y noreste de Islandia

	16	1.40 h	Por el bosque de Hallormsstaður 63
	17	2.30 h	A la Strútsfoss 66
TOP	18	1.45 h	Hengifoss 68
	19	3.00 h	Bahía de Brúnavík 70
	20	5.30 h	Alrededor de las coloridas montañas de Bakkagerði .. 72
	21	5.30 h	Stórurð 75

Norte de Islandia

	22	1.45 h	Fuglabjagarnes: playa y acantilados en la costa norte .. 78
	23	2.15 h	Rauðanes 80
	24	1.20 h	Acantilados de aves junto al volcán Rauðinúpur 82
	25	1.15 h	Isla rocosa de Eyjan 84

26	3.30 h	Al cañón del Jökulsá	86
TOP 27	1.45 h	Hljóðaklettar – Rauðhólar	88
28	1.20 h	Hólmatungur	90
29	2.30 h	Hafragilsfoss y Dettifoss	92
30	2.15 h	Dimmuborgir	94
31	1.30 h	Montaña panorámica de Vindbelgjarfjall, 529 m	96
32	1.30 h	Grjótagjá	98
TOP 33	1.00 h	Recorrido por solfataras hasta el Námafjall	100
TOP 34	1.30 h	Krafla	102
35	4.30 h	Súlur	104
36	1.45 h	En la península de los troles	106
37	2.15 h	Gvendarskál	108

Oeste de Islandia

38	3.00 h	Kaldalón	110
39	1.30 h	Mýrarfjall	112
40	1.00 h	Dynjandifoss (Fjallfoss)	114
41	2.30 h	Látrabjarg	116
42	2.00 h	Helluvatn	118
43	2.15 h	Ruta circular por Vatnsdalur	120
44	1.00 h	Aves y fuentes termales: Reykhólar	122
45	2.30 h	Panorámica del fiordo desde las Svörtuklettar	124
46	2.00 h	Ránagil	126
47	1.30 h	Selvellir	128
TOP 48	2.00 h	La costa basáltica de Arnarstapi	130
49	1.45 h	Eldborg	132

Región de Reykjavík

50	2.30 h	Bæjarfell	134
TOP 51	2.40 h	Glymur	136
TOP 52	2.00 h	Þingvellir	138
53	1.20 h	Nesjavellir	140
TOP 54	2.45 h	Zona geotérmica de Hengill	142
55	1.45 h	Zona termal de Krýsuvík	146

Índice alfabético 148

Consejos prácticos

Cómo utilizar esta guía
Las 55 rutas propuestas en esta guía se enmarcan dentro de las cinco regiones siguientes (véase también la pág. 19 ss.):
- Sur de Islandia (rutas 1 a 15)
- Este y noreste de Islandia (rutas 16 a 21)
- Norte de Islandia (rutas 22 a 37)
- Oeste de Islandia (rutas 38 a 49)
- Región de Reykjavík (rutas 50 a 55)

Se puede consultar la ubicación de cada una de las excursiones dentro de las regiones en el mapa general de las páginas 6 y 7.

A la descripción de cada ruta le precede una breve información sobre los puntos de inicio y llegada, el acceso, la duración y la dificultad de la ruta, el alojamiento y las posibles variantes. Por «Localidad» se entiende la población más cercana con sitios donde comprar. Además, los símbolos del encabezamiento de las rutas informan sobre si hay lugares donde comer durante la ruta, si es apta para niños o si se puede llegar con transporte público. Para tener una información más detallada y actual sobre las conexiones de autobús se puede consultar en internet o en los folletos de las compañías de autobús, que se consiguen fácilmente en Islandia.

Cada ruta cuenta con un perfil orográfico y la duración y distancia totales de la ruta o de las etapas, así como con un mapa parcial con el itinerario de la ruta marcado en rojo. Los mapas excursionistas como los que hay en otras regiones de senderismo aún no están disponibles para todas las regiones de Islandia. Sobre todo hay que tener en cuenta que en Islandia ningún mapa puede hacer un seguimiento constante de todos los cambios geológicos ni de la construcción de nuevas carreteras.

Punto de orientación: el refugio de salvamento en la bahía de Brúnavik, en Bakkagerdi (ruta 19).

Dificultad
Para valorar mejor la dificultad que nos espera durante el camino, las rutas se han numerado a color conforme a tres grados de dificultad:

Puente en el sendero de gran recorrido de Skógar a Þórsmörk (ruta 1).

■ **Fácil** Estos caminos están bien señalizados en su mayor parte, son bastante anchos y tienen una pendiente moderada, por lo que, incluso en caso de mal tiempo, apenas suponen ningún peligro. Los niños y las personas mayores también pueden transitarlos sin riesgo en condiciones normales.

■ **Media** Estos caminos están bastante bien señalizados en su mayor parte. No obstante son estrechos, en ocasiones presentan tramos expuestos o son empinados y, en caso de mal tiempo, enseguida pueden causar problemas (véanse las advertencias especiales en cada ruta).

■ **Difícil** Estos caminos no están señalizados en su mayor parte o carecen completamente de señalización. También presentan tramos complicados como vados o campos de lava y/o están muy expuestos. Además suelen ser largos y requieren un gran sentido de la orientación y una excelente forma física. El mal tiempo puede alargar excesivamente estas rutas.

Peligros

Por supuesto, hemos intentado seleccionar las rutas evitando peligros innecesarios. Aun así, la responsabilidad de cada uno y una autoevaluación correcta son más importantes en Islandia que en cualquier otra zona de senderismo. Por ello la duración de las rutas, aunque esté basada en la experiencia y en valores registrados con gran precisión, depende sobre todo de la capacidad de cada uno.

Los cambios bruscos de tiempo son muy frecuentes en Islandia y rápidamente se pueden producir diversos fenómenos meteorológicos. En zonas elevadas y en las Tierras Altas podemos encontrar nieve incluso durante todo el verano, lo cual dificulta la marcha. En principio, desde un punto de vista climático, hay que sumar unos 2.000 metros de altura para alcanzar los valores de referencia centroeuropeos. Tanto la lluvia fuerte como la radiación solar intensa pueden hacer subir rápidamente el nivel de los ríos glaciares. Esto puede causar retrasos si realizamos una ruta en la que haya que vadear ríos (temperatura del agua entre 3 y 5 °C). Para vadearlos (¡nunca descalzos!) hay que desabrocharse el cinturón de la mochila para poder liberarse enseguida de ella en caso de caída. Por este motivo, se recomienda llevar consigo un pequeño kit de emergencia. Las excursiones pondrán a prueba nuestra capacidad para orientarnos con ayuda de mapas; a veces la ruta discurre por viejos caminos vecinales o caminos de cabras. Para no perderse por las zonas sin camino, hay que saber manejar perfectamente los mapas y la brújula, y en caso de niebla, si es posible, esperar a una mejor visibilidad. El uso de un GPS (si se tienen los conocimientos oportunos) puede ser de gran utilidad (véase la pág. 13).

El agua termal caliente mezclada con el agua de manantial fría crea una agradable temperatura de baño. Aquí en Hveravellir.

En las calientes zonas volcánicas se ha de prestar especial atención. Solo en las zonas más conocidas encontramos protecciones en forma de pequeños senderos delimitados por cuerdas. En las solfataras evite las zonas blancas y los bordes con charcas de ácido sulfúrico o lodo hirviendo, aquí existe un gran riesgo de desprendimiento. No se acerque nunca a los géiseres calientes y tenga siempre en cuenta la dirección del viento.

Tampoco se debería confiar ciegamente en la información ofrecida por los islandeses o los

Las rutas TOP de Islandia

Por el puerto de Fimmvörðuháls

Esta dura travesía sube desde la imponente cascada de Skóga hasta la región de los glaciares y pasa por delante del humeante cráter del Eyjafjalljökull para adentrarse en Þórsmörk, un verde valle con inmensos ríos glaciares (ruta 1, 8.00 h).

Bláhnúkur

Desde Landmannalaugar, el centro del Parque Nacional de Fjallabak, un ascenso de dificultad media atraviesa el variado paisaje con campos de lava y solfataras hasta la cumbre del Bláhnúkur. Desde aquí se abren unas vistas inolvidables de las coloridas montañas de liparita y los ríos ramificados (ruta 7, 2.15 h).

Skaftafell

Este maravilloso paseo nos permite hacernos una buena idea del Parque Nacional. La cascada Svartifoss, rodeada por columnas basálticas, es uno de los motivos más conocidos del camino, aunque el verde paisaje entre los glaciares y las superficies de arena también supone toda una experiencia (ruta 12, 2.00 h).

Hengifoss

El camino sube a través de florecientes praderas hasta dos de las cataratas más hermosas de Islandia: Litlanesfoss, enmarcada por columnas basálticas, y la imponente Hengifoss, que se precipita por rocas de color rojo y negro. Además las vistas alcanzan hasta el lago de Lögurinn (ruta 18, 1.45 h).

Rauðhólar

La variada ruta por el Parque Jökulsárgljúfur discurre por una senda bien acondicionada entre antiguas chimeneas volcánicas, cuyas columnas de basalto quedaron al descubierto por la acción del inmenso río Jökulsá a Fjöllum. El destino es el cono volcánico Rauðhólar, de color rojo intenso (ruta 27, 1.45 h).

Námafjall y Krafla

Podemos hacernos una excelente idea de la geología de la isla visitando por un cómodo camino las borboteantes pozas de barro y las solfataras de Hverarönd o a lo largo del volcán de fisura Krafla, donde todavía se percibe la actividad volcánica (ruta 33, 1.00 h + ruta 34, 1.30 h).

Arnarstapi

Esta excursión es única; no solo nos ofrece fascinantes acantilados con rocas basálticas y un furioso oleaje, un peculiar arco rocoso en el mar y una exhibición de aves marinas, sino también la posibilidad de reponer fuerzas en una cafetería con una ubicación idílica (ruta 48, 2.00 h).

Glymur

Todo un reto: en esta ruta hay que atravesar una cueva, cruzar un río por un tronco y subir escalando hasta un vado. Pese a todo, el esfuerzo se ve recompensado con la imagen de la cascada más alta de Islandia precipitándose hacia el vacío entre rocas cubiertas de musgo (ruta 51, 2.40 h).

Þingvellir

Situado en el límite geológico entre Europa y América, el histórico lugar de asamblea del Parlamento islandés es una de las principales atracciones del país. Un entretenido recorrido atraviesa el cañón de Almannagjá, pasa por la cascada de Öxará y atraviesa el campo de lava con profundas grietas rellenas de agua (ruta 52, 2.00 h).

Zona geotérmica de Hengill

Desde la ciudad de Hveragerði, esta fascinante ruta se adentra en la activa zona geotérmica del volcán central Hengill. Además de disponer de una buena forma física también hay que llevar una toalla, ya que de camino encontramos unas bonitas piscinas naturales (ruta 54, 2.45 h).

guardas de los refugios, ya que su sentido de la seguridad no suele ser tan pronunciado como el que existe en otras zonas de senderismo. En caso de emergencia (accidentes de montaña y búsqueda de desaparecidos) pónganse en contacto con la asociación de salvamento y rescate de Islandia:
- Slysavarnafélagið Landsbjörg (ICE-SAR), Skógarhlíð 14, 105 Reykjavík, tel. (00354) 570-5900, www.icesar.com. Teléfono de emergencias: 112.

Duración y desnivel
Para la duración indicada en el encabezamiento de las rutas y en el perfil orográfico se aplica un tiempo de marcha de aprox. 4 km o 300 m verticales (ascenso) por hora en condiciones normales, sin tener en cuenta las pausas para descansar. Para calcular el desnivel se suman todos los desniveles de los ascensos, incluidas las contrapendientes.

Equipo
Calzado fuerte con goma de suela maciza (la roca volcánica suele ser muy afilada), ropa de abrigo según el «principio de la cebolla» (no tiene que ser polar, los jerseys de Islandia son igualmente calientes y repelentes al agua). También es absolutamente imprescindible una buena protección contra la lluvia y una funda impermeable para la mochila; dentro de la mochila hay que colocar todo de nuevo en bolsas estancas. Kit de primeros auxilios, suficientes provisiones, agua potable (dependiendo de la región esta puede ser desde abundante hasta casi inexistente). Los bastones de senderismo (telescópicos) son imprescindibles, sobre todo al cruzar los ríos. Equipo de camping de primera calidad con infiernillo de gasolina o de alcohol (alcohol de quemar = «rauðspirit», los pequeños cartuchos azules (Campingaz) son los más fáciles de conseguir), una buena esterilla, un saco de dormir caliente y una tienda a prueba de tormentas. Tampoco podemos olvidarnos de llevar un bañador, ya que hay numerosos baños termales («sundlaug»).

Las diferentes tonalidades de luz y color convierten a Islandia en un país de ensueño para los fotógrafos, por lo que se recomienda incluir suficientes soportes de datos y baterías de reserva. Quien viaje en co-

Se recomienda utilizar un dispositivo GPS.

El arco iris es un indicio de la inestabilidad meteorológica en Islandia. Aquí sobre la solitaria costa de Melrakkaslétta (ruta 24).

che no se debe olvidar de llevar un transformador de tensión (12 V = a 220 V).

Utilización del GPS en Islandia

Debido a la señalización, que normalmente es escasa e incluso inexistente, el senderismo en Islandia no se puede comparar con las rutas por otras zonas de senderismo. En realidad nos mostramos escépticos con la utilización de demasiada tecnología y empleamos los dispositivos GPS como un medio de documentación adicional a la hora de hacer excursiones y rutas

Tracks de GPS

Para esta guía excursionista hay datos GPS disponibles que se pueden descargar gratuitamente en la página web de la editorial Bergverlag Rother (www.rother.de) – usuario: **gast** / contraseña: **wfisLEs03T5h3g**

Todos los datos GPS fueron registrados por los autores sobre el terreno. El autor y la editorial han comprobado los tracks y los puntos del camino conforme a su experiencia y conocimientos. No obstante, no podemos descartar que existan errores o divergencias; además, entretanto, las circunstancias locales pueden haber cambiado. Aunque los datos GPS son de gran ayuda a la hora de planificar y navegar, no podemos olvidar factores como una preparación meticulosa, la capacidad de orientación y saber evaluar la correspondiente situación (del terreno). Para orientarse, no confíe nunca exclusivamente en el dispositivo y los datos GPS.

en bici. Puesto que los dispositivos GPS no tienen cobertura en todas partes, funcionan mal o incluso dejan de funcionar en bosques frondosos o en gargantas. No obstante, en Islandia los GPS sencillos o más antiguos —siempre y cuando tengan función *backtrack*— también pueden ser muy útiles, al menos para encontrar de nuevo el punto de inicio. En los vastos parajes sin árboles de Islandia podemos perdernos rápidamente si la visibilidad es mala. Aquí los neveros son especialmente peligrosos, ya que no suelen estar marcados con estacas, ni siquiera en los caminos señalizados. En www.ourfootprints.de/gps/mapsource-island.html (Topo Island – Freeware) podemos descargarnos un práctico mapa GPS. Además, deberíamos tener en cuenta que la tecnología siempre puede fallar. Seguir andando cuando la visibilidad es mala y confiar solo en el GPS no está en absoluto exento de riesgos. En tales casos recomendamos emprender el camino de regreso utilizando la función *backtrack*. Es importante familiarizarse con el dispositivo en casa, ya que su manejo no resulta tan fácil y en una situación de emergencia es muy tarde para hacer pruebas. Igualmente importante es llevar siempre baterías de repuesto, ya que los dispositivos tienen que estar conectados durante toda la ruta. Atención: los *smartphones* con función GPS no son demasiado apropiados, ya que la duración de la batería no es suficiente para las rutas más largas.

Mejor época del año
De junio a mediados de septiembre, aunque las pistas de las Tierras Altas solo abren a partir de mediados de julio; en junio y julio apenas oscurece (Is-

Atardecer en Dyrhólaey en septiembre.

El original albergue de Fljótsdalur al pie de la montaña Þórólfsfell (ruta 4).

landia se encuentra casi por debajo del círculo polar), en septiembre los días ya son más cortos, hay menos conexiones de autobús y el tiempo empeora.

Dónde comer y alojarse

Quien quiera recorrer Islandia en temporada alta tiene que reservar alojamiento con unos seis meses de antelación o hacerse a la idea de pasar unas vacaciones de camping. Prácticamente solo hay refugios de autoabastecimiento, pero eso sí, están equipados con buenas cocinas colectivas; solo algunos de ellos cuentan con guarda en verano. Los refugios de Þórsmörk y Landmannalaugar también son destinos muy populares entre los islandeses los fines de semana. Se recomienda consultar y reservar en las asociaciones de senderismo. A Islandia solo se pueden importar tres kilos de comestibles por persona; la importación de embutidos, mantequilla y leche está terminantemente prohibida. Lo mejor es llevar alimentos deshidratados, sopas precocinadas o frutos secos para picar. Normalmente solo se puede comprar pan blanco. En general los comestibles son bastante más caros que en el resto de Europa, pero los alimentos básicos (pasta y sobre todo patatas) son asequibles. Los productos lácteos son de muy buena calidad (especialidad islandesa: skyr), por el contrario el pescado y la carne son muy caros. Por otra parte, la verdura importada suele ser más barata que la del país. Se recomienda comprar en la cadena de supermercados «Bónus». El alcohol se vende caro y únicamente en tiendas especiales o restaurantes con licencia.

Senderismo a paso quedo: cómo moverse por la isla
■ En autobús
En Islandia hay una red de autobuses de empresas privadas sorprendentemente amplia y bien organizada, por lo que se puede llegar en autobús a la mayoría de las rutas de esta guía. Esto también nos permite elegir distintos puntos de inicio y llegada para algunas rutas. En verano las empresas de autobuses también ofrecen numerosas excursiones guiadas, por ejemplo por las Tierras Altas, a Þórsmörk, a Askja o a Landmannalaugar; por lo general es la única posibilidad de llegar a estas zonas sin vehículo propio. Normalmente las interrupciones del viaje no suponen gastos adicionales, pero estas líneas son mucho más caras que las normales. Además el billete especial que se vende para los autobuses no es más barato que los viajes individuales.
■ En bicicleta
Quien quiera recorrer Islandia en bicicleta y con equipaje pesado tiene que ser un auténtico fanático de este vehículo. Los inconvenientes de utilizar la bicicleta como principal medio de transporte son el —a menudo— cambiante y tormentoso tiempo, los recorridos muy largos y los diferentes estados de las carreteras, sobre todo en los fiordos occidentales. Algunas pistas no son aptas para las bicicletas; por ejemplo, si hacemos una «escapada» a Landmannalaugar tendremos que empujar la bicicleta por algunos tramos de arena profunda. Quien combine hábilmente los viajes en autobús con las rutas y alquile una bici en Mývatn y Reykjavík —donde se recomienda ir en bicicleta (véanse las rutas 30–34)—, disfrutará mucho más del país y de sus lugares más hermosos. Para los que vayan en bicicleta de montaña, las toscas pistas de Islandia con campos de lava y los vadeos de ríos son todo un desafío. Las personas interesadas deberían consultar el sitio web del Icelandic Mountainbike Club (IFHK): www.fjallahjolaklubburinn.is/english.

Símbolos

🚌	accesible en autobús
✗	bar/restaurante por el camino
⛟	apto para niños
⛪	población con bar/restaurante
●	refugio guardado
◻	refugio, cobertizo
▲	camping
P	aparcamiento
†	cumbre
)(	puerto, collado
☀	faro
⊤⊤	área recreativa
)(	puente
⁂	mirador
∩	cueva
☰	cascada
⦿	fuente termal

■ En coche
Llevar nuestro propio coche a Islandia es caro y requiere mucho tiempo (ida y vuelta: una semana), pero hay destinos (también en esta

guía) a los que solo se puede llegar en coche y que merecen mucho la pena. Para subir a las Tierras Altas es imprescindible un 4x4 o —mucho mejor— un vehículo todoterreno bien equipado, ya que hay que ir superando vados continuamente. No hay que menospreciar el riesgo, pues cada año se producen accidentes mortales. El resto de la red de carreteras (excepto las pistas) va mejorando cada vez más y se puede transitar perfectamente con cualquier tipo de turismo. Los precios de los coches de alquiler son muy altos en comparación con otros países y, en el caso de los vehículos todoterreno, hay que cerciorarse de que tengan seguro. Hacer autoestop resulta complicado debido al escaso tráfico. Una posibilidad es hacerlo desde un camping poniéndose de acuerdo con otro conductor.

El famoso géiser Strokkur es una de las principales atracciones de Islandia.

Hacer senderismo en Islandia

La isla de fuego y hielo

Islandia está situada en el Atlántico, a unos 300 km al este de Groenlandia. Con apenas 103.000 km² y aproximadamente 332.000 habitantes (2016), lo que se corresponde con 3 habitantes escasos por km² de media, Islandia es un país muy poco poblado. La mayor parte de la población vive en las ciudades costeras —solo unos 200.000 en la región de Reykjavík—, de modo que hay vastas regiones inhabitadas.

Algo típico de Islandia son sus cerca de 31 sistemas volcánicos activos y su contraste con los enormes glaciares. Estos elementos caracterizan y siguen modificando el aspecto de la isla. Aquí podemos encontrar tanto paisajes de tundra como altas montañas y los glaciares más grandes de Europa, así como los mayores desiertos de lava del mundo, volcanes y gigantescos ríos glaciares que, sin freno, divididos en numerosos brazos y cortados por cascadas, buscan su camino hacia el mar. La zona volcánica activa se extiende de norte a sur por la isla y debe su existencia a la dorsal mesoatlántica. Gracias al calor propio de la tierra y a las fuentes termales, casi todas las casas se calientan de forma ecológica, lo que se traduce en aire y agua limpios.

Flora y fauna

Islandia es un paraíso para los amantes de la naturaleza. Su fauna se caracteriza sobre todo por las numerosas aves que aquí anidan en verano y a las que en muchos lugares podemos acercarnos hasta muy pocos metros, pero también por las focas, los lobos marinos, los renos o los caballos islandeses, tan apreciados por los jinetes. En la isla no hay serpientes venenosas ni animales carnívoros peligrosos, y hay que tener mucha suerte para ver un zorro polar. Los únicos animales que pueden atacar a las personas son las aves, preocupadas por sus nidos (muchas anidan en el suelo), por lo que nos podríamos llevar un buen susto con el (falso) ataque de un págalo. En cuanto a la vegetación llama la atención el crecimiento atrofiado de muchos árboles, como el abedul, que raras veces supera los dos metros de altura. Otros quedan achaparrados a ras del suelo. Los líquenes, el musgo —increíblemente brillante— y flores como la colleja de color rosado dominan la flora islandesa en contraste con el árido paisaje volcánico.

Musgos de un verde luminoso rodean los fósiles de hojas.

Las coloridas laderas de riolita caracterizan el paisaje alrededor de Landmannalaugar (ruta 7).

Las regiones
■ **Sur de Islandia: Þórsmörk – Landmannalaugar – Skaftafell**
El sur de Islandia, al que se llega fácilmente en autobús desde Reykjavík, ofrece al senderista algunas de las rutas más bellas y los paisajes más impresionantes del país. A tan solo 160 km de distancia de Reykjavík, al final del valle de Markarfljót, de 30 km de longitud, se encuentra Þórsmörk, similar a un oasis. Por eso se recomienda ir entre semana, ya que los tres refugios con camping son un popular destino los fines de semana. En verano hay autobuses diarios, pero la manera más impresionante e inolvidable de llegar a Þórsmörk es la ruta por el puerto de Fimmvörðuháls: justo delante de un cráter del Eyjafjalljökull.

Desde Þórsmörk el excursionista de gran resistencia puede realizar una ruta de cuatro días por el interior del país hasta Landmannalaugar (Reserva Natural de Fjallabak). Esta zona, situada al norte del Mýrdalsjökull, es uno de los platos fuertes de un viaje a Islandia. Ya desde la llegada de los primeros pobladores se visitaban las «fuentes termales de los lugareños». En una piscina natural se mezcla agua a 72 °C con agua fría de deshielo, lo que invita a darse un largo baño con la temperatura al gusto de cada uno. En 1979 se declararon protegidos 47 km^2 de este paraje, aunque su peculiaridad reside no tanto en su escasa vegetación —con poco más de 150 especies— y algunas especies de aves, sino más bien en las coloridas pendientes de riolita. Por los caminos que rodean el camping se pueden dar paseos cortos y hacer excursiones que ofrecen unas vistas espectaculares de la zona. Para emprender rutas que se salgan de los caminos señalizados es imprescindible contar con buen tiempo y tener sentido de la orientación.

El Parque Nacional de Skaftafell se fundó en 1967 con ayuda de WWF y se integró en el Parque Nacional de Vatnajökull en 2008. Es el punto de inicio perfecto para hacer rutas tanto cortas como largas y dispone de una buena infraestructura con camping, restaurante y oficina del Parque Nacional. Una loma de un verde exuberante es el centro de una región que se formó por la erosión de los glaciares y el agua. Sobre el río glaciar más imponente, el Skeiðará, no se construyó un puente hasta 1974. Al Parque Nacional de Skaftafell (centro de visitantes abierto todo el año) se accede fácilmente por la carretera de circunvalación; en verano hay autobuses diarios desde Reykjavík y Höfn.

■ **Este y noreste de Islandia: paisaje de fiordos alrededor de Egilsstaðir**
Un impresionante paisaje de fiordos al este y sureste de Islandia recibe a los viajeros que llegan en barco a Seyðisfjörður. Los fiordos orientales son una de las partes más antiguas de Islandia. Sus puntiagudas y escabrosas crestas, los «Alpes islandeses», se alzan hasta 1.300 m sobre el mar. Frente a ellos se encuentran algunas pequeñas islas en las que anidan las aves, como Skrúður y Papey. Al sur lindan con una línea de costa llana y recta con lagunas separadas del mar que ofrecen el hábitat ideal a limícolas, eideres comunes, ánsares comunes y cisnes cantores. Esta región es especialmente interesante para los geólogos, ya que aquí se encuentran grandes yacimientos de ceolitas, jaspes y ágatas, como ocurre en la granja Teigarhorn (cafetería con tienda), donde, por supuesto, el yacimiento está sujeto a una rigurosa protección. El punto de inicio perfecto para explorar el este de Islandia es Egilsstaðir, fundada en 1945 en medio de amplias superficies agrícolas y con una buena infraestructura. Desde Egilsstaðir en dirección suroeste se puede dar una vuelta por el Lagarfljót, un lago glaciar. Por detrás se alza la montaña más alta del este de Islandia, la Snæfell (1.833 m), a la que solo se puede llegar en todoterreno y en cuyo pie pastan los renos.
Las bahías situadas al noreste de Egilsstaðir, deshabitadas en su mayor parte, se pueden explorar desde Bakkagerði. Esta pequeña población portuaria se halla escondida —además del turismo las fuentes de ingresos son la pesca y el procesamiento de pescado— entre coloridas montañas de riolita, de las cuales la más soberbia es la Hvítserkur, un antiguo volcán central cuyos luminosos flancos de ignimbrita están recorridos por oscuro basalto. También los salvajes dientes rocosos del Dyrfjöll resultan impresionantes. La localidad, que fue hogar del conocido pintor Jóhannes Sveinsson Kjarval, dispone de una buena infraestructura y de hermosas posibilidades para practicar senderismo por caminos bien señalizados.

■ **Norte de Islandia: Akureyri – Jökulsárgljúfur – Mývatn**
Desde Egilsstaðir en dirección oeste, la carretera de circunvalación atraviesa amplias y solitarias regiones; desde aquí solo unas pocas pistas se adentran en el interior del país. A lo largo de la costa hasta Ásbyrgi hay que su-

perar 300 km de carreteras que en ocasiones todavía son abruptas, pero por las que se transita bien en coche. Viajar hasta aquí en autobús resulta más fatigoso. En cuanto al paisaje, continuamente se nos muestran preciosas vistas de la costa, como la península de Melrakkaslétta. Sin embargo, esta amplia y desarbolada zona de brezales no es muy apropiada para hacer senderismo, sí lo son en cambio las zonas litorales con hermosos acantilados y rocas en las que anidan las aves.

El Parque Nacional de Jökulsárgljúfur se fundó en 1973 y actualmente pertenece al Parque Nacional de Vatnajökull. Abarca, de norte a sur, la región a lo largo del río glaciar Jökulsá á Fjöllum, que se precipita una y otra vez hacia el vacío en forma de imponentes cascadas, de las cuales la más conocida es Dettifoss. Entre las grandiosas bellezas del Parque destacan la idílica Vesturdalur con las soberbias formaciones basálticas de la Hljóðaklettar, la montaña volcánica más colorida de Islandia, Rauðhólar, y el verde valle de Hólmatungur con sus bonitas cascadas. Con 400 mm de precipitaciones anuales, el clima en esta región es seco para Islandia y la nieve puede durar hasta mayo o junio. En el autobús de línea se llega a Ásbyrgi, donde encontramos un bonito camping, una oficina del Parque Nacional (abierta del 15 de junio al 1 de septiembre) y una tienda con cafetería. En la parte occidental del Jökulsá á Fjöllum, una pista pasa por delante de Vesturdalur, Hólmatungur y Dettifoss. Desde aquí hasta la carretera de circunvalación hay una nueva carretera asfaltada; en verano por aquí también pasa una línea de autobús una vez al día.

Desde 1974, la región alrededor del Mývatn y del río Laxá es una reserva natural. Con una superficie de 37 km², el Mývatn es una de las mayores

Paisaje en el Mývatn con un pseudocráter en primer plano.

aguas interiores de Islandia, pero solo tiene entre 2,5 y 4,5 m de profundidad. Su nombre, «lago de los mosquitos», se debe a las bandadas de mosquitos que aparecen cada verano y sirven de alimento a peces y aves. Aquí anidan las 15 especies de patos islandesas. 50 islas, muchas de ellas pseudocráteres, definen el aspecto del lago. Al estar ubicada en el borde occidental de la zona volcánica activa, aquí se observan más fenómenos geológicos simultáneos que en cualquier otro lugar. Además se puede llegar a ellos con relativa facilidad. Hoy en día en esta región se encuentran cerca de 50 granjas y la pequeña localidad de Reykjahlið, donde un supermercado, un camping, hoteles, una piscina, restaurantes, un alquiler de bicicletas, una oficina del Parque Nacional y un pequeño aeródromo —desde el que se pueden hacer excursiones recomendables en avión— ofrecen toda la infraestructura necesaria. Las rutas pueden comenzar en gran parte directamente desde el pueblo, por lo que no es de extrañar que el Mývatn sea uno de los centros turísticos de Islandia. Sin embargo, incluso aquí las rutas de senderismo son bastante tranquilas, solo en los puntos de interés accesibles en vehículo podemos encontrar hasta media docena de autobuses que pueden causar barullo. Quien quiera hacerse una idea completa de esta región, debería tomarse al menos entre 3 y 5 días. Cada día hay autobuses a Akureyri y a Egilsstaðir. Desde aquí también se pueden hacer varias excursiones guiadas en autobús, por ejemplo a Askja. En 1816 Akureyri todavía era una aldea con solo 45 habitantes; más tarde se convirtió en la tercera ciudad más grande de Islandia gracias a su ubicación privilegiada y al puerto. Situada en el precioso fiordo de Eyjafjörður y rodeada por montañas cubiertas de nieve incluso en verano, Akureyri —con viejas casas de madera pintadas de colores, un interesante jardín botánico y también todas las características de una gran ciudad islandesa— se presenta como lugar de descanso y ciudad comercial en la que también se puede dejar pasar tranquilamente un frente lluvioso. En verano la ciudad es un buen punto de inicio para hacer senderismo y, de marzo a mayo, también para rutas de esquí. Las líneas de autobús diarias a Reykjavík, Mývatn, Egilsstaðir y Ólafsfjörður y las conexiones aéreas a muchas poblaciones islandesas son una gran ventaja. Los hoteles, el albergue y el camping, ese último situado junto a una bonita piscina nueva, pero por desgracia también al lado de una carretera muy concurrida, ofrecen el alojamiento adecuado para todos los gustos.

■ Oeste de Islandia: fiordos occidentales – Snæfellsnes

Desde un punto de vista geológico, los fiordos occidentales son la parte más antigua de Islandia. Las masas de tierra, cortadas por numerosos fiordos, se extienden como si de dedos se tratase por el Atlántico Norte. Su ubicación expuesta llama la atención en cuanto echamos un primer vistazo al mapa, es por eso que aquí el mal tiempo y los cambios meteorológicos bruscos son más frecuentes que en el resto de regiones islandesas. A

La Gullfoss, la «cascada de oro», es una célebre atracción de Islandia.

Ísafjörður, la ciudad más grande de los fiordos occidentales, solo se puede llegar rápidamente en avión; en autobús o en coche se necesita mucho más tiempo, ya que las distancias a lo largo de los fiordos son grandes. En Ísafjörður hay una oficina de turismo que ofrece información actual y también facilita guías locales (dirección: Tourist Information Centre, Aðalstræti 7, IS-400 Ísafjörður, tel. 00354-450-8060, www.isafjordur.is, info@vestfirdir.is).
La parte central de los fiordos occidentales es un paisaje de tundra normalmente azotado por el viento y bañado por pequeños lagos y arroyos. Sin embargo, el plato fuerte de cualquier excursión por los fiordos occidentales es seguramente el acantilado (arrecife) de Látrabjarg, el extremo más occidental no solo de Islandia, sino de toda Europa. Allí podemos acercarnos a unos pocos metros de los frailecillos. Desde los fiordos occidentales se llega rápidamente con el ferri a la península de Snæfellsnes. Ya a lo lejos, en días claros, se puede divisar el glaciar blanco y resplandeciente de Snæfellsjökull. Este maravilloso volcán central de forma cónica y de 1.446 m de altura desta-

ca no sólo por su imponente exterior, sino también por su papel en la literatura: Julio Verne trasladó hasta aquí la entrada al centro de la tierra. Toda la península, considerada una «Islandia en miniatura», ofrece un sinnúmero de peculiaridades geológicas y ornitológicas: desde campos de lava (Berserkjahraun) y cráteres volcánicos hasta escondidas e inesperadas formaciones de piedra de toba, pasando por una impresionante costa (Arnarstapi) con acantilados de aves y la playa de arena más bonita de Islandia. Para dar una vuelta por la península se necesita un coche, el cual también nos permite aproximarnos por una pista al glaciar. Solo hay una línea de autobús a Stykkishólmur y a Hellisandur (Olafsvík). Se desaconseja absolutamente adentrarse en el glaciar sin ningún tipo de experiencia y equipamiento adecuado debido a las numerosas grietas (se pueden hacer excursiones de esquí). Desde Reykjavík también se puede llegar rápidamente a la península de Snæfells.

■ Región de Reykjavík

En la gran región de Reykjavík viven hoy en día casi dos tercios de los islandeses. La capital más septentrional del mundo se presenta moderna y cuenta con una extensa superficie, dos puertos, una estación de autobuses y el aeropuerto nacional más grande de Islandia. El centro con su zona peatonal, situado alrededor de la oficina central de correos, y las calles llenas de tiendas invitan a callejear por la ciudad. Aquí se puede comprar muy bien ropa de lana. Los grandes centros comerciales como el «Kringlan» se encuentran en la periferia. Naturalmente también hay hoteles, un albergue juvenil (¡reservar con antelación!) y campings (un gran recinto bien gestionado cerca de la piscina, donde también se ofrece buena información).

Desde Reykjavík se accede bien a algunos lugares que no pueden faltar en un viaje a Islandia: hacia el oeste enseguida se llega al fiordo de Hvalfjörður, desde cuyo final se llega a la cascada más alta de Islandia, Glymur, que se desploma 200 m hacia una garganta cubierta de musgo. Otro sitio más idílico y fácil de visitar es Hraunfossar, una serie de cascadas en Húsafell, una popular zona turística ubicada en un fértil valle con fuentes termales e invernaderos. Quien no le tenga miedo a una carretera algo más abrupta puede atravesar las áridas Tierras Altas por el valle de Kaldidalur, pasando por delante de los glaciares Ok y Þórisjökull, hasta Þingvellir, situado en la fosa tectónica entre Europa y Amé-

En las costas del oeste de Islandia es habitual ver focas grises.

Luces del norte en la caldera Krafla.

rica y lugar de origen del Parlamento islandés. Con este conecta el «Golden Circle», un recorrido hasta el géiser Strokkur y la imponente cascada de Gullfoss, antes de poder disfrutar cerca de la costa de las ventajas de una zona geotérmica en la montaña Hengill: en los invernaderos de Hveragerði crecen incluso plátanos. También merece la pena la península de Reykjanes, a través de la cual esta fosa tectónica prosigue hasta el mar; aquí también hay zonas de fuentes termales con pozos de barro, como en Krýsuvík o la fuente Gunnuhver, todo ello acompañado por una oferta bien desarrollada para los visitantes, con museos interesantes y, por supuesto, la célebre «laguna azul».

Rutas de varios días: senderos de gran recorrido en Islandia

Exponerse durante varios días o semanas a la sobrecogedora naturaleza de Islandia es algo fascinante, pero requiere una forma física excelente y un buen equipo. Sobre todo en caso de mal tiempo, como lluvia continua, una ruta con tienda de campaña a campo traviesa se puede convertir rápidamente en una pesadilla. Lo mejor es hacer excursiones por caminos señalizados en los cuales haya refugios donde pasar la noche. Pero, al contrario que en otras regiones de senderismo, en Islandia recorridos de este tipo todavía son escasos, y dado que además algunos refugios son muy pequeños, antes de salir es imprescindible ponerse en contacto con las asociaciones de senderismo responsables. Estas asociaciones ofrecen además (junto a otras) las siguientes rutas guiadas de varios días:

- La ruta de Skógar a Þórsmörk y luego a Landmannalaugar (6 días) es, en nuestra opinión, el sendero de gran recorrido más bonito. Las etapas que van de refugio en refugio (posibilidad de abastecimiento en Landmannalaugar y en Þórsmörk) son: Skógar – Fimmvörðuháls (4–5 h) – Þórsmörk

Refugio en el Hvitárvatn.

(véase la ruta 1; 5–6 h) – Emstrur (5–6 h) – Álftavatn (6–7 h) – Hrafntinnusker (5–6 h) – Landmannalaugar (véase la ruta 9; 4–5 h). Señalizados con estaquillas, hay algunos puentes y es necesario vadear algunos ríos, por lo que la época para hacer excursiones depende del nivel del agua. A pesar de que todos los refugios tienen espacio para 40 personas como mínimo, hay que reservar con tiempo. Al lado de los refugios también hay zonas de acampada.

- Desde Hveravellir hasta Hvitarvatn (2–3 días, tres refugios, en general senderos bien visibles). También se puede seguir hasta Gullfoss (2 días, no hay refugio, a lo largo de la pista Kjalvegur, F 37, sin señalización).
- Desde Snæfell, al este del Vatnajökull, pasando por la lengua glaciar Eyjabakkajökull hasta el colorido valle de Lónsöræfi en la costa sur (cuatro refugios, mínimo 4 días).
- Desde el pie del Herðubreið hasta Askja (Herðubreiðarlindir – Bræðrafell i Ódaðahrauni – Dreki í Dyngjufjöllum), 2 días, etapas largas, señalizado.
- Por el Parque Nacional de Jökulsárgljúfur se puede caminar desde la Dettifoss hasta Ásbyrgi, pasando por Vesturdalur, siempre a lo largo del Jökulsá (véanse las rutas 26–29). Hay zonas de acampada pero no refugios; completamente señalizado, buen camino, recomendable (2 días).
- En la parte más al norte de los fiordos occidentales, en la Reserva Natural de Hornstrandir (580 km^2), en verano se ofrecen rutas guiadas, pero apenas hay caminos señalizados. La orientación por el árido paraje es muy difícil y las conexiones en barco no son regulares (en función del tiempo). Por ello, para estas rutas es necesario llevar reservas de comida y disponer de tiempo. En las últimas décadas, el abandono de las granjas ha convertido Hornstrandir en una región deshabitada, lo que no significa que no haya absolutamente nadie. Las viejas granjas son ahora apreciadas residencias de verano para los islandeses. Durante las excursiones por la costa se recomienda precaución, ya que a veces la marea alta puede cortar el paso.
- En Tröllaskagi, la península al norte de Akureyri, se pueden hacer rutas de varios días por antiguos caminos vecinales y pernoctar en el valle (alojamiento en casas particulares).
- Entre Bakkagerði y Seyðisfjörður se pueden hacer excursiones por los solitarios fiordos y las coloridas montañas. Se puede pernoctar en refugios y zonas de acampada y los caminos están bien señalizados en su mayor parte.
- En el caso de rutas largas y exigentes no hay que subestimar nunca el trayecto. Hay que planear la caminata con mapas exactos, llevar suficientes víveres y, antes de salir, informar el guarda del refugio de la ruta prevista y avisarle cuando regresemos.

Información y direcciones

Llegada
Hay vuelos directos a Islandia desde Madrid, Barcelona y Alicante. Para más información consulte a una agencia de viajes. En verano hay un ferri una vez a la semana entre Hirtshals (Dinamarca) y Seyðisfjörður (Smyril Line). El viaje en el Norröna (ferri de lujo) dura dos días por tramo. El viaje se puede interrumpir en las Islas Feroe.

Información
Oficina de turismo islandesa: Icelandic Tourist Board (oficina principal), Geirsgata 9, 101 Reykjávík, tel. 00354-535-5500, fax 00354-535-5501, dirección de correo electrónico: info@icetourist.is; internet: www.visiticeland.com (mucha información turística y práctica también en español).

Literatura y guías de viaje
Para conocer Islandia a través de su literatura, se recomienda leer las obras del premio Nobel Halldór Laxness (p. ej. «Gente independiente», «La campana de Islandia», «Bajo el glaciar») o las novelas de Gunnar Gunnarsson.
Quien se interese por la sociedad moderna islandesa en la literatura puede leer las obras de Einar Kárason («La isla del diablo»). También es muy amplia la oferta de novelas policíacas islandesas, pero ofrecen una imagen bastante distorsionada del país. En cuanto a las guías de viaje, la Guía Azul (Ed. Gaesa), Islandia (Guías Ecos) o Islandia (Guía Total) de la editorial Anaya Tourin.

Clima
Clima oceánico moderado con veranos frescos e invier-nos suaves; muy cambiante. En verano la temperatura media ronda los 10 °C. Aunque se pueden superar los 20 °C si hace buen tiempo, también puede haber temperaturas bajo cero, sobre todo en la zona de los glaciares.

Idioma
En Islandia casi todo el mundo habla y entiende inglés (excepto algunas personas mayores). El alfabeto islandés tiene más letras que el español. La ortografía islandesa tiene la peculiaridad de haber retenido el uso de dos letras antiguas: þ y ð, que representan los sonidos sordo y sonoro de la «th» inglesa (similares respectivamente al sonido de la «z» castellana y de la «d» final en español).
Algunas palabras importantes relacionadas con la geografía son: brú – puente; dalur – valle; fjall – montaña; foss – cascada; gil – barranco; gjá – grieta; hver – fuentes termales; jökull – glaciar; jökulsá – río glaciar; vað – vado.

Asociaciones de senderismo
Organizan excursiones y dan información sobre la ocupación y los horarios de los refugios. Siempre intentan vender sus rutas guiadas, así que a veces no nos dieron suficiente información para nuestras rutas individuales.
- Ferðafélag Íslands, Mörkinni 6, 105 Reykjavík, tel. 568-2533, www.fi.is, fi@fi.is
- Ferðafélagið Útivist, Laugavegi 178, 105 Reykjavík, tel. 562-1000, www.utivist.is, utivist@utivist.is

Camping
En Islandia hay 70 campings y zonas de acampada de distintas características, aunque la mayoría son sencillos; no todos disponen de toma de corriente para caravanas. La acampada libre está permitida —excepto en los Parques Nacionales y Reservas Naturales—, pero es preferible no hacerlo por respeto a la naturaleza. En las propiedades privadas es necesario el consentimiento del propietario, y muchas regiones son propiedad privada, sobre todo las situadas junto a una carretera.

Deportes y ocio
Baños: en la mayoría de las poblaciones islandesas hay piscinas al aire libre (sundlaug) con «hot pots» y jacuzzis, que por tanto se pueden visitar con cualquier situación meteorológica.
Equitación: hay una gran oferta en granjas y con rutas guiadas. Si trae su propia montura hay que desinfectarla antes de entrar en Islandia.
Pesca: para los ríos es necesario obtener un permiso; en el caso de salmones hay que pedirlo con antelación (junio–sept.), para truchas se obtiene el permiso en la granja más cercana. Hay que desinfectar los utensilios.
Golf: es muy popular, hay más de 50 campos; los turistas son bienvenidos.
Navegar en el Mývatn están prohibidas las barcas de remos, al parecer por respeto a la naturaleza. Aun así, se ofrecen rutas en lancha motora. En el Jökulsárlón (rutas en barco organizadas) o en los ríos glaciares es muy peligroso navegar y está reservado a los «especialistas».

Parques Nacionales
Son una institución muy importante para conservar la naturaleza de esta isla, pues aquí también se intenta explotarla de forma desconsiderada. En los tres Parques Nacionales hay que acampar en las zonas indicadas y solo se puede hacer rutas por los senderos existentes. Aquí el excursionista encontrará caminos bien señalizados y una oficina que facilita previsiones meteorológicas, material informativo, mapas e información sobre el estado de los senderos. También suele haber una pequeña tienda o un supermercado. Sobre todo si se viaja en autobús, los Parques Nacionales son la base perfecta para hacer rutas de varios días. Más información sobre los Parques Nacionales y Reservas Naturales en www.ust.is.

Emergencias/Médicos
En todas las poblaciones grandes hay centros de salud. El teléfono de emergencias es el 112. Información: www.heilsugaeslan.is y www.safetravel.is.

Teléfono
Desde el extranjero: 00354 más el número de teléfono de 7 cifras. Atención: las guías telefónicas islandesas están ordenadas por los nombres de pila.
Prefijo para llamadas a España: 0034.
Las cuatro compañías de teléfono móvil islandesas cubren la mayor parte del país, al menos todas las poblaciones con más de 200 habitantes.
Se pueden comprar tarjetas prepago y alquilar teléfonos.

Horarios comerciales
Normalmente de 9.00 a 18.00 h; algunos supermercados abren todos los días hasta las 23.00 h. En verano, muchas tiendas cierran los sábados, excepto las tiendas de recuerdos, que incluso abren los domingos. Horario de los bancos: Lu–Vi de 9.15 a 16.00 h; correos: Lu–Vi de 8.30 a 16.30 h.

Días festivos
17 de junio: fiesta nacional; el primer lunes de agosto: fiesta de los comerciantes (verslunarmannahelgi): muchos islandeses se van de excursión.

Nubes de vapor saliendo del nuevo cono volcánico del Fimmvörðuháls (ruta 1).

1 Skógar – Fimmvörðuháls, 1.019 m – Þórsmörk

7.45 h

Impresionante cruce de un puerto por delante de lava humeante

Desde el puerto de Fimmvörðuháls, el camino pasa por delante del cráter volcánico que entró en erupción en 2010. Después podemos disfrutar de unas sensacionales vistas de Þórsmörk, con sus curiosas formaciones rocosas y abismales gargantas con cuevas y cascadas, así como de las lenguas glaciares.

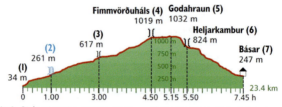

Localidad: Skógar, 60 m, situada en la carretera de circunvalación.
Punto de inicio: Aparcamiento del camping en Skógar, 34 m.
Acceso: Servicio de autobuses por la carretera de circunvalación en ambas direcciones. Línea de autobús por Þórsmörk hasta todos los refugios.
Desnivel: 1.300 m en el ascenso, 900 m en el descenso.
Dificultad: Ruta larga y dura. Actualmente, durante el ascenso el camino sobre cenizas con zonas profundas. Bien señalizado. Durante el descenso hay algunos tramos expuestos asegurados con cuerdas o cadenas. Para el resto del camino por Þórsmörk (p. ej.: Básar – Húsadalur) informarse sobre el estado de los puentes.
Dónde comer y alojarse: Skógar: camping y hoteles. Þórsmörk: refugio de Básar, camping, autoabastecimiento; Húsadalur: camping, habitaciones, rte. sencillo.
Variantes: 1) Dividir la ruta en 2 días pernoctando en el refugio de Fimmvörðuháls. En verano hay guarda; 20 plazas, cocina, autoabastecimiento. 2) Subir al volcán desde Þórsmörk (refugio de Básar) y volver a bajar (aprox. 5 h).

La impresionante Skógafoss.

Desde el **aparcamiento (1)** del camping (cabaña con panel informativo y WC), el camino conduce primero a la **Skógafoss** y después sube en pendiente a la derecha por una escalera, siempre por la orilla del río Skóga con sus cascadas. Atravesamos sin problemas pequeños valles laterales a la vez que vamos ganando en altura. Al cabo de 1 h llegamos a una cascada especialmente bella **(2)**; otra se precipita hacia una angosta garganta. Aquí tenemos que regresar al camino señalizado y subir por él. Tras pasar otras muchas cascadas y algunos manantiales, en los que deberíamos reponer agua, llegamos a un **puente peatonal (3)**, por el que pasamos a la otra orilla. A partir de aquí seguimos el camino señalizado, que coincide más o menos con el trazado de la pista, pero es más corto. Al final de la carretera de acceso, llegamos al refugio nuevo de Baldvinsskáli. Desde aquí continuamos subiendo hasta el puerto (1.019 m). El refugio de Fimmvörðuskáli está al oeste del camino. Desde el **puerto (4)** vemos el cráter del volcán y la lava que surgió con la erupción del Eyjafjallajökull. Bajamos por un nevero y ahora el camino se dirige en llano hacia el volcán. El camino serpentea por el campo de lava de **Godahraun (5)**. Después se abren unas magníficas vistas y viene un empinado descenso, un tramo de trepada fácil dotado de cuerdas. Luego cruzamos la angostura de **Heljakambur (6)**, desde la cual un complicado camino se desvía hacia Hvannárgil. Nuestro camino discurre en línea recta por la altiplanicie de **Morinsheiði**. Después bajamos moderadamente por la ladera izda. de una loma y proseguimos por una cresta. A la izda. podemos disfrutar de las vistas de la profunda garganta de Strákagil; el camino dispone de escalones y protecciones. Bajamos —de nuevo en pendiente— hasta el fondo del valle, donde los exuberantes abedules nos sorprenden. Cuando llegamos al nivel del río, una flecha nos indica la dirección al **refugio de Básar (7)**.

2 Cuevas y gargantas en Þórsmörk

2.30 h

A través de peculiares rocas de toba por una loma pródiga en vistas

Esta ruta circular nos permite hacernos una buena idea de la geología y la rica vegetación de Þórsmörk. Las empinadas subidas y bajadas del camino, bien señalizado y acondicionado, se ven compensadas por unas amplias vistas.

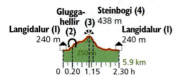

Localidad: Hvolsvöllur, 20 m.
Punto de inicio: Refugio de Langidalur en Þórsmörk, 240 m.
Acceso: Ruta guiada en autobús desde Reykjavík, se puede subir en Hvollsvöllur o en la cascada Seljalandsfoss. También en vehículo todoterreno (¡trayecto muy peligroso!) por la carretera n.º F 249.
Desnivel: 350 m.
Dificultad: Descenso muy empinado; se puede ir en sentido opuesto, pero entonces las vistas son menos impresionantes.
Dónde alojarse: Refugio en Langidalur, camping; Húsadalur: refugios, habitaciones, camping, restaurante sencillo.
Variante: Combinación con el ascenso a la Valahnúkur.

Desde el **refugio de Langidalur (1)** caminamos por la orilla del Krossá en dirección este hasta la zona de acampada de Slyppugil. Torcemos hacia esta garganta (letrero: Tjindjafjellhringur). Después de 200 m se desvía a la derecha una vereda con el letrero «Gluggahellir», por la que continuamos subiendo en pendiente por numerosos escalones. En algunos tramos el camino serpentea —también por terreno llano— a través del bosque. Pronto llegamos a la pequeña cueva con dos entradas, la **Gluggahellir (2)**. Pasa-

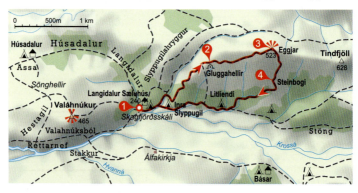

mos por delante de ella, de nuevo por estrechos escalones, y a continuación el camino sigue por una cresta, que nos ofrece unas espléndidas vistas de la profunda garganta con curiosas rocas de toba. El camino está muy bien señalizado; unos escalones facilitan un pequeño descenso intermedio. En cuanto llegamos a una cima tras subir por piedras de toba, el camino se dirige hacia el este y discurre primero en llano y luego moderadamente cuesta arriba después de una breve contrapendiente, hasta que finalmente llega por una pradera más empinada al mirador de **Eggjar (3)**, en la cresta del **Tjindfjöll**; a partir de aquí la cresta se vuelve muy dentada. Primero nuestro

Vista desde Eggjar del destacado Hattafell en el desierto de lava de Emstrur.

descenso vuelve a pasar por una pradera para después recorrer una cresta en dirección sur; está claramente señalizado. En la cresta torcemos bruscamente a la derecha, aquí hay un pequeño arco de piedra, **Steinbogi (4)**, que se puede pasar trepando fácilmente.

El siguiente tramo del descenso también es muy empinado, pero baja por entre arbustos. En un pequeño collado elegimos el camino de la derecha, que nos conduce hacia un estrecho valle con un arroyuelo. Ahora la senda serpentea a lo largo de su orilla a través del denso bosque y en dirección a la salida del valle. Finalmente llegamos al camping de **Litliendi**. Para regresar al punto de inicio, como mínimo tenemos que superar una contrapendiente, ya que aquí el Krossá fluye normalmente muy cerca de las rocas. El sendero señalizado nos lleva por encima de la orilla, primero hasta la zona de acampada de **Inra Slyppugil** y luego —dependiendo del caudal del río, de nuevo por una colina o a lo largo de la orilla— otra vez hasta la garganta de Slyppugil, desde donde en 5 min llegamos al **refugio de Langidalur (1)**.

3 Montaña panorámica de Valahnúkur, 465 m

1.45 h

Breve ascenso para disfrutar de unas magníficas vistas

A pesar del insignificante desnivel de 250 metros, la Valahnúkur es una de las montañas panorámicas más bellas de Þórsmörk. Desde su cima la vista abarca el mar, el valle de Þórsmörk con el río Krossá y sus ramificaciones y los glaciares Eyjafjallajökull, Mýrdalsjökull y Tindfjallajökull. Esta barrera de glaciares es la responsable del suave clima del valle, pero supone una amenaza constante, ya que bajo el Eyjafjallajökull y el Mýrdalsjökull yacen volcanes impredecibles.

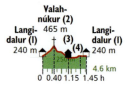

Localidad: Hvolsvöllur, 20 m.
Punto de inicio: Refugio de Langidalur en Þórsmörk, 240 m, o Húsadalur, 200 m.
Acceso: Ruta guiada en autobús desde Reykjavík, se puede subir en Hvolsvöllur o en la cascada Seljalandsfoss. También en vehículo todoterreno (¡trayecto muy peligroso!) por la carretera n.º F 249.
Desnivel: 300 m.
Dificultad: Si hace buen tiempo es uno de los mejores miradores del valle. Ascenso sin problemas.
Dónde alojarse: Refugio en Langidalur, camping; Húsadalur: refugios, habitaciones, camping, restaurante sencillo.
Variante: Salida del refugio de Básar: ¾ h; refugio de Básar – Húsadalur 2 h; es imprescindible informarse sobre la situación de los puentes sobre el Krossá.

Desde el **refugio de Langidalur (1)** vamos por encima de un puentecillo, como señala el indicador, y subimos a la derecha de una canal y en dirección oeste por un camino con escalones no demasiado empinado. Tras un tramo llano, desde donde ya podemos disfrutar de unas impresionantes vistas, subimos por una canal más empinada hacia la cumbre de la **Valahnúkur (2)**. Aquí una placa metálica nos ayuda a orientarnos por este maravilloso paisaje. El descenso se realiza por la vereda en dirección noroeste (ya se divisan los refugios de Húsadalur). El camino presenta partes bastante empinadas, pero se encuentra en buen estado y está señalizado; a la altura de una «olla caliente» llegamos al destino intermedio de **Húsadalur (3)** (aquí se puede tomar algo). Como camino de regreso, desde aquí elegimos el ancho camino señalizado por los valles de Húsadalur y Langidalur. Primero subimos hacia el noreste a través de un bosque similar a un parque, nos mantenemos a la derecha (a la izquierda se desvía el sendero Laugarvegur) y por unas escaleras de madera (**Snorrariki**) llegamos a un pequeño collado **(4)**. Desde aquí bajamos por un ancho camino hasta nuestro **punto de inicio (1)**.

Vistas de Þórsmörk desde la Valahnúkur.

4 El volcán subglacial Þórólfsfell

3.30 h

Desde el albergue más auténtico de Islandia hasta el Þórólfsfell

El viaje hasta el albergue pasa por algunas bellas cascadas y, en los últimos kilómetros —aunque se trata de una carretera «normal»—, es muy abrupto y apenas se puede transitar en coche. Como recompensa, el pequeño albergue cubierto de hierba nos regala unas espléndidas vistas del Eyafjallajökull. Desde aquí se puede hacer una ruta con hermosas vistas por el volcán de Þórólfsfell.

Localidad: Hvolsvöllur, 20 m.
Punto de inicio: Aparcamiento en la pista F261, junto al río Þorolfsá.
Acceso: En Hvolsvöllur seguimos por la carretera n.º 261; los últimos 7 km discurren por una pista de gravilla abrupta.
Desnivel: 450 m.
Dificultad: Ruta sin señalizar, en parte incluso sin camino. El descenso y descenso en el Þórólfsfell discurren por algunos guijarrales.
Dónde alojarse: Albergue Fljotsdalur (tel. 487 8498), los últimos 100 m de subida al albergue solo son aptos para todoterrenos.
Observaciones: En el camino anterior, que partía del albergue juvenil, faltan los puentes. No se deben atravesar los prados.

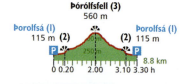

Musgo florido (Silene acaulis), al fondo el glaciar Eyjafjallajökull.

Aparcamos en la carretera de grava F261 (no junto al albergue juvenil), donde esta cruza el río Þorolfsá, que pasa a través de tuberías **(1)** (después de aprox. 400 m). Aquí también hay paneles informativos. A continuación, subimos por el lado este del río hasta llegar a la garganta, a la que merece la pena echar un vistazo **(2)**. Desde aquí subimos de golpe 100 m verticales por encima del borde de la garganta. Aunque el camino no está señalizado, sigue una cañada visible. La senda cruza algunas pequeñas canales y al cabo de 1 h cruza una canal más profunda y se encuentra con una valla, que seguimos en dirección noreste. El paisaje es de lo más variado; la vista alcanza la colorida garganta del Þórólfsá y llega hasta las montañas cubiertas de nieve que se alzan por detrás. Pasados unos 15 min nos dirigimos hacia el Þórólfsfell y subimos sin camino —al principio con poca, luego cada vez con más pendiente— hasta la planicie de la cumbre. Nos mantenemos más a la derecha en dirección a una elevación bien visible (joroba). Cuando llegamos arriba tenemos que caminar otros 500 m por la altiplanicie de la tuya hasta llegar al libro de cumbre, bien protegido en un buzón junto a un **hito (3)**. Alrededor vemos las montañas cubiertas de nieve, solo se nos oculta la vista del valle de Þórsmörk, para lo que tenemos que seguir caminando en dirección este unos 500 m por el borde del volcán subglacial. (Para tener unas vistas mejores de Þórsmörk es preferible la ruta 3.) Regresamos por el mismo camino.
Una variante es el descenso en dirección suroeste a la derecha de una llamativa canal. Sin embargo, este descenso es muy empinado y hay que tener cuidado con la gravilla suelta. No obstante, después de superar el tramo más empinado por aquí también se puede regresar sin problemas en dirección al punto de inicio. En cuanto volvemos al Þorolfsá, bajamos hasta el aparcamiento junto a la carretera **(1)** siguiendo la orilla del río.

5 Þakgil: gargantas y glaciares

4.30 h

Desde el camping de Þakgil, con una ubicación espectacular, hasta el imponente borde del glaciar

Al pie del Mýrdalsjökull, bajo el cual descansa el temido volcán Katla, hay un pequeño camping situado en una garganta de piedra toba poblada de vegetación. El viaje de 15 km en coche hasta allí desde Vík ya es toda una experiencia: pasamos por delante de curiosas rocas y disfrutamos de unas magníficas vistas del río glaciar Mulakvisl (última riada glaciar en julio de 2011).

Localidad: Vík, 15 m. Servicio de autobús en la carretera de circunvalación.
Punto de inicio: Camping de Þakgil, inicio del camino 800 m antes, orográficamente a la derecha, hay una pista para jeeps.
Acceso: Carretera n.º 214, desvío a 4 km al este de Vík.
Desnivel: 600 m.
Dificultad: Ruta que en su mayor parte discurre por una pista con partes abruptas y empinadas; el último tramo sin camino por morrenas.
Dónde alojarse: Camping y refugios en el Þakgil; hotel, pensiones y camping en Vík.
Consejo: Desde el camping, pasando por delante de un generador, podemos seguir durante un rato la imponente garganta hasta una bonita cascada.

Desde el **camping (1)** caminamos unos 10 min en dirección a la salida del valle y torcemos a la derecha hacia el primer valle lateral por una pista para jeeps; podemos saltar por encima del arroyo (otra opción es aparcar aquí).

Esta pista, que está marcada por unas pocas estaquillas, es la que seguimos durante la mayor parte de la ruta. Nuestro camino pronto asciende en pendiente trazando curvas y más abajo vemos el bonito camping, que como particularidad tiene una cueva con una estufa como sala de descanso.

Por delante de rocas de toba subimos a buen paso por un tramo abrupto; a mano derecha continuamente se nos muestran impresionantes vistas **(2)** de la profunda garganta cubierta de vegetación. Al cabo de aproximadamente 1 h el camino se allana, aquí aún hay pequeños regatos. Pasamos por delante de un desvío señalizado hacia la montaña panorámica de Mælifell y enseguida divisamos ya las lenguas glaciares.

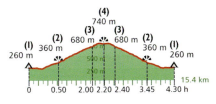

Antes de las colinas de morrenas la **carretera (3)** se bifurca: a la derecha prosigue la señalización, a la izquierda también hay un trazado, pero nosotros continuamos todo recto por en medio, subimos a la colina y luego nos mantenemos algo a la derecha, pero principalmente conservamos la dirección norte. Finalmente, ante nosotros encontramos un cañón: desde arriba vemos una lengua glaciar rodeada por paredes rocosas por las que se precipitan numerosas cascadas procedentes del **Höfðabrekkajökull**, situado encima. ¡Es difícil que encontremos una vista **(4)** más impresionante de un glaciar!

Para regresar utilizamos el mismo camino. Las vistas, que llegan hasta la costa y abarcan desde las verdes y suaves colinas hasta las altas montañas, también merecen la pena si la visibilidad es buena.

El camino nos regala impresionantes vistas de la profunda y verde garganta de Þakgil.

6 Acantilados de aves en Vík

2.30 h

Fantásticas vistas de la costa y, con algo de suerte, de los frailecillos

La población de Vík es muy popular para hacer noche mientras se recorre la costa sur. No obstante, merece la pena dedicarle un poco de tiempo para conocer su fabulosa costa acantilada. Además, la zona de acantilados de Dyrholey, más conocida, está cerrada entre mayo y junio para proteger a las aves que anidan, así que, si se hace esta ruta en esas fechas, este es un reemplazo perfecto con unas preciosas vistas del mar.

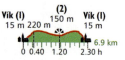

Lugar de referencia: Vík, 15 m.
Punto de inicio: Vík, supermercado.
Acceso: Por la carretera de circunvalación en coche. Servicio de autobús regular desde Reykjavík.
Desnivel: 300 m.
Dificultad: Ruta sencilla, sin embargo los acantilados no tienen protección y son muy peligrosos si hay niebla.
Dónde alojarse: Camping, hotel y albergue en Vík.
Consejo: Los frailecillos se suelen ver solo por la tarde, durante el día están en el mar.

Desde el **aparcamiento (1)** del supermercado en Vík subimos por un camino por encima de la carretera y después atravesamos la población hacia la izquierda hasta que, al final de un callejón (última posibilidad de aparcar), nos topamos con una senda que al rato se encuentra con una pista para jeeps, por la que ahora seguimos. Debido a la gran pendiente de la ladera, no tiene mucho sentido elegir como atajo la senda directa que sube empinada a la izquierda junto a la línea de alta tensión, ya que en la parte superior la senda no es demasiado buena.
Al cabo de 40 min llegamos a la pequeña altiplanicie. A la derecha podemos ver un poste de telecomunicaciones; seguimos por la pista derecha hasta que, después de unos 10 min, nos desviamos de ella en

La costa acantilada de Vík sirve de hogar a muchas aves y ofrece amplias vistas del mar.

dirección oeste (senda poco visible) hasta llegar al acantilado. A partir de aquí proseguimos en dirección sur por una planicie pedregosa, por la que a los 30 min llegamos al **mirador (2)**. Desde aquí se abre una magnífica vista hacia el oeste por encima de la laguna de Dyrhólaós. El camino es más corto si seguimos las rodadas de los todoterrenos hasta el mirador.

Ahora el camino sigue a lo largo de la costa acantilada en dirección este y pronto podemos disfrutar de unas fabulosas vistas de los dientes rocosos de Reynisdrangar emergiendo del mar. El camino rápidamente vuelve a discurrir en dirección norte y primero va en paralelo a los acantilados para después apartarse del cortado y dirigirse tierra adentro. A la izquierda se alza el poste de telecomunicaciones, pero el camino pasa a su derecha.

El descenso hasta **Vík (1)** se hace como el ascenso, por la pista para jeeps.

Montaña panorámica de Bláhnúkur, 945 m

2.15 h

Por la colorida garganta de Grænagil a la mejor montaña panorámica

Vistas desde la popular cumbre panorámica de la Bláhnúkur, las faldas de liparita teñidas de rojo, amarillo y hasta verde azulado caracterizan el impresionante paisaje que rodea Landmannalaugar, contrastando con los neveros incluso en verano. Su origen geológico es el volcán central Torfajökull, que se divisa al sur detrás de la cima del Skalli y dio lugar al mayor yacimiento de riolitos de Islandia.

Localidad: Hella, Kirkjubæjarklaustur, situada en la carretera de circunvalación.
Punto de inicio: Camping o refugio en Landmannalaugar, 600 m.
Acceso: A Landmannalaugar también se puede llegar en coche por la (F) 208 desde el norte. Si se alquila un coche hay que prestar atención a las cláusulas correspondientes. No obstante, solo los vehículos 4x4 pueden recorrer la pista que pasa por delante del Eldgja. Justo delante del camping encontramos un vado; de todas maneras hay un aparcamiento antes. En verano hay un servicio de autobús diario desde Reykjavík hasta Skaftafell que pasa por Landmannalaugar (ruta guiada que podemos interrumpir o hacer algunos trayectos).
Desnivel: 390 m.
Dificultad: Breve tramo empinado en el descenso; camino bien acondicionado.
Dónde alojarse: En Landmannalaugar: refugio de «Ferðafélag Íslands» (115 camas) con guarda o camping sencillo. En verano se pueden hacer compras y tomar tentempiés.
Variante: Se puede combinar con la ruta 8 a la Brennisteinsalda.

Desde el **camping (1)** seguimos los indicadores, caminamos directamente por el borde del campo de lava en dirección sur y cruzamos el arroyo por un **puente (2)**. A continuación, justo a la derecha comienza el ascenso —al principio empinado— por la roca verdosa que ha dado su nombre a la garganta. Por lo general el ascenso presenta una pendiente moderada, nos conduce hasta una antecima, prosigue por la cresta y sube en zigzag la mayoría de las veces. Las vistas son impresionantes, sobre todo si miramos hacia el sur, a los valles fluviales del Brandsgil y el Jökulgilskvisl. Finalmente, en la cumbre de la **Bláhnúkur (3)** una placa nos ayuda a orientarnos por el laberinto de montañas que nos rodean.

Desde la cumbre bajamos por un camino bien visible en dirección oeste y nos mantenemos siempre por la cresta. Ignoramos la vereda que se desvía a la derecha, ya que es mucho más empinada. Desde la cresta llegamos a un collado, desde el cual el camino discurre suavemente por la falda de la Bláhnúkur, aunque aquí —dependiendo de la época del año— hay que cruzar algún nevero.

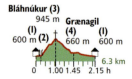

Vistas del Laugahraun desde la Bláhnúkur.

Disfrutamos de las bonitas vistas de la colorida garganta, las solfataras y una cascada. Solo los últimos metros del camino bajan en pendiente hacia **Grænagil (4)**, donde nos encontramos con una señalización de estaquillas amarillas. Seguimos la señalización cruzando el arroyo (hay piedras para pasar) y subimos ligeramente hasta el campo de lava.

A la altura de un indicador nos mantenemos a la derecha, de nuevo en dirección a Grænagil. La señalización, ahora blanca, va primero subiendo y bajando por la lava para luego atravesar la garganta por un cómodo camino, en cuyo final termina nuestro recorrido.

Brennisteinsalda: la montaña más colorida, 881 m

2.15 h

Un «clásico» para todo aquel que quiera llevarse una primera buena impresión de Landmannalaugar

La zona de volcanes activos del Fjallabak no solo es el origen de las fuentes termales situadas junto al refugio, sino también de las numerosas y coloridas solfataras al pie de la «montaña ardiente». Esta ruta circular se caracteriza sobre todo por la diversidad de tonalidades. Comienza con el verde de la garganta de Grænagil y la negra corriente de lava de obsidiana, cuya última erupción se remonta al s. XVI y llega hasta el camping, y sigue con el rojo, amarillo y blanco de las montañas de alrededor.

Localidad: Hella, Kirkjubæjarklaustur, situada en la carretera de circunvalación.
Punto de inicio: Camping o refugio en Landmannalaugar, 600 m.
Acceso: También se puede llegar en coche por la (F) 208 desde el norte. Si se alquila un coche hay que prestar atención a las cláusulas correspondientes. No obstante, solo los vehículos 4x4 pueden recorrer la pista que pasa por delante del Eldgja. Justo delante del camping encontramos un vado; de todas maneras hay un aparcamiento antes. En verano hay un servicio de autobús diario desde Reykjavík hasta Skaftafell que pasa por Landmannalaugar (ruta guiada que podemos interrumpir o hacer algunos trayectos).
Desnivel: 300 m.
Dificultad: Breve tramo empinado en el descenso; camino bueno y cómodo.
Dónde alojarse: En Landmannalaugar: refugio de «Ferðafélag Íslands» (115 camas) con guarda o camping sencillo. En verano se pueden hacer compras y hay un kiosko.
Variante: Se puede combinar con la ruta 7 a la Bláhnúkur y/o con la ruta 10 a la Suðurnámur.

Vista de las coloridas faldas hasta la Bláhnúkur desde la cumbre de la Brennisteinsalda.

Desde el **camping (1)** junto al refugio seguimos la señalización hacia el sur en dirección a Grænagil. Ante nosotros vemos relucir las capas de roca verde. Continuamos por la garganta hasta que el camino, bien señalizado en blanco, sale de ella y se retuerce por el escabroso campo de lava. Al mismo tiempo nos dirigimos directamente hacia las **solfataras (2)** al pie de la Brennisteinsalda, la «montaña ardiente». Aquí nos encontramos con el «Laugarvegur» (señalizado en rojo), por el que ahora seguimos cuesta arriba, a veces por escalones. Una y otra vez se nos muestran fascinantes vistas de zonas humeantes de color amarillo azufre. Tras un breve ascenso algo más empinado llegamos al collado situado entre la cima y el campo de lava, aquí nos mantenemos a la derecha («Brennisteinsalda/Vondugil») y seguimos una señalización de estaquillas verdes. Pasando por un terreno de gravilla compacta de riolita, en unos 10 min subimos con una pendiente moderada hasta la cima de la **Brennisteinsalda (3)**, desde la que disfrutamos de una buena panorámica.

A partir de aquí el descenso va siguiendo las estaquillas, primero en dirección oeste, luego en dirección norte. El camino se transita bien y podemos disfrutar de las fascinantes vistas de la peculiar y colorida garganta de Vondugil, situada más abajo a mano izquierda. Solo los últimos metros de bajada hacia el valle del Namskvisl son más empinados y un poco resbaladizos. Desde aquí vamos por terreno llano hacia la salida del valle (dirección este) y a lo largo de otras vistosas montañas situadas detrás de praderas de cardos lanudos. Pronto volvemos a encontrarnos con el Laugarvegur, por el que ahora seguimos en la misma dirección a través del campo de lava hasta que bajamos a nuestro **punto de inicio (1)**.

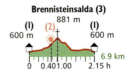

9 Zona termal de Hrafntinnusker

8.00 h

Ruta exigente hasta una de las zonas termales más fascinantes de Islandia

Esta ruta, larga y dura, nos lleva hasta una montaña de obsidiana y la zona situada detrás de ella, con innumerables fuentes termales, solfataras, agujeros de barro, cuevas de hielo e incluso un géiser. Para poder realizar esta larga excursión es imprescindible contar con buen tiempo.

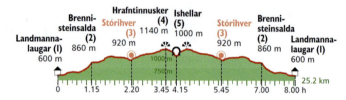

Punto de inicio: Refugio o camping en Landmannalaugar. Véase el acceso y la Localidad en la ruta 7.
Desnivel: 1.300 m.
Dificultad: Ruta larga, en la zona termal no debemos acercarnos mucho a las solfataras, fuentes de vapor o agujeros de barro, ya que hay peligro de hundimiento. Neveros. Aunque el camino está bien señalizado, orientarse puede ser difícil con niebla.
Dónde alojarse: Refugio y camping en Landmannalaugar, refugio con 36 camas (normalmente ya reservadas) en Hrafntinnusker, zonas de acampada.

La zona de fuentes termales situada delante de la cueva de Ishellir, parcialmente hundida.

Desde **Landmannalaugar (1)** subimos por el sendero Laugarvegur hasta el collado situado junto a la **Brennisteinsalda (2)**. Aquí proseguimos por el ancho camino en dirección a Hrafntinnusker. Al cabo de unas 2 h (buen mirador, después hay un desvío al Skalli) el camino va bajando gradualmente con algunas subidas y bajadas hasta un arroyo con una fuente termal —**Stórihver (3)**— solfataras y un pozo de azufre. Un ascenso muy empinado pero corto nos lleva por el último tercio del camino. A partir de aquí cruzamos neveros con frecuencia. Después de un collado bajamos hasta el refugio. A partir de aquí hay una señalización con estaquillas hasta la zona termal que se desvía a unos 100 m de la pista para jeeps en dirección noroeste. Desde el collado también podemos ir en dirección oeste por delante de un hito alto para enseguida encontrarnos con la señalización (flecha: «Ishellir»), que nos conduce a la altiplanicie del **Hrafntinnusker (4)**, 1.140 m. Desde el llamativo hito de la cima disfrutamos de una impresionante panorámica. Una zona termal se extiende por la parte occidental del valle. Durante el descenso hay que cruzar un nevero; nos

mantenemos todo recto siguiendo la señalización de estaquillas, a la izquierda hay un cortado y grietas. Una empinada vereda baja hasta la **cueva de hielo (5)**, parcialmente hundida (es peligroso entrar), delante de la cual humean las fuentes termales y solfataras. Regresamos por el mismo camino a **Landmannalaugar (1)**.

10 Suðurnámur: recorrido panorámico

3.00 h

Desde las pedregosas superficies del Namskvísl hasta un recorrido por la cresta pródigo en vistas pasando por coloridas laderas de riolita

Este recorrido circular, todavía no muy frecuentado, nos ofrece una buena impresión general del paisaje que rodea a Landmannalaugar: desde el Laugahraun o los terrenos de cardos lanudos y gravilla del Namskvísl hasta la cima del Suðurnámur, desde donde podemos divisar el lago Frostastaðavatn hasta el Hofsjökull al norte, el río glaciar Jökugilskvísl al este y las coloridas montañas detrás del camping hasta el Torfajökull al sur.

Localidad: Hella, Kirkjubæjarklaustur, situada en la carretera de circunvalación.
Punto de inicio: Camping o refugio en Landmannalaugar, 600 m.
Acceso: A Landmannalaugar también se puede llegar en coche por la (F) 208 desde el norte. Si se alquila un coche hay que prestar atención a las cláusulas correspondientes. No obstante, solo los vehículos 4x4 pueden recorrer la pista que pasa por delante del Eldgjá. Justo delante del camping encontramos un vado; de todas maneras hay un aparcamiento antes. En verano hay un servicio de autobús diario desde Reykjavík hasta Skaftafell que pasa por Landmannalaugar (ruta guiada que podemos interrumpir o hacer algunos trayectos).
Desnivel: 420 m.
Dificultad: Caminos bien señalizados, cruces de arroyos sin dificultad, algunos ascensos y descensos más empinados.
Dónde alojarse: En Landmannalaugar: refugio de «Ferðafélag Íslands» (115 camas) con guarda o camping sencillo. En verano se pueden hacer compras y hay un kiosko.
Variante: Se puede combinar con el cruce de la Brennisteinsalda (ruta 8).

La ruta comienza junto al aparcamiento **(1)** situado delante de **Landmannalaugar** y discurre por delante del refugio por el sendero Laugarvegur en di-

Fascinantes vistas del curso ramificado del río Jökulsákvisl.

rección a Hrafntinnusker. Después del primer ascenso breve y de atravesar el campo de lava de Laugahraun llegamos al valle del Namskvisl. Aquí la señalización se desvía a la derecha hacia Vondugil y Háalda. Siguiendo las estaquillas blancas nos adentramos en el valle y nos dirigimos hacia una bonita cascada pasando por zonas de gravilla. También tenemos que cruzar varios arroyos **(2)**, aunque si hay poca agua esto puede hacerse sin problemas con ayuda de las piedras. Disfrutamos de unas impresionantes vistas de las coloridas gargantas, en las que también hay fuentes termales humeantes, antes de subir por una loma con cada vez más pendiente dejando a la izquierda la cascada. Pronto el terreno se allana y, en un collado, llegamos a un cruce de caminos en el que nos dirigimos a la derecha hacia Suðurnámur y seguimos la señalización de estaquillas rojas. Después de otro fuerte ascenso por un camino zigzagueante bien acondicionado llegamos a la cresta. Continuamos por ella en dirección este superando una leve contrapendiente hasta la cima del **Suðurnámur (3)**, señalizada por un hito. Las vistas son fabulosas, aunque desde la antecima que la sigue, quizás sean incluso mejores. A continuación viene un descenso más largo de pendiente media. Tras una hondonada, desde la que podemos divisar una peculiar y colorida garganta al norte, superamos un ascenso suave por una colina con pradera que también nos regala unas bonitas vistas **(4)**. Desde esta cima el camino baja —al principio empinado y después en llano— y llega a la carretera junto a un campo de lava. Seguimos por la carretera a la derecha, cruzamos los puentes peatonales y regresamos al **camping (1)**.

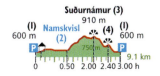

11 Kirkjubæjarklaustur

1.15 h

Agradable ruta circular al «suelo de iglesia de basalto»

El casi impronunciable nombre de Kirkjubæjarklaustur recuerda que el pueblo fue fundado por monjes irlandeses y que en su día hubo un monasterio. El principal monumento del lugar es —a pesar de su nombre— de origen natural: el «suelo de iglesia» está formado por columnas uniformes de basalto.

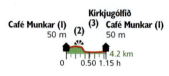

Localidad: Kirkjubæjarklaustur, 50 m.
Punto de inicio: En el extremo occidental de Kirkjubæjarklaustur. Antes del Kaffi Munkar (aquí se puede aparcar) a la derecha hay un área recreativa al pie de la cascada, el camino empieza aquí.
Acceso: Servicio de autobús en ambas direcciones (Reykjavík – Höfn) por la carretera de circunvalación.
Desnivel: 125 m.
Dificultad: Ascenso empinado con escalones, descenso con pendiente moderada. Camino agradable y bien acondicionado en general.
Dónde alojarse: Camping, pensiones y hoteles en Kirkjubæjarklaustur.

Por encima del área recreativa, cerca de la **cafetería Munkar (1)** pasamos por delante de grandes peñascos hasta llegar a la cascada Systrafoss, que apenas se ve debido a los densos arbustos. A su izquierda (orográficamente a la derecha) la vereda, bien acondicionada y señalizada con estaquillas, sube por el bosque con bastante pendiente al principio. Tras superar 80 m de altura llegamos a una altiplanicie con hierba en la que se encuentra el lago **Systravatn (2)**. Los días despejados, desde aquí la vista alcanza hasta el Vatnajökull y Nýja-Eldhraun. Ahora la senda discurre en dirección norte-noreste unos 1,5 km a lo largo del acantilado.

El descenso comienza junto a una pared basáltica con bonitas formaciones. Bajamos en zigzag por el buen camino hasta antes de un

El llamado «suelo de iglesia» de basalto.

El camino sube a la izquierda de la cascada.

bosquecillo, por el que pasamos a la derecha. Tras salvar una valla por una escalera llegamos al amplio camino, que nos conduce hasta el famoso **Kirkjugólfið (3)**, el «suelo de iglesia». Por un cómodo camino por la pradera proseguimos todo recto hasta la carretera, la cruzamos a la altura de una gasolinera y continuamos por un camino peatonal y de herradura, que nos lleva hacia el suroeste entre la carretera y el río Skafta. Junto a la piscina torcemos de nuevo hacia la carretera del pueblo y regresamos a nuestro **punto de inicio (1)**.

12. Recorrido por cascadas en el Parque Nacional de Skaftafell

2.00 h

Bonita y breve ruta hasta la cascada Svartifoss, rodeada de columnas basálticas, y hasta una granja histórica

Svartifoss es uno de los pocos lugares de Islandia en los que a veces puede haber mucho barullo, aunque los grupos desaparecen tan rápido como llegan, de modo que también se puede disfrutar de esta joya natural con total tranquilidad. Además, este recorrido es una variante a la más frecuentada.

Localidad: Centro de visitantes de Skaftafell (abierto todo el año), 100 m. Parada de autobús en el tramo Reykjavík – Höfn.
Punto de inicio: Centro de visitantes; el camino, señalizado desde allí, comienza más o menos en el centro del camping.
Acceso: Ctra. n.º 1; servicio de autobús.
Desnivel: 180 m.
Dificultad: Ruta fácil.
Dónde alojarse: Camping en el PN de Skaftafell, abierto del 1 mayo al 30 de septiembre; hotel, alojamiento en casas particulares y refugios en los alrededores.

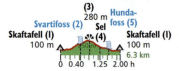

Desde el **centro de visitantes** del camping de **Skaftafell (1)** el ancho camino, bien acondicionado con escalones, sube hasta la **Svartifoss (2)** por delante de la Hundafoss. La cascada, rodeada por espectaculares columnas basálticas —algunas de ellas colgantes—, es uno de los lugares más fotografiados del Parque Nacional. Estas columnas se forman cuando una corriente de lava se enfría, lo que hace que se originen grietas de contracción. La capa superior está formada en su mayoría por columnas irregulares («falsos órganos de lava»), y la inferior, por columnas casi perfectas consideradas «auténticos órganos de lava». Desde aquí cruzamos el arroyo y subimos hasta el mirador de **Sjónarsker (3)**. Aquí bajamos por una pista tosca, pero no torcemos hacia el sendero, sino que seguimos la señalización hacia **Sel (4)**. El edificio de toba, que data de 1920 y se conserva en buen estado, estuvo habitado hasta mediados del s. XX. Aunque no está amueblado, nos permite hacernos una clara idea de las condiciones de vida de aquella época. Continuamos cuesta abajo por el camino hasta un cruce de caminos. Aquí torcemos por un camino peatonal que prosigue a lo largo de la orilla derecha (orográficamente) del arroyo Stórilækur. Entretanto podemos disfrutar de hermosas vistas de las cascadas **Hundafoss (5)** y Þjófafoss. Por un puente peatonal regresamos finalmente por el cómodo camino al camping y, por este, al centro de visitantes de **Skaftafell (1)**.

La Svartifoss se precipita por columnas de basalto colgantes.

13 Morsárdalur

3.45 h

Ruta circular por amplios terrenos pedregosos hasta una fuente termal y una zona boscosa rica en vegetación

Esta ruta nos permite hacernos una idea de las particularidades ecológicas de Skaftafell. El suave clima de la zona fomentó su pronta colonización: Skaftafell no solo fue una granja, sino también un lugar de reunión. Además de abedules y serbales también crecen campanillas, geranios de bosque y auténticas angélicas. La variedad de insectos también es grande, incluso hay mariposas.

Localidad: Centro de visitantes de Skaftafell (abierto todo el año), 100 m. Parada de autobús en el tramo Reykjavík – Höfn.
Punto de inicio: Centro de visitantes.
Acceso: Carretera n.º 1; servicio de autobús.
Desnivel: 250 m.
Dificultad: Cruces de arroyos normalmente fáciles.
Dónde alojarse: Camping en el Parque Nacional de Skaftafell (abierto del 1 de mayo al 30 de septiembre); además, hotel, alojamiento en casas particulares y refugios en los alrededores.

El Morsá ha movido grandes cantizales, un puente cruza el río de orilla a orilla.

Desde el centro de visitantes de **Skaftafell (1)** caminamos por un cómodo sendero pedregoso hasta el extremo noroeste del camping. En el lugar donde los otros caminos (Svartifoss, acceso a Sel) tuercen a la derecha, nosotros proseguimos de frente; una señalización con estaquillas es muy clara. Después de una pradera llegamos al final de la carretera de acceso (aquí todavía se puede aparcar); ahora el sendero se mantiene por el borde de la falda y está acondicionado con tablones y escalones. En cuanto volvemos a encontrarnos con la pista ya no falta mucho para llegar al puente sobre el **Morsá (2)**. Seguimos otros 100 m por la pista y después torcemos hacia el oeste por otra pista, el camino está señalizado con claridad. Primero discurre por esta pista y luego por un cauce de río seco, donde incluso se ha hecho una senda. Resulta fascinante contemplar las distintas piedras y formas de erosión. Al cabo de 1 h larga por un paisaje que a veces parece un desierto, la vegetación vuelve a aparecer con lupinos y matas de abedul. Llegamos al final temporal de la señalización en la desembocadura de la garganta de Vestragil, hacia la que nos dirigimos. Hasta que la administración del Parque Nacional encuentre una solución, no se puede acceder al manantial caliente situado en la ladera debido a la fuerte erosión del suelo. Proseguimos en dirección noreste y cruzamos dos arroyos, si la profundidad del agua nos lo permita.

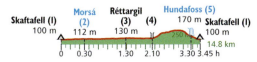

La segunda garganta con bonitos peñascos se llama **Réttargil (3)**. Desde aquí una senda bien visible y señalizada atraviesa, entre una valla y la falda, el bosque de Bæjarstaðarskógur, que tiene árboles de hasta 15 m de altura. A continuación regresamos por gravilla al río glaciar y disfrutamos de unas magníficas vistas del Morsárjökull. Después del puente **(4)** el camino todavía traza una pequeña curva hacia la izquierda, aquí hay un desvío que prosigue en dirección al glaciar. Nosotros nos mantenemos a la derecha y subimos durante aproximadamente ½ h con una pendiente moderada acompañados de preciosas vistas de la llanura fluvial, más abajo. A continuación el terreno se allana y por una altiplanicie con mucha vegetación llegamos al mirador de Sjónarsker (también se puede rodear por la derecha), desde donde —también se podría hacer con un desvío a la Svartifoss— bajamos hasta el centro de visitantes de **Skaftafell (1)** por delante de la **Hundafoss (5)**.

El valle glaciar situado ante el Morsájökull se caracteriza por su abundante vegetación.

6.45 h

Kristínartindar, 1.126 m 14

Ascenso a la cumbre entre glaciares

Las cumbres de Kristínartindar se elevan hacia el cielo entre las lenguas glaciares del Vatnajökull y nos regalan unas vistas espectaculares de las montañas de alrededor y sus enormes arenales. Desde el mirador de Sjónarnípa difrutamos de unas vistas de ensueño de la montaña más alta de Islandia, la Hvannadalshnúkur, que domina majestuosamente el Skaftafellsjökull.

Localidad: Centro de visitantes de Skaftafell (abierto todo el año), 100 m. Parada de autobús en el tramo Reykjavík – Höfn.
Punto de inicio: Camping, inicio del camino en medio del camping.
Acceso: Por la carretera n.º 1; servicio de autobús.
Desnivel: 1.100 m.

Dificultad: Ruta larga con un ascenso empinado por un camino visible con piedras sueltas; se requiere caminar con seguridad.
Dónde alojarse: Camping en el PN de Skaftafell (abierto del 1 de mayo al 30 de sept.); además, hotel, alojamiento en casas particulares y refugios en los alrededores.

Desde el centro de visitantes de **Skaftafell (1)**, primero seguimos el letrero «Svartifoss» y caminamos a lo largo del borde del camping. Después de la primera curva del ascenso nuestra senda ya se desvía a la derecha (no obstante, la oficina del Parque Nacional recomienda el camino en el sentido de las agujas del reloj). Nuestro sendero discurre por la ladera en dirección noreste, primero en llano y después con más pendiente, a través del bosque de abedules y está bien acondicionada con escalones. Por un brezal despejado llegamos, tras algunas curvas, al mirador de **Sjónarnípa (2)**, con vistas a la lengua glaciar decreciente. Desde aquí proseguimos en dirección norte con una pendiente de ligera a moderada y en aproximadamente otra hora larga nos encontramos con el mirador de **Gláma (3)**, 650 m, con impresionantes vistas. Ante nosotros, en dirección norte, se alza una montaña con dos prominentes picos. Una senda bien reconocible se desvía hasta allí desde el camino principal. El camino sube brevemente en pendiente por una ca-

Senderistas en la meseta de Skaftafellsheidi delante de la Hvannadalshnjúkur, la cumbre más alta de Islandia.

Después de la cima (en primer plano) la cresta se vuelve infranqueable.

nal, luego (hito) se dirige hacia la derecha por la ladera. Al final del tramo más llano hay un mirador sobre una **garganta (4)** con rocas de muchos colores. Poco antes el camino de ascenso va directamente cuesta arriba y a continuación cruza la ladera por encima de esta garganta. Aunque es ancho, es necesario caminar con seguridad. Tras este escarpado tramo ya divisamos el collado entre la antecima y la cumbre principal. El camino discurre por el flanco de la cumbre más baja hasta este collado (hito). Desde aquí subimos directamente por una senda bien batida, pero pedregosa; el ascenso es menos complicado de lo que parece y, después del primer tramo, el camino también mejora. Por la cresta enseguida llegamos a nuestro destino, la cumbre del **Kristínartindar (5)**, 1.126 m. Desde aquí podemos disfrutar de unas maravillosas vistas de las montañas de alrededor, las lenguas glaciares y los arenales. Aquí podemos apreciar el poder de las riadas glaciares del Skeiðará. La última erupción del Grimsvötn en 1996 hizo fluir 3,5 km^3 de agua de glaciar (aprox. cada 5 años se producen riadas glaciares más pequeñas).

El descenso se realiza por el mismo camino hasta el collado, donde nos mantenemos a la derecha y seguimos hacia abajo la senda marcada a través del circo glaciar hasta el camino principal. Aquí podemos calmar la sed en un arroyuelo; las verdes praderas nos invitan a descansar. Un ascenso bastante breve nos conduce hasta el mirador de **Nyrðrihnaukur (6)**, las mejores vistas del glaciar colgante de Morsá y de las coloridas montañas del Kjós se tienen algo al norte del camino señalizado. A continuación el camino, a veces algo empinado, baja pasando por delante de pintorescas charcas con cardos lanudos hasta el mirador de **Sjónarsker (7)** y regresa al centro de visitantes de **Skaftafell (1)**.

15 Montañas de liparita en la garganta de Hvannagil

2.30 h

Exigente ruta por coloridas montañas de escombros

El solitario paisaje de la cuenca hidrográfica del Jökulsá i Lóni les resulta especialmente fascinante a los senderistas interesados en la geología. La liparita o la riolita es lava con una gran parte de ácido silícico, que origina una coloración clara. En las amplias laderas de escombros encontramos escoria amarilla (azufre), roja (hierro) o blanca (cristales de yeso).

Localidad: Stafafell, Höfn.
Punto de inicio: A aprox. 1 km al oeste de Stafafell, antes del puente una pista discurre por el lado izquierdo (orográficamente) del Jökulsá (letrero: «Grænahlíð») pasando por delante de algunas casas de vacaciones; después de unos 3 km se puede aparcar en los terrenos de gravilla antes de un puentecillo.
Acceso: Por la carretera de circunvalación; servicio de autobús desde Höfn y Egilsstaðir hasta Stafafell.
Desnivel: 200 m.
Dificultad: Ruta sin señalizar en su mayor parte, cruces de arroyo, orientarse es difícil si hace mal tiempo.
Dónde alojarse: Camping y albergue en Stafafell.
Variante: Desde Stafafell un camino señalizado llega hasta un mirador por encima de la garganta de Raftagil y desde allí sigue hasta la de Hvannagil, en la que se desvía. Allí puede que sea necesario vadear varias veces el arroyo. El regreso por la pista desde las casas de vacaciones hasta Stafafell dura aproximadamente 5 km; esta ruta tiene en total 13 km de longitud.

La ruta circular también nos lleva hasta un pequeño lago.

Desde el **puente (1)** subimos la garganta de Raftagil por el lado derecho (orográficamente) del arroyo. En el lugar donde la otra orilla se allana, merece la pena cruzar el arroyo para evitar las densas matas de abedules. Una senda visible se reconoce perfectamente. Al cabo de ½ h el valle se vuelve más rocoso y angosto, pasamos por un muro doble de basalto y, tras una curva, aparece una llamativa aguja de roca. Aquí nos mantenemos por la orilla izquierda (orográficamente) y seguimos por una ladera de guijarros (vereda). En cuanto divisamos una **cascada (2)**, cruzamos de nuevo el arroyo. A continuación subimos la ladera por la izquierda (pequeños hitos, vereda).

Ahora llegamos a un valle alto (Seldalur), por el que caminamos en dirección noroeste en paralelo al arroyo; para ello hay una senda la mayoría de las veces. Delante nos sorprende una panorámica de coloridas montañas de liparita; a la derecha se distingue una garganta con cascada. En cuanto el cauce del arroyo se allana, en la otra orilla (orográficamente a la izquierda) vemos una señalización de estaquillas y pasamos a este camino bien visible, que nos lleva directamente a unos buenos miradores desde los que podemos contemplar la **garganta de Hvannagil (3)** con sus vistosos colores. La señalización lleva a la garganta, pero nosotros caminamos por el borde de

La silene crece también en los escombros, aquí delante de la garganta de Hvannagil.

la misma en dirección sur y eludimos las canales que conducen hacia abajo. A continuación subimos a una cima, desde la que podemos disfrutar de unas impresionantes vistas del magnífico escenario montañoso, los numerosos brazos del Jökulsá y sus vastos arenales y un pequeño lago.

A este llegamos manteniéndonos a la derecha en dirección al valle. Podemos bajar por terrenos pedregosos más empinados en la primera canal después de la cima o trazar una curva para encontrar una bajada algo más llana. Por la orilla derecha del lago **(4)** enseguida llegamos a una senda y después a una pista a lo largo del desagüe. En un cruce de caminos proseguimos en dirección sur por una pista, subimos un poco, continuamos de frente en el collado, bajamos en paralelo a la verja de una casa de vacaciones a través de un bosque de abedules y pronto nos encontramos con la carretera de gravilla **(5)**, por la que en unos 20 min regresamos al aparcamiento junto al puente **(1)**.

Las profundas gargantas se han excavado en el colorido material de escombros.

Por el bosque de Hallormsstaður 16

1.40 h

Tres entretenidas rutas por la mayor región boscosa de Islandia

Dos rutas circulares atraviesan distintas zonas boscosas por caminos cómodos y anchos, la tercera caminata sube por un variado camino hasta una cascada.

Localidad: Egilsstaðir, 80 m.
Punto de inicio: Hotel Hallormsstaður o aparcamiento en la carretera n.º 931.
Acceso: Carretera n.º 931.
Desnivel: Ruta (en el mapa: «Tour») circular 1: 120 m; ruta circular 2: 200 m; ruta 3: 150 m.
Dificultad: Fácil.

Dónde alojarse: Hotel y camping en Hallormsstaðu.
Consejo: En la carretera n.º 931 hay una senda didáctica forestal (Trjasafn) señalizada a aprox. 1 km después del hotel en dirección SO. Aparcamiento al lado derecho de la carretera. Es perfecta para conocer la vegetación islandesa.

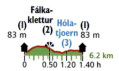

1er recorrido (3 km) por el bosque a orillas del Hafursá: el punto de inicio es el aparcamiento (**1**) situado más al norte del bosque, donde empieza una señalización con estaquillas amarillas. Vamos siempre subiendo ligeramente, después de 900 m un letrero (Útsynnisstaður) señala hacia la izquierda, hacia dos miradores (**2**) sobre pequeñas rocas por encima del río Hafursá que también sirven para descansar y reponer fuerzas. Si después de esta escapada continuamos con el recorrido, después de que el camino regrese en dirección al lago, llegamos a un banco (**3**) en una pradera forestal. Bajamos atravesando el precioso bosque —una vez bruscamente hacia la izquierda, luego todo recto hasta la carretera— por una senda y por último, subiendo de nuevo, regresamos al aparcamiento (**1**, 1 h en total).

2º recorrido por una zona boscosa (hacia el norte): desde el hotel **Hallormsstaður** (**1**) regresamos unos 100 m por la carretera y torcemos a la derecha hacia Husstjornasskóli (se pueden hacer rutas a caballo). A partir de aquí el camino está señalizado con estaquillas de color turquesa, azul y naranja. El camino atraviesa el bosque en continuo ascenso, a los 25 min se divide y nosotros seguimos la señalización azul (izda.). Ahora volvemos a bajar levemente, a la izquierda hay un idílico estanque escondido en el bosque. En el punto donde emprendemos el regreso, un banco nos invita a descansar junto al mirador de **Fálkaklettur** (**2**). A continuación el camino regresa hacia la izquierda y baja zigzagueando suavemente hasta antes de la línea eléctrica. Aquí nos mantenemos de nuevo a la izquierda y subimos otra vez por curvas, entretanto a la izquierda se nos muestran unas estupendas vistas del estanque de **Hólatjoern** (**3**, indicador) antes de que el recorrido termine después de aproximadamente 1½ h.

3er recorrido breve hasta una cascada situada por encima de Hallormsstaður (1, hacia el sur): la señalización de estaquillas blancas comienza entre el campo de deportes y la piscina al aire libre. Subimos en pendiente y, junto a una bifurcación del camino, nos mantenemos a la derecha. El camino discurre en paralelo a un cortado rocoso, después atraviesa de nuevo el bonito bosque y sube por una entretenida cresta con varios tramos con más pendiente. De repente nos encontramos en una profunda garganta en la que ruge la cascada de **Lambafoss** (**2**). Para el regreso elegimos la senda a lo largo de la garganta, también señalizada con estaquillas blancas. Después de una roca con bonitas vistas de las instalaciones del hotel y del lago, continuamos brevemente hacia la izquierda, pero enseguida bajamos en pendiente por la derecha.

Descanso en un idílico estanque del bosque cerca de Hallormsstaður.

Hay un tramo por una pradera que puede ser cenagoso, después el circuito acaba y no tardamos en volver a nuestro punto de inicio **(1)**. Variante: podemos seguir la señalización cuesta arriba para disfrutar de las vistas.

17 A la Strútsfoss

2.30 h

Una de las cataratas más altas de Islandia con una solitaria ubicación

Por buenos caminos en su mayor parte, llegamos a un mirador sobre la profunda garganta hacia la que se precipita la imponente cascada.

Localidad: Egilsstaðir, 80 m.
Punto de inicio: Sturluflöt, aparcamiento junto a la última granja en Suðurdalur.
Acceso: Carretera n.º 931 – 933 – 935.
Desnivel: 250 m.
Dificultad: Antigua pista y ascenso de dificultad media y sin camino, pero señalizado con estaquillas.
Dónde alojarse: Hotel y camping en Hallormsstaður junto a Vegarður Gestastofa.
Consejo: En la carretera 933 se encuentra el Snæfellsstofa con información sobre el Parque Nacional, Striðuklaustur con la casa histórica del poeta Gunnar Gunnarsson (café con almuerzo tipo bufé y pasteles variados) y el centro de visitantes de Landsvirkjun con información sobre la presa.

Desde el **aparcamiento (1)** señalizado antes de la última granja seguimos el letrero de la senda, que señala en dirección al río. Después de cruzar un arroyo (piedras), el camino discurre río arriba trazando una amplia curva alrededor de la

Un camino ancho al principio y también esporádicamente señalizado nos lleva a la Strútsfoss.

granja. Seguimos una señalización con estaquillas rojas, ignoramos el puente sobre el río y continuamos todo el rato por la vieja pista, que se adentra en el valle por la derecha (orográficamente) del río. Tras el primer ascenso, algo tosco y pedregoso, el terreno se vuelve más suave, incluso vamos un poco cuesta abajo. Mientras atravesamos bonitas praderas podemos disfrutar de las vistas de los valles, donde solo pastan ovejas, hasta que llegamos a un gran hito **(2)**. Desde aquí ya se distingue bien la cascada al final de la garganta.

Aquí tampoco necesitamos el puente, ya que la señalización nos conduce ahora con más pendiente montaña arriba. Para ello pronto tenemos que buscar nuestro camino por nosotros mismos, y es que la senda solo se reconoce de cuando en cuando. Una y otra vez aparecen miradores hasta que la señalización se acaba **(3)**. Por la parte izquierda también se precipita una cascada; la garganta que tenemos ante nosotros no se puede transitar, pero la vista hacia abajo es grandiosa. Altas paredes de roca se alzan a la derecha; la cascada de **Strútsfoss** cae por piedra roja hacia la oscuridad, donde se pulveriza.

Tras disfrutar de este espectáculo regresamos por el mismo camino deleitándonos con la vista del río glaciar y los solitarios valles.

18 Hengifoss

1.45 h

Ascenso por cascadas entre columnas de basalto

Una de las maravillas naturales más impresionantes de los alrededores de Egilsstaðir es Hengifoss que, con una caída de 118 m, es la tercera cascada más alta de Islandia.

Localidad: Egilsstaðir, 80 m.
Punto de inicio: En la carretera n.º 931, a unos 30 km viniendo desde Egilsstaðir, en la orilla noroeste del lago Lögurinn hay un aparcamiento con una caseta con WC y un panel orientativo.
Acceso: Después de Hallormsstaður en dirección suroeste, un puente cruza el lago y luego giramos a la izquierda.

Desnivel: 255 m.
Dificultad: Ninguna.
Dónde alojarse: Egilsstaðir, Hallormsstaður.
Variante: Desde el final del camino se puede trepar por bloques rocosos hasta llegar justo al pie de la cascada, para lo que es necesario cruzar varias veces el arroyo.

Desde el **aparcamiento (1)** con tablón informativo, subimos por cómodos escalones para seguir después por un ancho camino, siempre por el lado izquierdo del arroyo (derecha orográfica). Tras pasar un vallado la senda se estrecha; al borde del camino podemos observar el tipo de vegetación de

las praderas de la falda, compuesto por campanillas, genciana, tomillo, rudas y collejas sin tallo. Aproximadamente a mitad del ascenso se puede ver bien la garganta y la Litlanesfoss, rodeada de columnas de basalto de color marrón grisáceo y negro. La forma poligonal de las columnas, puestas a descubierto por el agua, se debe a las contracciones y grietas que se produjeron durante la fase de enfriamiento de la lava.

Al cabo de 1 h larga de ascenso nos encontramos delante de la **Hengifoss (2)**, que se precipita hacia el circo por el borde de la meseta entre paredes rocosas con capas de sedimento rojo luminoso.

Quien lo desee, puede ir desde el final de la senda por bloques rocosos y cruzar varias veces el arroyo

La Litlanesfoss está rodeada de impresionantes columnas de basalto.

hasta el pie de la cascada. El descenso se realiza por el mismo camino, por el que se puede contemplar el lago Lögurinn en todo su esplendor.
Este lago de 30 km de largo tiene una profundidad de 112 m (es decir, que el fondo se encuentra a 92 m por debajo del nivel del mar). Su forma de piscina procede de la última era glacial, cuando fue surcado por los glaciares y se llenó después con el agua del Jökulsá á Fljótsdal. Por cierto, se dice que en el lago vive un monstruo marino («Lagarfljótsormurinn»).

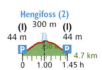

19 Bahía de Brúnavík

3.00 h

Por un puerto hacia una solitaria cala

Para nosotros, Bakkagerði y las montañas de alrededor es la zona de senderismo más bonita —y también más desconocida— de Islandia. Las coloridas montañas de liparita y riolita confieren el encanto especial a este paisaje. Esta ruta es perfecta para familiarizarse con Islandia.

Localidad: Bakkagerði, 25 m.
Punto de inicio: Aparcamiento y panel de senderismo a aprox. 1 km al este de la antena de telecomunicaciones en la carretera al puerto (Hafnarhólmi).
Acceso: Desde Egilsstaðir por la carretera n.º 94.
Desnivel: 650 m.
Dificultad: Ruta por un camino señalizado por un puerto hasta una solitaria bahía.

Dónde alojarse: En Bakkagerði: hotel, camping con una ubicación de ensueño.
Variante: Quien no disponga de su propio coche puede seguir la señalización n.º 22 (pista para jeeps), que baja hasta cerca de la localidad de Bakkagerði.
Consejo: Acogedora cafetería en la tienda de Alfasteinn. Excelente mapa de senderismo «Á Víknaslóðum» con muchas rutas, incluidos puntos GPS.

Acompañantes de cuatro patas en la solitaria bahía de Brúnavík.

Quien llegue aquí con su propio coche, puede conducir por la bahía de Bakkagerði en dirección al puerto y dejar el coche en el **aparcamiento (1)**, aprox. 1 km después de la antena de telecomunicaciones. Desde aquí, el sendero señalizado con estaquillas amarillas discurre montaña arriba después de superar una valla. El camino empieza a tener más pendiente y se allana en algunos tramos; ciertas zonas pueden ser cenagosas y se dirige casi directamente hacia el collado de **Brúnavíkurskarð (2)**, situado entre la montaña Gránípa a la izquierda y el Geitfell a la derecha. Al cabo de 1 h o de 310 m verticales de ascenso llegamos al collado. Desde aquí bajamos, primero por terreno llano y después por algunos tramos empinados, hacia la **bahía de Brúnavík (3)**, a la que llegamos 30 min más tarde. Ya de lejos la caseta de salvamento, que reluce en naranja, nos sirve para orientarnos. No obstante la senda está lo suficientemente señalizada con estaquillas y pasa por delante de los cimientos de casas hasta el refugio, que sirve como abrigo a los marineros naufragados. La cabaña está abierta y su equipamiento es muy austero (está absolutamente prohibido utilizar este tipo de refugios como alojamiento gratuito para pernoctar). La bahía tiene un paisaje muy interesante y se encuentra aislada, como mucho aquí podemos encontrarnos con un par de caballos pastando. A continuación emprendemos el regreso por el mismo camino.

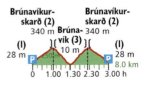

20 | Alrededor de las coloridas montañas de Bakkagerði

5.30 h

Durante una ruta circular por tres puertos se nos muestran excepcionales panorámicas montañosas

Durante esta larga ruta nos hacemos una buena idea del solitario paisaje que rodea Bakkagerði. Nuestra mirada vaga por bahías olvidadas y los puertos pasan por entre coloridas montañas de riolita y rodean la tenebrosa Svartfell con sus negros dientes.

Localidad: Bakkagerði, 25 m.
Punto de inicio: Aparcamiento y panel de senderismo «Brúnavik» a aprox. 1 km después del puente en la carretera al puerto (Hafnarhólmi).
Acceso: Desde Egilsstaðir por la carretera n.º 94.
Desnivel: 1.000 m.
Dificultad: Ruta por caminos señalizados y pistas para jeeps por tres puertos.

Dónde alojarse: En Bakkagerði: hotel, camping con una ubicación de ensueño.
Variante: Partiendo del camping, aprox. 2 km hasta el punto de inicio, para ello durante el regreso solo hay que bajar por la carretera, aprox. 45 min más.
Consejo: Acogedora cafetería en la tienda de Alfasteinn. Excelente mapa de senderismo «Á Víknaslóðum» con muchas rutas, incluidos puntos GPS.

72

Después del último puerto entre coloridas montañas, la señalización de estaquillas nos lleva por prados.

Frente al pequeño **aparcamiento (1)** la pista para jeeps sube en pendiente —solo se vuelve un poco más llana más arriba—, podemos atajar una curva por una vereda, pero no merece la pena. Resultan impresionantes las vistas a la izquierda, hacia el cauce multicolor de un arroyo; a continuación enseguida llegamos al primer puerto, el collado de **Hofstrandarskarð (2)**. Ante nosotros se abre una espléndida panorámica de coloridas montañas, como la Dagmálafjall y la Súlutindur, el verde valle situado entre ellas desemboca en la bahía de Brúnavík. Bajamos por la pista para jeeps, también podemos atajar las curvas. En una pronunciada curva el desvío del camino vecinal n.º 24a está bien señalizado por un panel informativo; la vereda retrocede haciendo un ángulo agudo y luego baja hasta un estrecho puente por encima del **Brúnavikurá (3)**. A continuación sube de frente —con algunos tramos empinados— en paralelo a un arroyuelo hasta que se encuentra con el camino n.º 24, por el que proseguimos hacia la derecha, ahora subiendo por un terreno algo más llano. Así llegamos en primer lugar al collado de **Súluskarð**, donde un camino se desvía hacia abajo hasta un faro. Pero nosotros todavía tenemos que continuar montaña arriba un rato (nos mantenemos a la derecha) para llegar al puerto de **Sydravarp (4)**. Ahora disfrutamos de las vistas de las bahías de Kjólsvík y Breiðavík, entre las cuales se alzan

las afiladas rocas del Grenmór; detrás se distinguen las faldas —aún cubiertas de nieve— de Leirfjall y Hvitserkur, con casi 800 m de altura. Después bajamos un rato en llano por anchos terrenos de gravilla; aunque aquí hay suficiente señalización, orientarse puede ser difícil en caso de niebla. Tras una llamativa roca negra llegamos a un cruce de caminos (panel orientativo): aquí torcemos a la derecha por el camino n.º 26, que después de cruzar el río sube de manera uniforme y no demasiado empinado, también se reconoce bien en su mayor parte.

Con esto el ascenso al **Kjólsvíkurskarð (5)** se hace más bien corto; ahora nuestra mirada se dirige de nuevo al destacado Svartfell y a la derecha también vemos la pista para jeeps que recorrimos al principio de nuestra ruta. Desde el puerto, la senda —ahora muy estrecha— discurre por la ladera en dirección suroeste y luego baja por una loma hacia el noroeste; las señalizaciones son claras, pero aquí apenas hay senda, ya que la nieve suele durar mucho tiempo. Después de una hondonada cenagosa el camino se dirige otra vez hacia el suroeste por una verde altiplanicie con zonas húmedas. El resto del recorrido está claramente señalizado con varios hitos. Tras este tramo algo duro nos alegramos de encontrar de nuevo una **pista (6)** firme, por la que viramos hacia la derecha.

Ahora continuamos con rapidez por un terreno casi llano, aunque todavía subiendo levemente, hacia el **Svartfell**. Esta montaña se caracteriza por sus rocas negras y desordenadas y también se puede subir a ella desde aquí (sin señalización). Ahora volvemos a divisar Bakkagerði y la pista para jeeps baja enérgicamente. Entretanto pasamos por delante de la antigua granja de **Þrándarstaðir**, donde hay un pequeño cobertizo abierto llamado «Þrandarhus».

En cuanto llegamos al fondo del valle después de haber pasado una casa de vacaciones, a la primera ocasión (portillo) torcemos hacia la derecha y seguimos más arriba de la cerca por caminos de cabras. Por encima de la siguiente casa de vacaciones nos encontramos con nuestro camino de ascenso, por el que después de unos pocos metros regresamos al **aparcamiento (1)**.

Formación de lava en la ladera del puerto de Sydravarp. En este paisaje desarbolado, es uno de los pocos puntos donde podemos protegernos del viento y el tiempo.

5.30 h *Stórurð* **21**

Una ruta larga hasta un impresionante depósito rocoso

Quien viniendo de Egilsstaðir llegue al puerto de Vatnsskarð, descubrirá una grandiosa panorámica de montañas que despertará sus ganas de hacer algo más que sacar solo unas fotos.

Localidad: Bakkagerði o Egilsstaðir.
Punto de inicio: Puerto de Vatnsskarð.
Acceso: En coche por la carretera n.º 94 desde Egilsstaðir.
Desnivel: 590 m.
Dificultad: Ruta larga en la que hay que cruzar grandes neveros hasta bien entrado junio; cruce de un arroyo.
Dónde alojarse: En Bakkagerði: hotel, camping con una ubicación de ensueño.
Variante: Si todavía hay demasiada nieve en las laderas del Geldingafjall o si se busca un acceso más breve con menos metros verticales —pero también con menos vistas—, el punto de inicio inferior en la carretera y la ruta por el valle de Rjúpnjafell ofrecen un acceso más fácil al Stórurð.
Consejo: No hay que olvidarse de llevar sombrero y gafas de sol si hace buen tiempo. Los bastones de senderismo ayudan a caminar por los neveros.

En el **puerto de Vatnsskarð (1)** hay bastantes sitios donde aparcar. Un letrero señala el punto de inicio de la ruta. Enseguida subimos con bastante pendiente, de modo que al cabo de 45 min y 210 m verticales podemos disfrutar de unas vistas de ensueño desde la loma del **Geldingafjall (2)**. A continuación bajamos constantemente; el camino está señalizado con estaquillas amarillas, pero por los neveros también puede haber tramos más largos sin señalizar. Después de 1½ h larga llegamos a un cruce de caminos. Ante nosotros, las paredes rocosas del macizo de Dyrfjöll se elevan de forma impresionante hacia el cielo. A la izquierda el camino pasa por un puerto hacia Bakkagerði, a la izquierda se baja por un empinado nevero hacia el depósito rocoso del **Stórurð** («gran montón de rocas», **3**). En las estaquillas de señalización incluso aparece el nombre de la ruta. Aquí resultaría muy útil un saco grande de nylon para deslizarnos por el nevero, pero a pie también se puede superar rápidamente y sin problemas. En cuanto llegamos abajo podemos hacer un recorrido por las rocas transportadas hasta aquí por un glaciar. En junio hay que prestar mucha atención, ya que bajo los neveros se ocultan arroyos en los que nos podemos hundir.

Ahora nos dirigimos primero hacia la izquierda, siguiendo por la senda, para después volver a torcer hacia la derecha; la senda a la izquierda prosigue hacia Hólaland, cerca de Bakkagerði. También pasamos por delante de un pequeño lago entre las rocas (bonito lugar para hacer un picnic). La senda serpentea a través de grandes peñascos, cruzamos un arroyo y llegamos otra vez a la senda principal, por la que continuamos a la izquierda en dirección a la salida del valle (dirección norte). La senda baja cómoda y suave-

Vista del depósito rocoso del Stórurð (gran montón de piedras).

mente por el valle del Jökulsá hasta que en 1 h llega a un arroyo (265 m). Si subimos a la derecha hasta una sección rocosa, allí podemos pasar el arroyo por rocas, aunque si lleva mucha agua puede que sea necesario vadearlo. En este caso los bastones de senderismo son de gran ayuda.
Tras superar este obstáculo continuamos sin problemas. Al cabo de 1¼ h nos encontramos con un **panel informativo (4)** en la carretera n.º 94, por la que ahora regresamos al puerto. Por desgracia no hay ninguna otra buena senda aparte de la carretera, así que solo podemos esperar que no haya demasiados coches por esta pista de gravilla que nos estropeen el último tramo. Al cabo de 45 min lo conseguimos y llegamos al punto de inicio, el **puerto de Vatnsskarð (1)**.

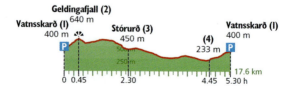

22 *Fuglabjagarnes: playa y acantilados en la costa norte*

Típica ruta por la playa en el agreste norte

Una ruta circular sencilla pero variada recorre playas de arena con desechos marinos, nos conduce hasta impresionantes riscos y acantilados de aves y nos regala una amplia panorámica del fiordo.

Localidad: Vopnafjörður.
Punto de inicio: Aparcamiento en la carretera n.º 913.
Acceso: Desde Vopnafjörður por la carretera n.º 85 hacia el norte, 10 km más adelante torcemos a la derecha hacia la carretera n.º 913; después de 4 km a la derecha hay un aparcamiento delante de un puente, letrero del sendero n.º 178.

Desnivel: 100 m.
Dificultad: Pista y caminos de cabras con tramos cenagosos, bien señalizados con estaquillas amarillas.
Dónde alojarse: Pensiones y camping en Vopnafjörður.
Sugerencia: Unos 2 km antes del desvío de la ctra. n.º 913, una ctra. lleva por la izda. hasta los baños termales de Selárdalur.

Las torres de basalto en el mar sirven de nidal a muchas aves.

Desde el **aparcamiento (1)** caminamos por una estrecha senda en paralelo al río **Fugla** hasta la costa. Aquí ya se pueden observar carádridos revoloteando nerviosos. A la altura de una pequeña cascada llegamos a la playa unos 10 min después. El camino pasa más arriba por la pradera, pero también podemos pasear por la playa y contemplar los restos de madera con sus curiosas formas y otros desechos marinos (plásticos).

Finalmente la costa se vuelve más pedregosa; ahora caminamos por un agradable terreno de hierba hacia la península. En la orilla se pueden ver ostreros comunes y enseguida llegamos a la punta de la pequeña lengua de tierra (2,5 km, ¾ h). A continuación caminamos todo el rato por el borde de los riscos, cada vez más altos; si nos acercamos al borde hay que extremar la precaución. En la parte sur de la península pronto reconocemos las peculiares **torres rocosas (2)** de basalto que se alzan sobre el mar. Aquí anidan gaviotas, pero también vemos fulmares boreales y cormoranes. Si el día está despejado, por encima de estas rocas y del fiordo de Vopnafjörður divisamos las montañas del Smjörfjöll, que suelen estar cubiertas de nieve. En el lugar donde algunas cimas rocosas bajas se elevan sobre la —por lo demás— totalmente llana península, la señalización vuelve a virar hacia la derecha. Este breve cruce de la península puede presentar algunos tramos cenagosos, hay que moverse con cuidado de manojo a manojo de hierba.

En cuanto finaliza el circuito de nuestra ruta, regresamos por el mismo camino al **aparcamiento (1)**.

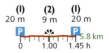

23 Rauðanes

2.15 h

Una solitaria península con maravillosos paisajes y gran variedad de aves

Esta ruta circular nos conduce hasta fascinantes torres y arcos de basalto en la escarpada costa y nos ofrece muchas oportunidades de observar aves.

Localidad: Þórshöfn o Raufarhöfn, 30 m.
Punto de inicio: Aparcamiento en la península de Rauðanes, señalizado, 1 km desde la carretera n.º 85.
Acceso: Carretera n.º 85, desde Þórshöfn 28 km o desde Raufarhöfn 34 km, en dirección al mar y señalizado como ruta.
Desnivel: 170 m.
Dificultad: Sendero y pistas bien señalizados con estaquillas azules.
Dónde alojarse: Pensiones, hotel y camping en ambos lugares de referencia.
Variante: El regreso por el mismo camino desde los acantilados de los frailecillos tiene un paisaje más bonito, pero es algo más largo.
Consejo: ¡No hay que olvidarse de los prismáticos y del teleobjetivo!

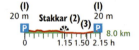

Desde el **aparcamiento (1)** seguimos la señalización de estaquillas y caminamos por la senda bien visible en dirección al mar, primero en dirección este y luego en dirección norte. Después de aprox. 1 km bajamos un poco en pendiente y podemos contemplar un impresionante escenario rocoso, y es que a nuestra derecha se alza sobre el mar el arco rocoso de Lundastapar y a lo largo de la costa también encontramos arcos y torres basálticos. Finalmente tenemos que subir de nuevo en pendiente (nos mantenemos a la izquierda) y, desde arriba, podemos mirar hacia abajo, al mar, a través del enorme arco de **Gluggur**, una cueva hundida. Ahora el camino discurre subiendo y bajando suavemente por la costa; una y otra vez aparecen lugares con magníficas vistas. La punta de la península presenta un paisaje especialmente bello, aquí primero vemos un arco basáltico muy bonito y columnas en una bahía y después los acantilados cubiertos de hierba de **Stakkar (2)**, donde vive una colonia de frailecillos. Podemos observar bien a las coloridas aves despegando y aterri-

80

zando delante de sus cuevas. Ahora el camino señalizado recorre la costa occidental de la península —primero por bonitas praderas y después por caminos agrícolas a través de un terreno pedregoso— hasta la pista **(3)**, por la que al cabo de algo más de un kilómetro llegamos al **aparcamiento (1)**.

Las fascinantes formaciones de basaltos son, junto con las numerosas aves marinas, la atracción de esta ruta.

24 Acantilados de aves junto al volcán Rauðinúpur

1.20 h

Breve ascenso a las chimeneas volcánicas con gran variedad de aves

Los acantilados de aves de la punta noroeste de la península de Melrakkaslétta son una excursión muy recomendable para todos aquellos viajeros interesados en la observación de aves. Pocas veces se puede ver tan bien como aquí cómo se reparten las aves marinas por un acantilado. Cerca de la línea del mar descubrimos cormoranes moñudos; en estrechas franjas rocosas, por encima de ellos, vemos araos comunes y de pico ancho, que anidan en grandes masas y al lado, en cuevas y grietas, encontramos alcas comunes. Los acantilados del Rauðinúpur también son uno de los dos nidales del alcatraz en Islandia, una de las aves marinas más grandes y elegantes de la isla. La parte superior del acantilado la ocupan los frailecillos.

Localidad: Kópasker, 10 m.
Punto de inicio: Granja Núpskatla. Desde Kópasker o Raufarhöfn por la antigua ctra. n.º 870 (la ctra. nueva n.º 85 atraviesa la península), desde la ctra. n.º 870 se desvía una ctra. sin salida hacia la granja, ¡volver a cerrar la verja! Es de agradecer que permitan aparcar (¡sin molestar!) y hay incluso un libro de huéspedes y un panel informativo.
Acceso: Solo en coche por la carretera n.º 85 o con rutas guiadas.

Desnivel: 90 m.
Dificultad: Llevar zapatos resistentes para cruzar la estrecha franja de tierra. No hay que acercarse demasiado a los acantilados. Señalización con estaquillas.
Dónde alojarse: En Kópasker y Raufarhöfn.
Consejo: El mes de julio es mejor que el de agosto para observar aves. No hay que olvidarse de llevar prismáticos, trípode y teleobjetivo (de 300 a 600 mm).

Desde el **aparcamiento (1)** pasamos a la derecha por delante de la granja **Núpskatla** y nos dirigimos hacia la estrecha franja costera por una pista se-

Colonia de alcatraces en los acantilados del Rauðinúpur.

ñalizada con estaquillas amarillas. Pasando por encima de la estrecha franja de tierra cubierta de piedras llegamos bastante bien hasta el otro lado de la laguna; el camino está nivelado, pero a veces hay que mantener el equilibrio sobre piedras más grandes. Desde aquí ya se divisan las dos torres basálticas teñidas de rojo y negro que emergen del mar. A continuación, una senda bien visible discurre en paralelo a la línea eléctrica y por pastos hasta el **faro (2)**, a cuya derecha, situados delante de la costa acantilada, se alzan sobre el mar los acantilados de aves. Vale la pena subir a lo largo la cerca (señalización de estaquillas) durante un par de minutos hasta el borde del cráter del —hace ya tiempo— extinguido volcán **Rauðinúpur (3)**, desde donde disfrutamos de una amplia panorámica. Regresamos por el mismo camino a la granja **Núpskatla (1)**.

25 Isla rocosa de Eyjan

1.15 h

Paseo hasta el mirador por encima del Ásbyrgi

El Parque Nacional de Jökulsárgljúfur se extiende a lo largo del cañón del río glaciar Jökulsá á Fjöllum. El punto de partida ideal para hacer rutas es el camping en el Ásbyrgi. Desde aquí podemos dar un bonito y breve paseo hasta la punta de la isla rocosa y aprovechar para conocer la variada flora de esta región, bendecida con un agradable microclima.

Localidad: Ásbyrgi, 20 m.
Punto de inicio: Camping u oficina de información en el Ásbyrgi.
Acceso: Con rutas guiadas o en coche por las carreteras n.º 85 y 864; servicio de autobús.

Desnivel: 65 m.
Dificultad: Paseo hasta un mirador que merece la pena. ¡Cuidado en el borde del acantilado!
Dónde alojarse: Camping en el Ásbyrgi, alojamientos en los alrededores.

El camino señalizado comienza justo detrás de la recepción del **camping (1)**. Se sale un trecho del valle para luego subir a las rocas hacia la izquierda por una escalera. Desde aquí el camino va en dirección sur hasta la punta de la isla rocosa. De camino tenemos la oportunidad de observar la vegetación del Parque Nacional: en zonas protegidas crecen sobre todo árboles y arbustos como abedules, sauces y serbales. En cambio, en los brezales encontramos solo arbustos enanos y líquenes. Sobre todo en esta isla rocosa se dan fanerógamas como geranios, angélicas y campanillas, y una planta típica del cañón es la gaulteria. En total aquí crecen unos 220 tipos de plantas altas; esto se debe a que en esta zona el clima es más continental que en la mayor parte de Islandia. Así, la cantidad anual de precipitaciones se sitúa en los 400 mm, y el termómetro sube en julio hasta una media de 10 grados.

Desde la punta de la **isla rocosa (2)**, alrededor de la cual el camino traza una curva, disfrutamos de unas bellas vistas de la imponente formación del **Ásbyrgi**, que la mitología interpretó como la huella del

La legendaria isla rocosa de Eyjan en el Ásbyrgi, el «castillo de los dioses».

caballo de Odín. Este «castillo de los dioses» (Ásbyrgi) es en realidad una parte del cañón del río Jökulsá que se secó hace mucho tiempo. Regresamos al **camping (1)** por el mismo camino.

26 Al cañón del Jökulsá

3.30 h

Ruta circular desde el Ásbyrgi hasta el cañón del Jökulsa

Esta ruta de longitud media desde el Ásbyrgi hasta la garganta del Jökulsá nos lleva hasta un mirador, desde el cual podemos contemplar el sobrecogedor valle del río glaciar en todo su esplendor. Con 25 km de largo, 500 m de ancho y una profundidad de hasta 100 m, es una de las gargantas más impresionantes de Islandia. Está situada en la zona de volcanes activos y por tanto, desde un punto de vista geológico, es todavía muy joven.

Localidad: Ásbyrgi, 20 m.
Punto de inicio: Centro de información y visitantes.
Acceso: Con rutas guiadas o en coche por las carreteras n.º 85, 862 y 864; servicio de autobús.
Desnivel: 200 m.
Dificultad: Ruta con trepadas sencillas al principio por caminos bien señalizados (A8, camino circular de Kúahvammur).
Dónde alojarse: Camping en el Ásbyrgi, alojamientos en los alrededores.
Variante: Tomando como punto de inicio el camping, allí seguimos la señalización hasta el extremo situado valle adentro; después, en el camino de regreso volvemos directamente al camping, pero con un descenso empinado; aprox. 20 min menos.

Detrás del **centro de visitantes (1)** seguimos por el camino del medio en dirección a Tófugjá, por el que caminamos durante aprox. ¼ h pasando por el campo de golf hasta llegar a la pared rocosa. A continuación subimos a través de **Tófugjá (2)** por escaleras y trepando un poco con cuerdas de seguridad. A la altura de un indicador del camino nos mantenemos a la derecha en paralelo al borde del acantilado y en dirección a Vesturdalur. Al cabo de otra hora por el camino bueno, desde el mirador de **Klappir (3)** divisamos el lago de Botnstjörn al final del Ásbyrgi. Ahora el camino (nos mantenemos a la izquierda) pasa por un brezal despejado con pequeños estanques. Aquí el senderista atento y silencioso tiene la oportunidad de observar la fauna de la zona:

El Jökulsá ha formado una de las gargantas más anchas de Islandia.

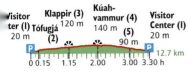

es frecuente ver aves como chorlitos dorados y perdices nivales, pero también aparecen zorros polares y visones. Una imagen completamente distinta la ofrece una canal llana, donde el viento ha cincelado curiosas formas en la toba y las dunas de arena confieren al paisaje un carácter desértico. A continuación, tras algunas subidas y bajadas, atravesamos una zona boscosa y llegamos al mirador de **Kúahvammur (4)**, donde disfrutamos de unas impresionantes vistas de la garganta. Desde aquí proseguimos por el camino a lo largo del cañón (al norte), que pronto se aleja del río y pasa por un bosquecillo de abedules, por prados y por un camino de herradura durante un rato hasta llegar a un indicador a la altura de Gilsbakki: el «Ashöfðihringur» ofrece otro recorrido pródigo en vistas. Continuamos todo recto y ¼ h más tarde el camino se bifurca de nuevo **(5)**: a la izda. se va a Tófugjá y al camping; nosotros nos mantenemos de frente y pasamos por praderas hasta la granja Ás. En sus orígenes esta fue una de las más ricas de Islandia, pero quedó destruida por las riadas glaciares de los ss. XVII y XVIII. A la dcha. vemos Ásgil y el Ástjörn. Después de rodear la granja el camino baja por el bosque hasta un poco antes de la carretera. La señalización conduce hasta el punto de inicio **(1)** por el borde del campo de golf.

27 Hljóðaklettar – Rauðhólar

1.45 h

Al volcán más colorido de Islandia

Esta entretenidísima ruta serpentea a través de las imponentes chimeneas volcánicas que el Jökulsá á Fjöllum puso al descubierto y seccionó. Las columnas de basalto, a menudo ordenadas en forma de rosetas y que aquí se pueden observar de cerca, se deben a las contracciones y grietas que se originaron durante la fase de enfriamiento de la lava.

Localidad: Ásbyrgi, 20 m.
Punto de inicio: Aparcamiento de Hljóðaklettar en Vesturdalur, 120 m.
Acceso: Ctra. n.º 862, en verano hay un servicio de autobús diario (una vez al día).
Desnivel: 200 m.
Dificultad: Ruta por buenos caminos señalizados, breves tramos escarpados.
Dónde alojarse: Caming de Vesturdalur.
Variantes: Una vuelta por el cráter del Hljóðaklettar (Hljóðaklettarhringur = rocas del eco) dura 1 h escasa; un paseo hasta las impresionantes columnas basálticas «Karl og Kerling» con magníficas vistas del barranco, entre 40 min y 1 h; también es muy bonito el recorrido por la roca-mirador de Eyjan, al final del camping (aprox. 30 min).

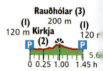

El ancho camino señalizado comienza en el **aparcamiento (1)** (desde el camping se puede llegar al inicio de la ruta por una vereda, 800 m). Seguimos por el camino y nos mantenemos primero a la derecha («Hljóðaklettarhringur») y, justo después, otra vez a la derecha. Vamos subiendo y bajando por fantásticas formaciones de basalto; no podemos perdernos la cueva de lava de **Kirkja (2)**. A la altura del siguiente indicador continuamos en dirección a «Rauðholar».

Después de un rato por monte bajo, ante nosotros se alza un gigantesco muro de basalto, tras el cual sobresale la estribación roja del Rauðholar. El siguiente tramo del camino es más empinado. A veces por escalones, a veces por gravilla, trepamos hasta esta estribación disfrutando durante el ascenso de las mejores vistas del juego de colores que ofrecen las faldas del volcán —desde rojo y amarillo hasta negro— y de la amplia panorámica de la garganta del Jökulsá. Después de esta **cumbre (3)** podemos subir un rato en dirección al Rauðholar, aunque la cumbre principal está cerrada por razones de protección medioambiental. Trazando una amplia curva regresamos al camino, que pasa algo por encima (oeste) de las rocas y vuelve hasta el **aparcamiento (1)**.

El Rauðhólar debe su nombre a la escoria rojiza.

28 Hólmatungur

1.20 h

Paseo hasta unas cascadas con una ubicación idílica

A pesar de su altura sobre el nivel del mar (200 m aprox.), la zona de Hólmatungur muestra una vegetación muy rica. El camino atraviesa un bosque de abedules; junto a manantiales y arroyos crecen plantas higrófitas como angélicas (Angelica archangelica) y musgos poco comunes.

Localidad: Ásbyrgi, 20 m.
Punto de inicio: Aparcamiento de Hólmatungur (se puede acceder en coche).
Acceso: Por la carretera n.º 862 (véase la ruta 27).
Desnivel: 120 m.
Dificultad: Ruta breve y bonita por caminos señalizados.
Dónde alojarse: Camping de Vesturdalur.
Variante: Se puede ampliar desde Hólmatungur hasta Vesturdalur, ruta entretenida con una zona que hay que vadear; 3–3½ h.
Consejo: La zona es perfecta para sacar fotos, sobre todo fotos macro de plantas.

Junto con otros muchos arroyos, el Melbugsá desemboca tempestuosamente en el Jökulsá.

Desde el **aparcamiento de Hólmatungur (1)** bajamos por un ancho camino señalizado. Junto a un indicador del camino nos mantenemos a la izquierda («Vesturdalur», «Hólmárfossar») y seguimos el curso del arroyo con su rica vegetación. Varios arroyos laterales desembocan en él. Cuando llegamos a las **Hólmárfossar (2)** cruzamos los puentes y descendemos unos metros por el lado izquierdo (orográficamente) del arroyo para contemplar también desde abajo las idílicas cascadas. Volvemos a los puentes y elegimos el camino de regreso (izquierda) a lo largo del Jökulsá. Al cabo de 20 min seguimos la señalización hacia la izquierda bajando por escalones hasta **Katlar (3)**, una angostura en el río con numerosas cascadas, grandes y pequeñas, que se precipitan por las coloridas paredes hacia los borboteantes torrentes. Un corto recorrido circular (1 km/ 20 min) nos regala vistas impresionantes. En el extremo superior el río ha desgastado las rocas, por lo que si nos desviamos del camino será por nuestra propia cuenta y riesgo. Desde aquí regresamos al **aparcamiento (1)**.

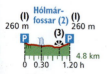

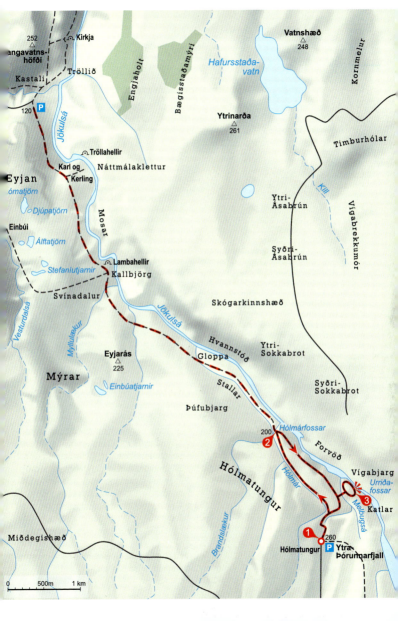

29 Hafragilsfoss y Dettifoss

2.30 h

Dura ruta circular y paseo hasta la cascada más imponente de Europa

Por la carretera 862 llegamos a una de las principales atracciones de Islandia, la Dettifoss. Con una anchura de 100 m, una caída de 45 m y un caudal de 193 m³/s de media, se considera la cascada más caudalosa de Europa. Con la Selfoss, situada más al sur, y la Hafragilsfoss aquí empieza la garganta del Jökulsá.

Localidad: Ásbyrgi, 20 m.
Punto de inicio: Aparcamientos cerca de Hafragil y de Dettifoss/Sanddalur.
Acceso: En la carretera de circunvalación n.º 1 hay que desviarse hacia la carretera asfaltada n.º 862.
Desnivel: 200 m / 25 m.
Dificultad: 1) Camino señalizado, pero con breves tramos asegurados; hay que cruzar la ladera expuesta por un guijarral; 2) Paseo, humedad en la zona de las cascadas.
Dónde alojarse: Camping más cercano: Vesturdalur.
Consejo: Seguir hasta el final de la carretera sin salida a Hafragil, allí un camino corto conduce hasta un magnífico mirador sobre la Hafragilsfoss.
Variantes: 1) Los dos recorridos que aquí se presentan se pueden unir en una ruta en forma de ocho, desde la Dettifoss al norte hacia Sanddalur o, viniendo desde la Hafragilsfoss, después del ascenso empinado se continúa hasta la Dettifoss. El tramo de unión (aprox. 1 km) hay que hacerlo a la ida y a la vuelta, aprox. 40 min más larga. 2) Ruta de 2 días desde la Dettifoss hasta Ásbyrgi: comienza en la Dettifoss, atraviesa el barranco de Hafragil y pasa por la altiplanicie hacia Hólmatungur (3–3½ h); desde aquí como se describe en la ruta 28 hasta las cascadas Hólmárfossar y (hay una zona que se debe vadear) hasta Vesturdalur (por delante de «Karl og Kerling»): 3–3½ h; la segunda etapa sube al Rauðhólar (véase la ruta 27) y prosigue a lo largo del Jökulsá; por Klappir hacia Ásbyrgi (4 h) (véase la ruta 26).

1) Vamos desde el **aparcamiento (1)** en la carretera sin salida hacia **Hafragil** (panel orientativo) y seguimos por el camino hacia el oeste («Vesturdalur»). Tras un breve ascenso caminamos cómodamente por la altiplanicie a lo largo del barranco de Hafragil y disfrutamos, sobre todo al final, de impresionantes vistas **(2)** del fondo del barranco. Al cabo de ¾ h llegamos a un indicador, que seguimos a la derecha y cuesta abajo ha-

La Dettifoss se considera la cascada más caudalosa de Europa.

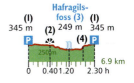

cia el barranco. Aunque el descenso presenta algunos tramos estrechos, resulta más fácil gracias a los escalones. Llegamos a una fuente situada al final del Hafragil y torcemos hacia el cañón de Jökulsá. Aquí las paredes rocosas alcanzan su máxima altura. Ahora caminamos río arriba y enseguida cruzamos una escarpado pedregal (tramo del camino brevemente muy expuesto). A continuación, por un camino más cómodo llegamos a la **Hafragilsfoss (3)**. Después todavía tenemos que continuar unos 20 min —a veces por praderas cenagosas (con piedras para pasar), a veces entre peñascos— por el cañón. Para volver a Sanddalur, finalmente tenemos que superar un breve y empinado ascenso (con cuerda de seguridad en algunas partes). Ya arriba nos encontramos con un **indicador (4)**, que seguimos hacia la derecha («Vesturdalur»). Aún tenemos que trepar por dos escalones de roca (sin complicación) hasta llegar por llanos de piedras y arena hasta el punto de inicio **(1)**.

2) Desde el **aparcamiento** grande **(1)** (fin de la carretera asfaltada) vamos por el camino ancho hasta la imponente **Dettifoss (2)** (humedad), retrocedemos un poco y torcemos hacia la izda., por este camino llegamos en 15 min a la ancha **Selfoss (3)**; regresamos al **aparcamiento (1)**.

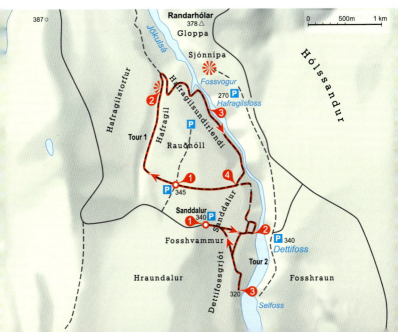

30 Dimmuborgir

2.15 h

Al cráter de Hverfjall a través de fascinantes formaciones de lava

El Hverfjall, que sobresale notablemente por encima de una llanura cubierta de curiosas formaciones de lava, se originó durante una explosión fría de gases. Esto también se puede notar en la arena fina y la gravilla que forman este cráter. Por eso, desde la cumbre no veremos unas fauces volcánicas humeantes; no obstante la amplia panorámica hace que el ascenso merezca la pena.

Localidad: Reykjahlið, 280 m.
Punto de inicio: Aparcamiento de Borgarás (Dimmuborgir).
Acceso: En autobús, coche, avión; por la carretera n.º 848.
Desnivel: 250 m.
Dificultad: Ruta por caminos señalizados; el Hverfjall es un cráter piroclástico y, por tanto, el ascenso y el descenso son polvorientos y «blandos».
Dónde alojarse: Hotel y camping en Reykjahlið y en los alrededores.
Dónde comer: Café Borgir.
Variante: Combinación con la ruta 32

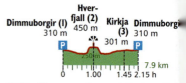

(Grjótagjá) por caminos señalizados. El acceso a esta variante y a la ruta 31 se puede combinar en bicicleta (alquiler en Reykjahlið). El tramo por la crta. n.º 848 y n.º 1 está asfaltado, con desvíos tiene 40 km y, salvo el acceso a Dimmuborgir, apenas presenta desniveles importantes.

A través de un portal de lava divisamos el Hverfjall.

En el aparcamiento de **Dimmuborgir (1)** empiezan los caminos bien señalizados. Primero seguimos la flecha roja hacia la izquierda en dirección a «Kirkjan» y nos mantenemos siempre a la izquierda. Al cabo de un ¼ h, un camino («Grjótagjá», «Reykjahlið») gira hacia la izquierda a través de un arco de lava. Por este llegamos al pie del **Hverfjall**. Aquí nos mantenemos a la derecha. Un camino con estaquillas y cuerdas protectoras sube empinado —primero de frente y luego en zigzag— y nos facilita el ascenso. Arriba podemos continuar hasta el punto más alto **(2)** o rodear el cráter (aprox. 30 min más).

Regresamos por el mismo camino: primero volvemos al arco de lava y después seguimos hacia la izquierda la señalización roja en dirección a **Kirkja (3)**. Aquí la lava ha creado un impresionante portal. Pasamos otras muchas formaciones que hacen honor al nombre de Dimmuborgir («castillos negros»).

Al cabo de 2 h llegamos —manteniéndonos siempre por el camino circular señalizado en rojo— a nuestro punto de inicio **(1)**.

31 Montaña panorámica de Vindbelgjarfjall, 529 m

1.30 h

Breve ascenso a un mirador que realmente merece la pena

Los días despejados, la panorámica desde la montaña Vindbelgjarfjall es inolvidable. Desde arriba, podemos distinguir bien los diversos tipos de paisajes obra del vulcanismo: volcanes como el Burfell son fruto de una fuerte erupción volcánica y las lomas de piedra de toba o palagonita, como el Namafjall, se originaron a causa de pequeñas erupciones durante la última era glacial hace unos 10.000 años, cuando toda la región estaba cubierta por un glaciar.

Localidad: Reykjahlið, 280 m.
Punto de inicio: Por la crta. n.º1, viniendo desde la crta. de circunvalación, poco antes de la granja Vagnbrekka (en dirección a Reykjahlið). Señal; se puede aparcar.
Acceso: En autobús, coche, avión; por la carretera n.º 1.
Desnivel: 270 m.

Dificultad: Ascenso con pendiente moderada por un camino bien acondicionado.
Dónde alojarse: En Reykjahlið y en los alrededores.
Variante: Si esta ruta se combina con la ruta 30 para hacer un recorrido en bicicleta se puede acceder directamente al ascenso (véase la ruta 30).

En la **granja Vagnbrekka (1)** una pista señalizada con estaquillas amarillas nos lleva desde el aparcamiento hasta el pie de la montaña. Este kilómetro se puede recorrer bien en bici. El ascenso se realiza por un buen camino que, tras una subida inicial, primero discurre en llano hacia la izda. por el flanco de la montaña y luego continúa cuesta arriba con bastante comodidad, trazando curvas cortas y más largas por un terreno pedregoso. Para proteger la vegetación no debemos abandonar la senda. Sorprendentemente rápido alcanzamos la cima de la **Vindbelgjarfjall (2).** Bajamos por el mismo camino.

Vista del Mývatn desde el Vindbelgjarfjall.

32 Grjótagjá

1.30 h

Agradable ruta circular hasta unas grietas calientes

Muy cerca de la población de Reykjahlið podemos observar, en poco espacio, fenómenos naturales de gran interés: el campo de lava de Vogahraun presenta una vegetación cada vez más abundante formada por abedules achaparrados a los lados y tapizantes como silenes sin tallo, saxífragas, armerias y líquenes. Además en esta zona encontramos grietas calientes llenas de agua, como la conocida Grjótagjá.

Localidad: Reykjahlið, 280 m.
Punto de inicio: Cruce de la carretera n.º 1 con la carretera n.º 848.
Acceso: En autobús, coche, avión; por la carretera n.º 1.
Desnivel: 100 m.
Dificultad: Ruta fácil que también se puede hacer con mal tiempo; está prohibido bañarse (letreros).
Dónde alojarse: Hotel y campings en Reykjahlið.
Variante: Seguir la señalización desde la Grjótagjá hasta Hverfjall. También se puede ir en coche hasta la Grjótagjá.

En el campo de lava de Vogahraun encontramos numerosas grietas rellenas de agua caliente, como la famosa Grjótagjá.

En el mismo **cruce de la carretera (1)** comienza un camino señalizado. Primero seguimos la señalización con estaquillas amarillas por la derecha hacia **Stóragjá (2)**: en una canal de casi 10 m de profundidad, una escalera baja hasta una gruta en la que podemos bañarnos (actualmente está fría, riesgo de infección por bacterias). Volvemos a subir; el camino continúa por el borde de la canal y luego atraviesa un bosque bajo de abedules, cruza un sistema de calefacción remoto y prosigue subiendo y bajando en zigzag a través de grietas de lava y de monte bajo. Al cabo de aprox. ½ h llegamos a un cruce de caminos, donde continuamos por la derecha. Ahora pasamos por un terreno arenoso, esta zona de transición poblada de árboles achaparrados y flores sobre la arena negra invita a hacer muchas fotos. Poco después de superar la cerca de un pasto llegamos desde arriba a una grieta alargada y a un aparcamiento. A través de los numerosos orificios vemos la gruta con agua de **Grjótagjá (3)**, situada en esta zona de hundimiento tectónico. Está prohibido bañarse en el agua caliente. Regresamos por el mismo camino hasta el cruce y desde allí continuamos de frente; por este camino, algo más cómodo, volvemos a **Reykjahlið (1)**.

Plantas como el musgo florido se han ido adueñando poco a poco del desierto de lava.

Recorrido por solfataras hasta el Námafjall

1.00 h

Ruta circular entre agujeros de azufre y barro

La riqueza de colores del Námafjall, las humeantes solfataras hirviendo a borbotones y los agujeros de barro atraen a muchos turistas, quienes, tras darse una pequeña vuelta, suelen esfumarse de nuevo en su autobús. Sin embargo nosotros seguimos caminando hasta la cumbre del Námafjall, pródiga en vistas. Los distintos colores de las rocas se deben al efecto químico de los diferentes minerales —el amarillo, p. ej., al sulfuro de hidrógeno, el ácido sulfúrico y los sulfatos— y a las algas adaptadas al agua de hasta 100 °C.

Localidad: Reykjahlið, 280 m.
Punto de inicio: Aparcamiento de Hverir en la carretera n.º 1. Hay que pagar entrada.
Acceso: En autobús, coche, avión; por la carretera n.º 1.
Desnivel: 130 m.
Dificultad: La ruta atraviesa la zona de solfataras. Es imprescindible prestar atención a las señales de advertencia y a las zonas cerradas, así como no salirse del camino. Ascenso empinado con partes expuestas. Si no se puede pasar, hay que subir y bajar por el camino que va siguiendo la carretera.

Dónde alojarse: En Reykjahlið.
Variante: Las rutas 33 y 34 pueden combinarse para hacer una ruta en bicicleta algo más exigente. La distancia entre Reykjahlið y Krafla es de 15 km, en el recorrido de ida y vuelta hay que superar un total de aprox. 450 m verticales. Recorremos la ctra. n.º 1 en dirección este (Egilsstaðir) y pasamos por el Námafjall. Aprox. 1 km después de la zona de solfataras de Námaskarð, a la izda. se desvía la carretera de acceso al Krafla.
Consejo: Debido a los vapores corrosivos, deberíamos proteger las lentes fotográficas con filtros UV.

En el **aparcamiento de Hverir (1)** empezamos primero dando una vuelta por la zona de las fuentes termales de Hverarönd con sus pozas de lodo, solfataras y fuentes de vapor. Después seguimos la señalización con estaquillas amarillas y subimos por la ladera, primero en oblicuo a la izquierda y luego trazando breves curvas seguidas. Desde la cumbre del **Námafjall (2)** disfrutamos de una maravillosa panorámica del paisaje volcánico que se extiende ante nosotros. El camino señalizado por la loma pasa por delante de numerosas solfataras y

La zona de fuentes termales de Hverarönd al pie del Námafjall.

vistosos montículos de azufre (especialmente bonitos a la izquierda del camino durante el descenso). Antiguamente, en esta zona se extraía azufre. El descenso por la cresta nos conduce a la carretera, a continuación nos desviamos a la derecha y llegamos al **aparcamiento (1)**.

34 Krafla

1.30 h

Espectacular ruta circular por uno de los campos de lava más jóvenes de Islandia

El Krafla es un volcán central de 20 km de diámetro desde cuya imponente cámara magmática la lava fluye hasta la superficie a través de las grietas originadas por la corriente continental. Desde 1975 se han producido algunas nuevas erupciones, la última en 1984. La fresca lava negra, las grietas aún humeantes y las solfataras recrean la imagen del principio de los tiempos. Grupos turísticos ruidosos pueden perturbar la paz de la naturaleza, aunque por otra parte, precisamente por ellos, en los últimos años se ha creado un sendero señalizado. Los fotógrafos quedarán impresionados con la gran variedad de motivos que se encuentran a lo largo de las grietas humeantes y solfataras. Sin darnos cuenta se nos puede hacer más largo el tiempo de duración indicado.

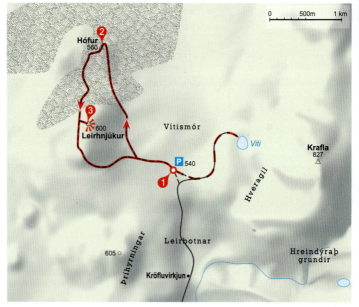

Localidad: Reykjahlið, 280 m.
Punto de inicio: Por encima de la central eléctrica de Kröfluvirkjun, después de un empinado tramo de la carretera, a la izquierda hay un aparcamiento con WC y un quiosco. Hay que pagar entrada.
Acceso: En autobús, coche, avión; carretera sin salida desde la carretera nº 1.
Desnivel: 80 m.
Dificultad: Zona de volcanes activos con solfataras, por lo que no hay que salirse del camino.
Dónde alojarse: En Reykjahlið.
Variante: Desde Reykjahlið una senda señalizada también conduce hasta el Krafla, pero la distancia es de 10 km. Si se hace en bicicleta, se puede combinar bien con las rutas 33 y 34 y con un desvío hasta el cráter Viti, situado a unos 100 m por encima del aparcamiento del Krafla.
Consejo: En la central eléctrica geotérmica hay un centro de información.

El —todavía joven— campo de lava del Krafla.

Desde el **aparcamiento (1)**, el camino señalizado con estaquillas blancas nos lleva en línea recta hasta las solfataras situadas en la ladera del Leirhnjúkur. Caminamos a lo largo de ellas y luego subimos un poco para pasar por en medio de las pozas de lodo hirviendo a borbotones y de las fuentes termales. En una bifurcación del camino seguimos por la derecha y, finalmente, nos dirigimos a través de la lava fresca de las últimas erupciones hacia el cráter **Hófur (2)**. La señalización nos conduce por delante de él y después nos hace girar en ángulo recto hacia la izquierda. El camino de regreso, que pasa por grietas humeantes y pequeñas aberturas volcánicas, es muy variado y sumamente interesante. Seguimos siempre la señalización hacia la derecha hasta llegar a un camino, que en pocos minutos nos conduce hasta la cumbre del **Leirhnjúkur (3)**. Desde arriba disfrutamos de una hermosa vista de toda la zona volcánica y podemos distinguir las diferentes edades de las capas de lava (negra = joven, marrón = vieja).

Descendemos de la cumbre, seguimos por la izquierda y bajamos cómodamente por la parte trasera del Leirhnjúkur bordeando el campo de lava. Nos encontramos con el sendero que conduce a Reykjahlið, seguimos por la izquierda y regresamos así al **aparcamiento (1)**.

35 Súlur

4.30 h

Ascenso a la montaña panorámica de Akureyri

El Súlur, que con su forma característica se alza sobre Akureyri, parece estar al alcance de la mano. El mayor obstáculo hasta su cumbre es la carretera que sube hasta el punto de inicio de la ruta, ya que sin un vehículo propio la ruta se alarga entre 1½ y 2 h.

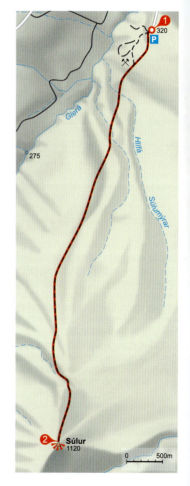

Localidad: Akureyri (ciudad portuaria).
Punto de inicio: El camino Súlurvegur nos conduce hasta un aparcamiento señalizado después del vertedero, allí hay un panel informativo (aprox. 3 km desde el centro).
Acceso: En avión o en autobús o coche por la carretera n.º 1.
Desnivel: 900 m.
Dificultad: El camino está señalizado con estacas y es muy claro. Dependiendo de la época del año habrá más o menos neveros, en cuyos bordes el terreno puede ser algo cenagoso.
Dónde alojarse: En Akureyri.
Consejo: En primavera se puede hacer una ruta con esquíes que merece mucho la pena.

Desde el **aparcamiento (1)**, la senda —bien visible y señalizada con estacas— se aleja de la pista por la izquierda, una flecha señala hacia la izquierda y hay que superar una valla. Durante mucho rato, el camino discurre casi en paralelo al **Gléradalur** subiendo moderadamente y cruza varias canales. Por último vira en dirección a la montaña y asciende por una ladera pedregosa con una pendiente media.

Un camino bien transitable conduce al Súlur.

El terreno se allana otra vez antes de que subamos en pendiente a una antecima, desde la que cruzamos —en su mayor parte por un nevero— hasta la cresta principal. Por ella subimos al final con mucha inclinación y en zigzag hasta la cumbre. En la **cima del Súlur (2)**, señalizada con un hito, disfrutamos de una amplia panorámica de las montañas cubiertas de nieve, así como de Akureyri y del Eyjafjörður.

Para que el descenso resulte más divertido sería útil llevar una bolsa de nylon resistente, con la que podríamos bajar deslizándonos por los neveros.

36 En la península de los troles

1.45 h

Ruta fácil hasta un pequeño lago de montaña

Tröllaskagi —la península de los troles— se extiende entre los fiordos Eyjafjörður y Skagafjörður hacia el norte. Está compuesta principalmente por capas de basalto de entre 10 y 12 millones de años de edad y fue formada por glaciares. Estratos sedimentarios de colores y viejas chimeneas volcánicas varían la imagen del paisaje. Numerosos glaciares pequeños confieren un carácter alpino a la región, en la que se pueden hacer buenas rutas.

Localidad: Dalvík, 20 m.
Punto de inicio: Granja de Kot, Svarfaðardalur, 205 m.
Acceso: En coche por la carretera 805.
Desnivel: 200 m.
Dificultad: Camino señalizado con algunas partes cenagosas.
Dónde alojarse: Hotel, zona de acampada libre en Dalvík; se puede acampar en la escuela de Húsabakki y pasar la noche en Klængsholl (cabaña), en Skíðadalur.
Variantes: En la región se pueden hacer varias travesías exigentes (cruzando glaciares). Cerca de la escuela de Húsabakki, al principio del valle, los amantes de la naturaleza encontrarán varios caminos hacia la Reserva Natural de Svarfaðardalur. Para las rutas por el humedal recomendamos usar botas de goma.

Empezamos nuestra ruta junto a la **granja de Kot (1)** (delante del puente, a la derecha el camino se desvía hacia Heljardalsheiði, aquí se puede aparcar con limitaciones) al final del Svarfaðardalur. Después del puente (cerrar el portillo) y delante de la casa vemos a la izquierda una flecha en dirección a Skeiðsvatn. Seguimos por el camino en paralelo al vallado y en dirección sur. Tras atravesar una pequeña zanja, el camino sube por el prado, con algunas partes cenagosas. Los estrechos arroyuelos se pueden pasar fácilmente; a continuación la senda asciende por terreno llano y seco por la ladera en dirección este;

El pequeño Skeiðsvatn está encajado en las montañas de la península de Troll.

la vegetación está formada por brezos y matas de bayas, en agosto aquí madura un gran número de arándanos. El sendero gira hacia el **Vatnsdalur** y discurre ahora en llano por prados y colinas hasta el pequeño lago de **Skeiðsvatn (2)**. Las vistas del final de valle, que llegan hasta el Þverárjökull, son impresionantes. Durante un descanso, a veces incluso se pueden observar aves marinas y cisnes cantores (*Cygnus cygnus*). A menudo, una pareja de estas elegantes aves ocupa todo un lago como este para ella sola. Regresamos por el mismo camino a la **granja (1)**.

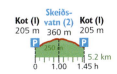

37 Gvendarskál

2.15 h

Magnífico mirador por encima de la antigua sede episcopal de la península de los troles

A través de un paisaje que parece alpino, con un bosque alto de coníferas y un brezal despejado, un buen camino señalizado nos lleva hasta una destacada terraza montañosa con grandes peñascos y unas espléndidas vistas. El lugar de inicio de esta ruta resulta extrañamente «alpino» ya que una iglesia de piedra con torre se alza delante del bosque de coníferas y de las montañas. Ya en 1106 aquí en Hólar se fundó una sede episcopal; en la iglesia de piedra más antigua del país se pueden admirar valiosas obras de arte, como un retablo gótico.

Localidad: Hólar, 170 m.
Punto de inicio: Hotel en Hólar, señal del camino.
Acceso: Por la carretera n.º 767, desvío de la carretera n.º 76.
Desnivel: 450 m.
Dificultad: Ruta por un buen camino señalizado; el ascenso final es empinado.
Dónde alojarse: Camping y hotel en Hólar.

Consejo: No debemos dejar de visitar la iglesia y los edificios de Hólar, que recrean modelos históricos. El hotel también tiene restaurante y piscina.
Atención: El resto de rutas a las montañas altas de los alrededores que aparece en el mapa junto al hotel no tiene camino y está sin señalizar. El camino hacia Elliði solo está en buenas condiciones hasta el puente.

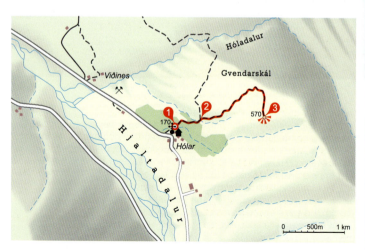

Al principio la ruta atraviesa un bosque de coníferas que parece alpino.

Detrás del **hotel (1)** comienzan los senderos con letreros indicadores claros hacia la izquierda. Seguimos las indicaciones y tomamos el camino derecho, que sube ligeramente en diagonal, y seguimos por la vereda, que ahora atraviesa el bosque. Algunos desvíos nos señalan un camping y otros una mina, pero nosotros proseguimos suavemente cuesta arriba manteniendo más o menos la misma dirección. En la linde del bosque el camino se vuelve a bifurcar **(2)** hacia «Elliði» y de frente hacia nuestro destino. Pasamos por encima de una valla (con ayuda de una escalera) y después el camino asciende —al principio con moderación— y discurre por un brezal y prados hacia el noreste. Poco antes de llegar a un collado el ascenso se vuelve más empinado.

Desde el collado subimos directamente y cada vez con más pendiente a la terraza situada en el desplome del **Gvendarskál (3)**. En cuanto accedemos a ella el terreno se vuelve llano, aunque a veces hay que trepar un poco por las piedras hasta llegar al gran hito; un poco más adelante encontramos el libro de registro de escaladores. Las vistas de las montañas, la iglesia y las granjas y el mar son sumamente impresionantes.

Tras disfrutar de este espectáculo regresamos por el mismo camino.

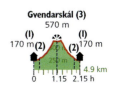

38 Kaldalón

3.00 h

Hacia una lengua glaciar pasando por morrenas

El casquete glaciar de Drangajökull, que llega hasta una altura de 925 m sobre el nivel del mar, domina todavía hoy —con una superficie de hielo de 160 km² y a pesar de su fuerte retroceso— la zona más septentrional y completamente despoblada de los fiordos occidentales. En este desolado e inmenso paisaje, nuestra ruta nos lleva por un valle glaciar llano a través de laderas de 600 m de altura.

Localidad: Isafjörður, 20 m, o Holmavik, 20 m.
Punto de inicio: Bahía de Kaldalón; antes del puente seguimos una carretera sin salida hasta las morrenas terminales, aquí comienza la Reserva Natural.
Acceso: Desde la ctra. n.º 61 por la ctra. sin salida —en mal estado pero transitable en coche— n.º 635 hasta la bahía de Kaldalón.
Desnivel: 150 m.
Dificultad: Hay que cruzar o vadear varios arroyos. Aquí el tiempo puede ser muy duro (Kaldalón significa «bahía fría»).
Dónde alojarse: Hotel, baños y camping en Reykjanes; camping y cafetería en in Dalbær, 8 km más adelante por la carretera n.º 635, ¡bonitas vistas del fiordo!

Delante de la lengua glaciar del Drangajökull.

Después de la **morrena terminal** (1; pequeño aparcamiento) seguimos de frente por una pista, la cual se convierte en una senda bien visible y continúa por morrenas y colinas de gravilla. Hasta llegar a un hito en la última morrena el camino no tiene pérdida. Desde aquí, o bien vamos en llano por gravilla hasta una roca errática con hito —para ello hay que vadear los arroyos más anchos (2)— o nos mantenemos más por el borde derecho del valle: aquí hay más arroyos transversales, pero son más pequeños, así que es más fácil cruzarlos; no obstante tenemos que subir y bajar tramos con frecuencia. Continuamos por debajo de una elevada pared rocosa con una serie de cascadas. El reluciente musgo verde de los numerosos arroyos resulta fascinante por su contraste con el sombrío paisaje. A continuación el terreno se vuelve más seco y podemos seguir por una vereda clara con hitos.

Al cabo de 1½ h llegamos al final del valle, donde confluyen ríos glaciares desde ambos lados. Aquí podemos disfrutar de unas buenas vistas (3) de la lengua glaciar teñida de azul del Drangajökull, en continuo retroceso. Por el mismo camino regresamos a la **bahía de Kaldalón**.

39 Mýrarfjall

1.30 h

Bonita montaña panorámica de fácil acceso con vistas del Dyrafjord

Subimos por la cresta de esta montaña, que se desploma escarpada hacia el mar, y obtenemos como recompensa unas maravillosas vistas y un libro de registro de escaladores.

Localidad: Þingeyri, 30 m.
Punto de inicio: Parking en la ctra. n.º 624.
Acceso: Carretera n.º 60, a 18 km al norte de Þingerey hay que desviarse por la carretera n.º 624.
Desnivel: 250 m.
Dificultad: Ruta por un camino bien visible en su mayor parte, algunos hitos como señalización.
Dónde alojarse: Camping y hotel en Nupur, carretera n.º 624.
Sugerencia: En Nupur se encuentra el jardín botánico de Skrúður, excepcional para Islandia y creado por el pastor Sigtryggur Guðlaugsson en 1909.

Desde el Mýrarfjall se divisa el típico paisaje de los fiordos occidentales en Þingerey.

Comenzamos nuestra ruta desde una pequeña elevación situada detrás de la **granja de Mýrar**; el punto de inicio **(1)** se reconoce bien gracias a un letrero. Hasta el pie de la montaña podemos seguir por una pista para jeeps, después subimos en pendiente por una senda bien visible. El ascenso pronto se allana y principalmente continuamos todo el rato cuesta arriba por la cresta. La vereda se reconoce perfectamente, sobre todo por las zonas algo más empinadas, por lo demás el trazado de la ruta tampoco tiene pérdida. Además se han colocado varios hitos, el más grande de los cuales señala con una bandera la «cima» de la **Mýrarfjall (2)**, donde podemos firmar en el libro de registro de escaladores.

Proseguimos todavía un rato por la cresta, la máxima elevación está un poco más adelante y las vistas también son mejores si seguimos avanzando por la cresta, que aquí es algo más estrecha pero se transita bien. Desde aquí, por encima del **Dyrafjord** hacia el sur vemos **Þingeyri** y las máximas elevaciones de los fiordos occidentales, como el Kaldbakur, 998 m, normalmente envuelto en nubes. Al norte divisamos un fértil valle con granjas, el hotel-escuela **Nupur** y, al lado, el pequeño jardín botánico. Regresamos por el mismo camino.

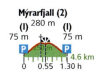

40 Dynjandifoss (Fjallfoss)

1.00 h

Paseo a lo largo de la cascada más bella de los fiordos occidentales

Con unos 100 m de altura, las cascadas del Dynjandifoss son probablemente uno de los lugares más bellos e impresionantes de los fiordos occidentales y uno de los saltos de agua más sobrecogedores de Islandia. La zona (aprox. 700 hectáreas) está protegida desde 1986.

Localidad: Þingeyri, 20 m.
Punto de inicio: Pequeño aparcamiento a los pies de la cascada, 10 m.
Acceso: En coche por la carretera n.º 60.
Desnivel: 160 m.
Dificultad: Paseo.
Dónde alojarse: Hoteles en Flókalundur o Þingeyri.
Sugerencia: En Hrafnseyri, a 21 km de Dynjandi en dirección a Þingeyri, hay un museo junto a una vieja granja restaurada fielmente siguiendo el modelo original. Aquí nació Jón Sigurðsson, el líder del movimiento independentista islandés. La granja tiene una bonita cafetería.

Desde el **aparcamiento (1)** el camino sube por la parte derecha y va trazando curvas seguidas; los tramos más empinados resultan más fáciles gracias a las piedras pasaderas y a los escalones altos. No obstante, algunas zonas pueden estar húmedas, así que, a pesar de la brevedad y la sencillez de la ruta, es mejor llevar un calzado fuerte. Aquí el río va cayendo de forma escalonada, de modo que una y otra vez podemos disfrutar de bonitas vistas de pequeñas cascadas. Cada una de las cascadas está señalizada; sus nombres son (de abajo a arriba): Bjarfoss (Sjóarfoss), Hrísvaðsfoss, Göngumannafoss, Strokkur y Hundafoss.

Al cabo de aprox. ½ h llegamos al pie de la impresionante y ramificada **Dynjandifoss** (2; la «estruendosa»), que se precipita unos 100 m desde la altiplanicie. Arriba tiene unos 30 m de ancho y abajo alcanza incluso los 60 m.

Regresamos por el mismo camino al **aparcamiento (1)**, allí merece la pena echar un vistazo a los paneles informativos, que nos cuentan que antaño aquí había una granja, de la que solo quedan unos pocos restos. Aquí los desprendimientos han complicado especialmente la vida.

El Dynjandi se precipita hacia el fiordo de forma escalonada desde la meseta.

41 Látrabjarg

2.30 h

Ruta por acantilados en el extremo occidental de Islandia

La fascinante costa acantilada de 14 km de longitud se alza hasta 450 m por encima del tempestuoso mar y es uno de los nidales de aves marinas más importantes de Islandia. Por eso, lo mejor es visitarla en julio. En los acantilados de Látrabjarg anida la mayor parte de los 6 millones de frailecillos (Fratercula arctica arctica) de la isla, pero también se ven gaviotas, urias y alcas comunes.

Localidad: Patreksfjörður, 20 m.
Punto de inicio: Faro de Bjargtangar (aparcamiento), 50 m.
Acceso: En coche por la ctra. n.º 612.
Desnivel: 200–400 m.
Dificultad: Un breve paseo o una ruta larga: ambas cosas son posibles. Atención: el borde de los acantilados es inestable, ¡riesgo de desprendimientos!
Dónde alojarse: En Látravik, poco antes de Látrabjarg, zona de acampada sencilla pero maravillosamente ubicada junto al mar; camping y alojamientos en Breiðavik.

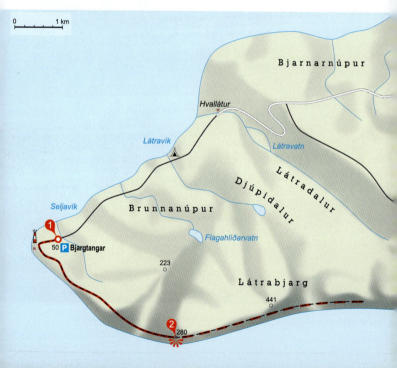

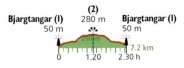

Puesta de sol en el extremo más occidental de Islandia.

El camino comienza en el aparcamiento junto al **faro de Bjargtangar (1)**. Justo al lado de este ya hay frailecillos descansando al borde del acantilado sin dejarse molestar por los turistas. Estas aves, con un tamaño de aproximadamente 30 cm, tienen una envergadura de hasta 63 cm. Pueden recorrer hasta 80 km por hora y sumergirse a 60 m de profundidad. En abril, después de su cortejo nupcial en mar abierto, buscan un nidal donde pasar los tres meses siguientes incubando y criando a sus polluelos en profundas cuevas. Después, las aves jóvenes tiene que pasar tres años solas en el mar.

Una senda bien trillada durante los primeros kilómetros sube —al principio en pendiente, luego más en llano— por los acantilados, desde donde continuamente podemos disfrutar de nuevas vistas de las aves y de la imponente costa acantilada. Se recomienda continuar hasta donde también divisemos **(2)** la **bahía de Keflavik** al este. La duración de la ruta depende en última instancia del tiempo, ya que a menudo podemos encontrarnos con tormentas o niebla.

Millones de frailecillos anidan en los acantilados de Látrabjarg.

42 Helluvatn — 2.00 h

Ascenso al típico paisaje de las Tierras Altas

La región del fiordo Vatnsfjörður fue considerado el primer lugar poblado de Islandia por Hrafna Flóki y es una Reserva Natural. Un camino bien acondicionado va subiendo desde el mismo hotel y nos ofrece bonitas vistas hacia atrás del fiordo antes de conducirnos por la árida altiplanicie hasta el «lago del infierno».

Localidad: Flókalundur, 20 m.
Punto de inicio: Hotel o camping.
Acceso: Por la ctra. n.º 60 o n.º 62 (cruce).
Desnivel: 300 m.
Dificultad: Ruta con un ascenso/descenso de pendiente media por un camino bien señalizado.

Dónde alojarse: Camping y hotel en Flókalundur.
Sugerencia: En Brjanslækur, en la Surtarbrandsgil, encontramos extraordinarios fósiles de hojas. Solo se puede entrar en la garganta con una visita guiada, más información al respecto en el hotel Flókalundur.

Los serbales son típicos de la Reserva Natural.

Desde el **hotel Flókalundur (1)** el camino está señalizado hasta el Helluvatn. Caminamos primero hasta el camping, en cuyo extremo norte una escalera que pasa por encima de la valla señala el auténtico inicio de la senda. Subimos con regularidad, siempre por la derecha orográfica del arroyo. El camino pasa por debajo de un gran serbal, un árbol típico de la zona. Ahora, por delante de las rocas, nos adentramos en el barranco por el que seguimos subiendo. Después del borde de un terreno el camino se allana, pero

El Helluvatn está situado en una meseta.

continúa ascendiendo; cruzamos un arroyuelo con cardos lanudos y finalmente llegamos a una árida altiplanicie donde principalmente florecen musgos y líquenes. El camino es claro y está bien señalizado en su mayor parte, de modo que aunque haya niebla —algo frecuente aquí— puede transitarse con seguridad. Ahora continuamos por terreno bastante llano, pero a veces tenemos que subir por piedras más grandes y sueltas. En cuanto llegamos al lago de **Helluvatn (2)** podemos disfrutar del típico paisaje de la altiplanicie antes de regresar por el mismo camino.

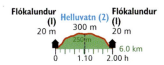

43 *Ruta circular por Vatnsdalur* 2.15 h

Variada ruta circular por un camino señalizado en la Reserva Natural de Vatnsfjörður

Después de un rato caminando a lo largo del gran lago de Vatnsdals llegamos a la garganta de Lambagil y, por último, a las cascadas de Þingmannaá, que ya han servido como escenario para películas.

Localidad: Flókalundur, 30 m.
Punto de inicio: Aparcamiento en la carretera n.º 60 junto al puente.
Acceso: Por la carretera n.º 60 o n.º 62 (cruce).
Desnivel: 200 m.
Dificultad: Ruta con un ascenso algo más empinado por veredas estrechas pero señalizadas.
Dónde alojarse: Camping y hotel en Flókalundur.

Sugerencias: En Hörgsnes, a 3 km al sur de la ruta, se puede hacer un breve recorrido en el que encontraremos la cueva de «Gisli el proscrito» y rocas agujereadas (restos de antiguos árboles); en la costa a veces se pueden observar águilas marinas o focas.
Variante: La duración se refiere al camino circular. Un desvío subiendo a lo largo de las cascadas y la vuelta dura otra media hora.

El camino con la indicación «**Lambagilseyrar**» y señalizado con estaquillas rojas comienza en la parte oriental del puente **(1)** y primero discurre cómo-

El Þingmannaá forma pequeñas y bonitas cascadas.

damente en paralelo a la orilla del lago. Junto a la playa podemos encontrar diversas flores. En el lugar donde la orilla se vuelve más empinada, el camino serpentea arriba y abajo suave y continuamente a través de matas de abedules, después continúa otra vez por la orilla del lago pasando por encima de piedras. A la altura de la garganta de **Lambagil (2)** torcemos hacia la derecha y llegamos a su entrada. Desde aquí el camino sube —empinado y en zigzag en algunos tramos— por la parte sur de la garganta y cruza algunas partes pedregosas. En cuanto llegamos a una ancha elevación podemos disfrutar de las vistas **(3)** por encima del lago de las montañas y del fiordo. Nos dirigimos hacia la derecha y seguimos por este nivel del terreno un poco cuesta abajo y paralelamente a la orilla del lago en dirección suroeste; aquí no hay tantas estaquillas de señalización como durante el ascenso. Finalmente llegamos a un verde y fértil valle lateral en el que subimos hasta un pequeño collado. Por el otro lado accedemos a un pequeño lago. Ahora bajamos por el angosto valle superando las zonas cenagosas por piedras. La vegetación es muy interesante, incluso entramos en un bosquecillo de coníferas. A continuación el camino gira un poco hacia la izquierda y después nos encontramos con una pista; ante nosotros se encuentran las cascadas del río **Þingmannaá (4)**. Bajamos un rato por la pista y luego torcemos hacia la izquierda por un camino señalizado que discurre a lo largo del río. Aquí seguimos subiendo hasta que nos cansemos y contemplamos las cascadas. De vuelta a la pista continuamos por ella hasta llegar a la carretera y, junto a esta, recorremos unos 100 m hasta nuestro punto de inicio **(1)**.

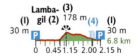

44 Aves y fuentes termales: Reykhólar

1.00 h

Paseo por la costa hasta unas fuentes termales donde tenemos la posibilidad de observar aves

Por caminos bien señalizados atravesamos la marisma hasta un escondrijo desde donde podemos observar aves acuáticas como colimbos chicos y eideres comunes. Una bifurcación prosigue hasta una gran fuente termal y llega hasta el mar.

Localidad: Reykhólar, 20 m.
Punto de inicio: Grettislaug, camping.
Acceso: Desde Buðadalur por la carretera n.º 60 hacia el noroeste, después por la carretera sin salida 607 (13 km).
Desnivel: 20 m.
Dificultad: Caminos bien señalizados con partes húmedas.
Dónde alojarse: Camping y hotel en Reykhólar.
Sugerencias: En el pueblo hay una piscina y unos baños de algas. ¡No hay que olvidarse de los prismáticos!

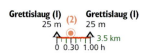

Desde el **camping (1)** continuamos por el camino señalizado en dirección este. Después de pasar una valla, junto a los indicadores nos mantenemos primero a la derecha (**Fuglarskoðurnar**); cruzamos los prados un poco en zigzag siguiendo las estaquillas azules de señalización, aquí suelen verse zarapitos trinadores, chorlitos dorados comunes y perdices nivales.

Tras pasar una llamativa roca y atravesar una valla llegamos a las fuentes termales, que nacen en este mismo prado y muestran todo su colorido entre vistosas flores. Enseguida llegamos al lago **Langavatn**. Desde un abrigo podemos observar aves acuáticas como eideres comunes y colimbos chicos. Regresamos por el mismo camino y ahora, junto al indicador, continuamos por la derecha. El camino nos lleva hasta las colinas secas; en el humedal

hay puentes y caminos de tablones. Al cabo de unos pocos minutos llegamos a la **fuente principal (2)** de la zona, que brota echando humo del suelo. Si seguimos por el camino señalizado durante otro cuarto de hora llegamos a la costa llana, donde podemos contemplar otras aves, como charranes árticos y ostreros comunes.
Volvemos por el mismo camino al punto de inicio **(1)**.

Jóvenes perdices nivales.

Las fuentes termales nacen en medio de la pradera junto al pueblo.

45 Panorámica del fiordo desde las Svörtuklettar — 2.30 h

Ruta cerca de Laugar, conocida por sus baños, con bonitas vistas del fiordo Breiðafjörður

Montaña arriba y pasando por pastos en esta vetusta zona de asentamiento llegamos a las «rocas negras», desde donde disfrutamos de unas espectaculares vistas del fiordo y la península de Snæfellsnes.

Localidad: Laugar, 100 m.
Punto de inicio: Hotel Edda.
Acceso: Desde Buðadalur por la ctra. n.º 60 durante 16 km hacia el norte, después por la carretera sin salida 589 hasta el hotel.
Desnivel: 470 m.
Dificultad: Ruta de dificultad media; ascenso parcialmente señalizado y descenso bien señalizado, terreno sencillo.
Dónde alojarse: Camping y hotel Edda en Laugar.
Sugerencias: En Laugar hay una piscina y también una original «olla caliente» por encima del hotel. A 10 km al sur de Buðadalur, en Haukadal (ctra. n.º 586) se encuentra la granja vikinga reconstruida de Eiriksstaðir, el hogar de Erik el Rojo.

Por encima de la entrada al **hotel Edda (1)** un panel explicativo recrea la vida de Gúðrun Ósvífursdóttir, una figura femenina muy importante en el valle durante la Edad Media. A la derecha del panel subimos hasta la «olla ca-

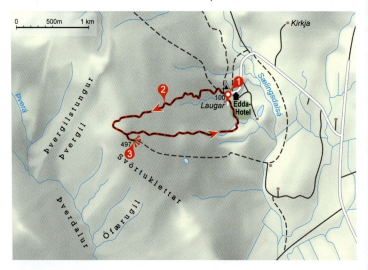

Desde los acantilados negros tenemos una amplia panorámica.

liente» con una caseta de estilo vikingo y a su derecha pasamos por encima de la valla. Nos mantenemos brevemente a la derecha y, justo después, volvemos a la izquierda para subir en zigzag la colina por el camino, ancho al principio. En cuanto llegamos al primer cortado el camino se va perdiendo gradualmente, pero algún que otro hito y los postes de señalización esporádicos nos indican que sigamos siempre la misma dirección: cuesta arriba y hacia el oeste. Cuando llegamos a la pradera verde y llana de **Brok** continuamos por su borde izquierdo. Más arriba podemos reconocer una pequeña cabaña de piedra a la que el camino conduce de frente por una elevación; aquí hay más señalizaciones. El minúsculo edificio **(2)** es lo que queda de un cobertizo de pastores. Continuamos siempre en la misma dirección —ahora subiendo de nuevo en llano— hasta que por fin llegamos a la cresta. Al sur, a la izquierda por encima de las escarpadas y oscuras rocas, se encuentra nuestra cumbre de destino sobre el **Svörtuklettar**, señalizada con un **hito (3)** bien visible. Aunque vista desde abajo la cresta parece abrupta, aquí arriba el terreno es llano, incluso hay una pista para jeeps que conduce hasta allí. Desde esta cumbre disfrutamos de unas bonitas vistas del fiordo y de las montañas nevadas en la península de Snæfells.

A continuación bajamos desde un pequeño collado hacia el este por una buena senda con una señalización visible y nueva hecha de estacas (verdes). El descenso tiene algunas partes empinadas y a veces resulta resbaladizo cuando pasamos por la gravilla de riolita (**Hvítihryggur**). No obstante, enseguida llegamos de nuevo al valle por el camino directo y, pasando a la izquierda por encima de una valla con la ayuda de una escalera y a través de un bosquecillo, regresamos al punto de inicio **(1)**.

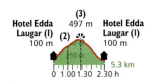

46 Ránagil

2.00 h

Ruta por una colorida garganta

A través del Sælingsdal, rodeado de leyendas, caminamos con pocas subidas hacia una garganta multicolor. Una saga nos habla de la importancia del valle: aquí vivió hacia el año 1000 d. C. la bella e inteligente Guðrún Ósvífursdóttir, conocida por sus cuatro matrimonios, todos los cuales acabaron mal.

Lugar de referencia: Laugar, 100 m.
Punto de inicio: Hotel Edda.
Acceso: Desde Buðadalur por la ctra. n.º 60 durante 16 km hacia el norte, después por la carretera sin salida n.º 589 hasta el hotel.
Desnivel: 250 m.
Dificultad: Ruta de dificultad media; la senda hasta la garganta está poco señalizada. Último tramo sin camino.
Dónde alojarse: Camping y hotel Edda en Laugar.
Consejos: En Laugar hay una piscina y también una original «olla caliente» por encima del hotel. A 10 km al sur de Buðadalur, en Haukadal (carretera n.º 586) se encuentra la granja vikinga reconstruida de Eiriksstaðir, la tierra natal de Erik el Rojo.

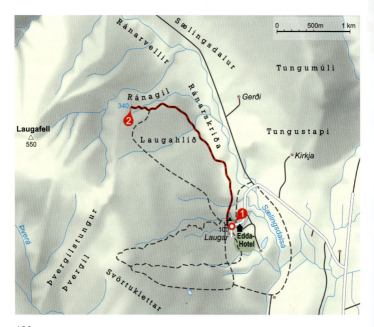

La cascada en la Ránagil se precipita por coloridas rocas.

Desde el **hotel Edda (1)** tomamos la pista hasta la «olla caliente» y utilizamos la escalera para pasar la valla. Ahora nos mantenemos a la derecha al pie de la colina y continuamos siempre de frente; después de un prado lleno de baches podemos distinguir una senda que conduce a una pequeña colina con un llamativo hito. Por esta senda, mal señalizada con viejas estacas rojas, llegamos a una hondonada y, por la siguiente colina llana, a un campo de lava. A continuación, el camino prosigue en dirección noroeste rumbo al valle por prados bordeando la ladera. No tenemos ningún problema para orientarnos, también podemos seguir la línea eléctrica. Llegamos a **Ránagil** donde la señalización tuerce bruscamente hacia la izquierda. De la imponente y colorida garganta fluye un arroyo. A partir de aquí exploramos la garganta sin camino, para ello tenemos que cruzar varias veces el arroyo, pero las piedras nos sirven de ayuda. Al cabo de ¼ h largo nos encontramos ante una **cascada (2)** que se precipita por las coloridas rocas volcánicas. ¡Esta ruta es perfecta para quienes se interesen por la geología! Regresamos por el mismo camino.

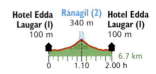

47 Selvellir

1.30 h

Curiosas rocas de toba y buenas vistas del Berserkjahraun

Las formaciones de toba por debajo del Hraunsfjarðarvatn son un auténtico paraíso para los fotógrafos. Gracias a la construcción de un nuevo aparcamiento con fantásticas vistas ahora podemos llegar con más facilidad a esta zona poco conocida.

Localidad: Stykkishólmur, 40 m.
Punto de inicio: Desde Stykkishólmur nos desviamos de la carretera n.º 54 por la carretera n.º 56, aprox. después de 2 km hay un aparcamiento/área recreativa a la derecha.
Acceso: Carretera n.º 56.
Desnivel: 180 m.

Dificultad: Ruta sin camino ni señalización. Solo podemos orientarnos si hay buena visibilidad. Coordenadas del destino (canal con rocas de toba): N64 56.050, W22 55.36.
Dónde alojarse: En Stykkishólmur.
Consejo: Bonitos motivos fotográficos, contar con algo más de tiempo.

Desde el **aparcamiento (1)** subimos por la parte derecha de la carretera, cruzamos el arroyo **Fossá** y luego torcemos por la derecha hacia el terreno y caminamos en dirección suroeste por la loma hacia la destacada montaña de Horn. Después de 800 m llegamos al borde del terreno. Ahora tenemos que buscar en la empinada falda con prados una buena bajada que nos lleve hasta el valle. Algunos tramos cenagosos nos dejan claro que en Islandia un calzado impermeable siempre resulta útil. El arroyo se puede saltar. A continuación proseguimos por caminos de cabras a lo largo de la falda en dirección oeste. A mano derecha divisamos el **Selvallavatn**. Al cabo de 20 min vemos a la izquierda las primeras rocas de toba. Continuamos por la falda hasta que, poco antes de un arroyo, subimos una canal por la izquierda. Aquí no solo encontramos las formaciones rocosas de toba riolítica más impresionantes, sino también un cauce de arroyo con partes

Colchones de musgo en un curioso paisaje de lava y toba.

de color naranja fuerte y algunas fuentes rodeadas de musgo verde oscuro: todo ello crea un paisaje **(2)** maravilloso. En la parte superior de la canal recorremos con dificultad el terreno debido a la arena de lava, además aquí existe el peligro de dañar a la delicada vegetación. Aunque se puede subir a la cima del **Horn**, esta montaña está compuesta por roca quebradiza, por lo que no es aconsejable hacerlo. Por otra parte, en este reducido espacio hay motivos más que suficientes para sacar fotos. En caso de humedad hay que evitar las pendientes de toba demasiado empinadas, aunque la roca seca también puede ser bastante resbaladiza debido a la arena: es mejor que no intente escalar de forma precipitada. Regresamos al **aparcamiento (1)** por el mismo camino.

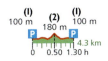

48 La costa basáltica de Arnarstapi

2.00 h

Columnas de basalto, arcos de roca, colonias de aves y una recompensa gastronómia en Hellnar

Quien deje su coche en Arnarstapi, junto al enorme trol de piedra, ni se podrá imaginar la fantástica costa acantilada que aquí le espera. Al pie del Snæfellsjökull el oleaje ha dejado al descubierto chimeneas volcánicas —cuya lava se ha solidificado creando hexágonos— en forma de pilares, cuevas y arcos que ofrecen las condiciones ideales para distintas colonias de aves marinas.

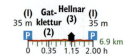

Localidad: Arnarstapi, 35 m.
Punto de inicio: Arnarstapi, aparcamiento junto al trol de piedra.
Acceso: En coche por la ctra. n.º 574.
Desnivel: 120 m.
Dificultad: Bonita ruta por la costa.
Dónde alojarse: En Arnarstapi.
Sugerencia: Comer algo en el Café Fjöruhúsiò en Hellnar. Carretera sin salida Dritvík – Djúpalónssandur, 5 km al oeste de Arnarstapi: bonita ruta por la costa, curiosas formaciones de lava, un lago y restos de un barco encallado.

La primera parte de nuestra ruta nos lleva desde **Arnastapi** directamente al arco de roca de **Gatklettur** (señalizado), solo tenemos que dirigirnos desde el **aparcamiento (1)** hacia la costa acantilada. Desde aquí merece la pena seguir paseando por la línea costera en dirección noreste, pasando por delante de un pequeño estanque en el que suele haber aves marinas. Pero lo más impresionante son los agujeros en las rocas que se desploman en vertical, conectan con el mar y sirven como pri-

El arco de basalto «Gatklettur» cerca de Arnarstapi.

vilegiados nidales a una colonia de gaviotas chillonas. Están señalizados y desde el agujero de **Miðgjá** se tienen unas buenas vistas. En 15 min llegamos al pequeño y pintoresco **puerto de Arnarstapi**. Lo mejor es regresar por el mismo camino, pasando otra vez por delante del arco rocoso de **Gat klettur (2)**, y proseguir después por el camino a lo largo del litoral en dirección suroeste. Las continuas vistas de las formaciones de basalto hacen que la ruta sea muy divertida. Pasamos un puentecillo y un arco, luego la senda deja el paisaje de praderas y serpentea por un campo de lava escarpado, aunque cubierto de musgo blando. El camino está muy transitado, por lo que se reconoce bien, y también está señalizado con estaquillas rojas. Nuestro destino es el pueblecito de **Hellnar (3)**, al que llegamos al cabo de 40 min (calculados desde el aparcamiento). Esta población de nueve habitantes presenta una peculiaridad, y no se trata de su bonita bahía con arcos de piedra, sino del **Café Fjöruhúsið** con sus deliciosos pasteles. En Islandia, una ruta con la posibilidad de tomar algo por el camino es más bien la excepción. Después de reponer fuerzas regresamos a **Arnarstapi** por el mismo camino.

49 Eldborg

1.45 h

Ruta fácil hasta el cráter volcánico del «castillo de fuego»

Desde el punto más alto del Eldborg, cuyo origen data del año 900, disfrutamos de unas impresionantes vistas del cráter circular con sus escarpadas paredes que hace honor al nombre de «castillo de fuego».

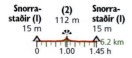

Localidad: Borgarnes, 30 m.
Punto de inicio: Granja de Snorrastaðir.
Acceso: Servicio de autobús por la ctra. n.º 54, se recomienda ir en coche: desde la ctra. n.º 54 se desvía una ctra. secundaria a la izda. hasta la granja de Snorrastaðir.
Desnivel: 100 m.

Dificultad: Sendero bien visible.
Dónde alojarse: Camping y refugios junto a la granja Snorrastaðir, cerca: hotel y camping Eldborg (ctra. n.º 567).
Sugerencia: Por la carretera n.º 54 continuar aprox. 10 km hacia el noroeste hasta un cruce: a la izquierda la carretera n.º 767 lleva hasta Kolviðarnes (piscina). A los pocos kilómetros, por la derecha se llega a la granja Gerðuberg, donde justo al lado de la carretera se alza una imponente pared de bonitas columnas basálticas. El recorrido continúa hasta Höfði, donde hay varias fuentes minerales de gran tamaño.

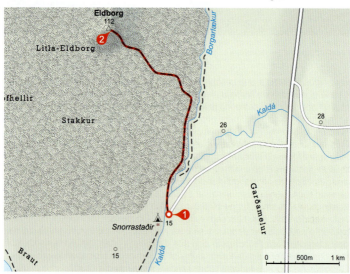

El campo de lava delante del cráter de Eldborg está cubierto por una frondosa vegetación.

Junto a la **granja de Snorrastaðir** (**1**; aparcamiento, WC), tras el puente que cruza el Kaldá, encontramos un panel informativo. El camino nos lleva a través de un portillo y por la orilla de un arroyo. Al cabo de unos 10 min, se desvía a la izquierda hacia el cráter de **Eldborg**, que ya se divisa a lo lejos. El camino, bien acondicionado, nos conduce a través del **Eldborghraun**, que de lo contrario sería intransitable. Esta lava, de unos 1.000 años de antigüedad, está cubierta por una frondosa vegetación. Los abedules enanos que han ido creciendo entre los bloques de lava ofrecen cobijo a muchas aves; los arándanos y frutos comestibles les sirven de alimento. Al cabo de ¾ h llegamos al pie del cráter. El ascenso no es nada difícil, ya que el camino tiene escalones y una cadena de seguridad en los tramos más empinados. No obstante la roca y, sobre todo, el borde del cráter son muy quebradizos. Después de disfrutar de las fantásticas vistas desde el **borde del cráter (2)** regresamos al punto de inicio en **Snorrastaðir (1)** por el mismo camino, que no debemos abandonar por motivos de protección medioambiental.

50 Bæjarfell

2.30 h

Vuelta por una garganta con vistas a los glaciares

Esta ruta circular nos ofrece arte e historia al principio, un bonito camino por campos con flores y un desafío de montaña. No obstante, el ascenso sin camino se ve recompensado por unas impresionantes vistas de los glaciares Ok y Eiriksjœkull.

Localidad: Húsafell, 140 m.
Punto de inicio: Iglesia.
Acceso: En coche por la ctra. n.º 518.
Desnivel: 380 m.
Dificultad: El primer tramo es fácil por un camino bien acondicionado; la segunda parte no tiene camino, pero el terreno es sencillo (¡solo si hay buena visibilidad!).
Dónde alojarse: Húsafell, camping.
Sugerencias: 1) La principal atracción de Húsafell son las Hraunfossar: a lo largo de 1 km numerosas cascadas se precipitan desde el campo de lava hacia las aguas color turquesa del río glaciar Hvitá (aparcamiento, WC, kiosco, rutas de paseo). 2) En la pista F578, 8 km al norte de la granja Kalmannstunga, se llega a un aparcamiento donde hay carteles con información sobre las grutas de lava de Surtshellir e Ishellir.

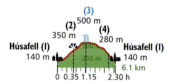

El artista Páll Guðmundsson tiene su atelier junto a la pequeña iglesia blanca de **Húsafell (1)**. Admiramos los rostros que ha cincelado en las piedras y continuamos por una pista en dirección sureste. Los indicadores colocados en las piedras nos informan sobre la historia del corral de ovejas y cabras histórico. Antes de la garganta subimos por la derecha de la pista hasta la colina, donde al cabo de un cuarto de hora llegamos a un discreto montón de piedras que está señalizado como trampa para zorros.

Ahora el camino sube empinado en algunas partes, pero se ve bien gracias a las piedras que lo delimitan. Podemos refrescarnos en una fuente; a la iz-

Páll Guðmundsson expone sus obras de arte al pie de la Bæjargil.

quierda nuestra vista alcanza el glaciar Eirik, por encima de la colorida **Bæjargil**. ½ h más tarde llegamos a un **banco (2)** con un libro de rutas. Desde aquí proseguimos sin camino hasta llegar a una altiplanicie pedregosa, donde nos mantenemos hacia el sur; algunos hitos nos facilitan la orientación. Ante nosotros se encuentra el pequeño glaciar de **Ok**.

Junto a una pequeña **cascada (3)** que cae por piedra roja podemos cruzar el arroyo fácilmente. Desde aquí emprendemos el regreso. Por esta parte (derecha orográfica) al principio el terreno es llano. Bajamos por una alfombra de plantas y gravilla, siempre con la garganta a la vista; de vez en cuando los rastros se juntan para crear una senda y al rato vuelven a dispersarse.

A partir de un llamativo hito **(4)** antes de la última pendiente algo más inclinada, el camino ya no tiene pérdida. Cuando llegamos a la entrada de la garganta podemos cruzar el arroyo sin problemas por las piedras y regresar a nuestro punto de inicio **(1)**.

Por encima de la garganta se extiende una llanura de piedras hasta el glaciar de Ok.

51 Glymur

2.40 h

Exigente ruta circular por la cascada más alta de Islandia

Esta ruta nos lleva desde la Reserva Natural de Storibotn, de 2.000 hectáreas de extensión, que nos deileta con abedules y una gran variedad de flores, hasta las áridas mesetas por las que serpentea el Botnsá al borde del Hvalfell hasta precipitarse 200 m hacia la angosta garganta.

Localidad: Hofsvik, 20 m.
Punto de inicio: Aparcamiento de Glymur, al final del Hvalfjörður (ctra. n.º 47), desvío señalizado a aprox. 3 km.
Acceso: Desvío desde la ctra. de circunvalación (antes del túnel) por la ctra. n.º 47.
Desnivel: 370 m.

Dificultad: Cruce del río por un puente provisional, ascenso empinado, trepadas fáciles, cruce del río por encima de la cascada.
Dónde alojarse: En ningún sitio.
Variante: Muchos solo van hasta el primer mirador y después dan la vuelta.

Junto al **aparcamiento (1)** al final de la carretera pasamos por el portillo metálico siguiendo las piedras pintadas en amarillo en dirección este. El camino discurre por terreno llano hasta llegar a una pequeña bajada a un arroyo, que se puede cruzar fácilmente. Al cabo de 30 min el camino llega al río **Botnsá**. Para acceder al **puente (2)** sobre el río, ahora el camino baja y atraviesa brevemente una cueva. Poco después encontramos un tronco sobre el río con una cuerda para sujetarnos y lo cruzamos sin mojarnos. A continuación la senda sube en pendiente a la derecha del río por la ladera. 10 min escasos más tarde tenemos que superar un incómodo cantizal y, 10 min después, incluso una sencilla zona de trepada que puede resultar difícil sobre todo bajando, ya que no se ve demasiado bien dón-

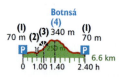

de pisamos. Al rato llegamos al primer **mirador (3)**, con una destacada roca desde la que se puede admirar la cascada de **Glymur** en todo su esplendor. Ahora la senda continúa hacia arriba hasta otro mirador, al que llegamos en 15 min. Quien tenga ganas de un poco de aventura, puede seguir caminando por el desplome de la cascada. Aprox. 500 m por encima, el río fluye tranquilo y ancho y se puede vadear tranquilamente en circunstancias normales **(4)**. Aquí no estaría mal tener unos escarpines o sandalias de trekking y una toallita para secarnos los pies.Desde aquí la senda baja por la garganta y continuamente nos regala preciosas vistas de la parte superior de la Glymur, pero lo que resulta más impresionante es la amplia panorámica, que llega hasta el mar. El descenso se realiza por un terreno pedregoso, con algunas partes por un bosque de abedules, y nos lleva de vuelta a la senda señalizada en amarillo, por la que regresamos por la derecha a nuestro punto de inicio en el **aparcamiento (1)**.

La segunda cascada más alta de Islandia cae 200 m a una angosta garganta.

52 Þingvellir

2.00 h

Sencilla ruta circular en el Santuario Nacional de Islandia

En este «campo de la asamblea nacional» se celebró hacia el año 930 el primer Alþingi, una asamblea con poder legislativo y judicial. Mil años más tarde la zona fue declarada Parque Nacional.

Localidad: Reykjavík, 30 m.
Punto de inicio: Centro de información, carretera n.º 36; también se puede aparcar junto a los lugares de interés viniendo desde la ctra. 361.
Acceso: Servicio de autobús desde Reykjavík una vez al día; en coche por la ctra. 36.
Desnivel: 100 m.
Dificultad: Ruta variada y sencilla por caminos señalizados.
Dónde alojarse: Campings en el Parque Nacional.

Desde el moderno **centro de visitantes (1)**, primero entramos en un mirador sobre una plataforma para hacernos una visión de conjunto. A continuación bajamos por un camino ancho hacia la «**Garganta de Todos los Hombres**», que no solo es interesante desde un punto de vista geológico por ser una de las mayores grietas de esta región, sino también desde un punto de vista histórico por haber sido el antiguo lugar de reunión del Parlamento islandés. Caminamos por el ancho camino a lo largo de la garganta, por delante de la **Lögberg** («roca de las leyes»), coronada por un asta de bandera. Aquí, antiguamente se daba lectura a los textos legales. A continuación el camino sale de la grieta,

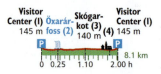

La Garganta de Todos los Hombres es la frontera geológica entre Europa y América.

pasa por delante del aparcamiento y vuelve a subir hacia la grieta. Aquí, por un camino de tablones retrocedemos un poco hacia la izquierda en dirección a la **Öxarárfoss (2)**. Desde aquí regresamos y seguimos a la derecha por el camino de tablones a través de la garganta hasta el siguiente camino a la derecha. Bajamos por este hasta la carretera; a partir de aquí el sendero Skógarkotsvegur está señalizado. Cruzamos la carretera de acceso, pasamos por delante de una profunda grieta rellena de agua y cruzamos también la carretera n.º 361. Nuestro ancho sendero y camino de herradura atraviesa un bosque de abedules y pasa por otra grieta cubierta de musgo hasta la granja **Skógarkot (3)**, abandonada desde 1936. Allí, desde una pequeña colina, disfrutamos de una buena panorámica que llega hasta el Þingvallavatn. Regresamos trazando un ángulo agudo y en dirección a Þingvallabær por el Gönguvegur, que ahora es un estrecho camino peatonal que serpentea por el campo de lava. Al cabo de 30 min cruzamos otra vez la carretera y pasamos por otro aparcamiento hasta la **Flosagjá**, en la que relucen muchas monedas. Nos mantenemos a la izquierda hasta la —idílicamente ubicada— **iglesia (4)** con su pequeño cementerio. Desde aquí (hay un desvío a la derecha poco antes de la iglesia) caminamos por un camino ancho y algo pedregoso por la orilla izquierda del río hasta un puente amplio. En el prado que aparece a continuación, donde ahora hay un área recreativa, se encontraba el hotel Valhöll. Desde aquí, una vereda con escalones vuelve a subir hasta otro mirador y regresa a la grieta, desde donde vamos unos pocos metros cuesta arriba y a la izquierda y regresamos a nuestro **punto de inicio (1)**.

53 Nesjavellir

1.20 h

Bonita ruta circular ante las puertas de Reykjavík

Cerca de la central geotérmica más moderna de Islandia se pueden hacer algunas rutas de senderismo muy bonitas. Como muchas de ellas son travesías, hemos escogido un recorrido circular durante el cual podamos conocer bien esta zona.

Localidad: Reykjavík, 30 m.
Punto de inicio: Carretera n.º 435 viniendo desde Reykjavík; poco antes de la central eléctrica, junto a un depósito de agua blanco; se puede aparcar.
Acceso: Por la carretera n.º 435.

Desnivel: 135 m.
Dificultad: Ruta circular sencilla. Los caminos están muy bien y de manera ejemplar señalizados, también hay paneles con mapas.
Dónde alojarse: En Reykjavík.

El «Sporhelludalur hringleið» se puede empezar desde el **depósito de agua (1)**. Cruzamos la carretera hasta una valla con escalera para pasarla e indicador y subimos por la ladera siguiendo la señalización de estaquillas verdes. Continuamente se nos muestran bonitas vistas de las formaciones

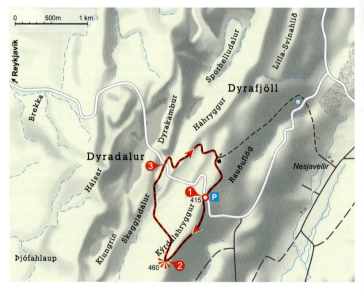

Estrambóticas formaciones de lava en Nesjavellir, con vistas del Þingvallavatn.

de lava, pero también del paisaje que se extiende más allá del **Þingvallavatn**. A la izquierda vemos las columnas de humo que salen de la central eléctrica de Nesjavellir. Al cabo de 10 min llegamos a otro indicador y seguimos por la senda a la derecha; a la izquierda se baja a la central. Poco después, junto a un panel, un camino se desvía cuesta arriba por la cresta, pero nosotros continuamos por el camino señalizado en verde, que cruza la loma de **Kýrdalshryggur (2)** —el punto más alto de nuestra ruta—, y bajamos por la senda hacia el valle de Skeggjadalur. Allí nos mantenemos de nuevo a la derecha. Tras un breve descenso nos dirigimos hacia la carretera n.º 435, la cruzamos **(3)** y subimos por escalones por el camino señalizado en rojo. Al rato aparece un nuevo cruce de caminos: seguimos la señalización roja hacia la derecha. Sin embargo, a partir del siguiente indicador seguimos la señalización verde («Kýrdalshryggur/Sporhelludalur»). Enseguida llegamos a una estación emisora y desde aquí la pista nos lleva de regreso al **depósito de agua (1)**, al que llegamos en unos minutos.

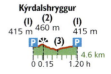

54 Zona geotérmica de Hengill

2.45 h

Ruta hasta una zona de fuentes termales con una de las piscinas naturales más bellas de Islandia

A Hveragerði suelen ir muchos autobuses turísticos para visitar los invernaderos, en los que se puede tomar café bajo los plataneros. Pero el auténtico tesoro de esta región son sus fuentes termales, que no solo sirven para calentar los invernaderos, sino que también, junto con la zona geotérmica de Hengill, nos ofrecen una ruta con un maravilloso paisaje.

Localidad: Hveragerði, 30 m.
Punto de inicio: Desde la carretera n.º 1 viniendo de Reykjavík torcemos hacia el pueblo, atravesamos el centro, pasamos por delante del campo de fútbol y nos mantenemos a la izquierda hasta el aparcamiento, donde la pista desemboca en un vado (aprox. 3 km).
Acceso: En coche o autobús (que para en la carretera de circunvalación).
Desnivel: 300 m.
Dificultad: Ruta fácil por caminos bien señalizados.
Dónde alojarse: Camping, hotel en el pueblo.
Variante: Vuelta por el Ólkelduhnúkur, aprox. 1 h.
Consejo: No olvidarse del bañador.

El camino a la zona de baños pasa justo por delante de fuentes termales.

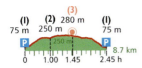

Desde el **aparcamiento (1)** junto al vado cruzamos una pasarela de madera y, por delante de los paneles informativos, seguimos por la senda que sube a la derecha en dirección a **Reykjadalur** (señalización de estaquillas rojas). Pronto pasamos algunas fuentes termales pequeñas y un arroyuelo con una cascadita que se precipita hacia una poza tibia. Después del primer ascenso empinado de 160 m verticales vamos por la ladera y, con vistas a la garganta del Reykjadalsá, continuamos subiendo con una pendiente moderada. El paisaje es impresionante; sobre todo la cascada situada más abajo en la garganta bien se merece una foto.

A continuación llegamos cuesta abajo al **Reykjadalsá (2)**, un arroyo que debido a su agua templada es muy agradable de vadear. Ahora seguimos por la vereda que discurre un poco por encima del arroyo en dirección norte.

Al rato pasamos borboteantes pozos de barro y algunas fuentes de las que emanan fuertes vapores y que, con 100 °C, sin duda son demasiado calientes para bañarnos. Un poco más tarde (hasta aquí ha transcurrido algo más de 1 h) llegamos a las zonas de baño. Sin embargo, seguimos durante un trecho la señalización que nos conduce hacia arriba hasta Ölkelduháls has-

Poco antes de la zona de baños pasamos por algunas fuentes termales muy coloridas.

ta que, a la derecha, una senda señalizada se desvía hacia el nacimiento del Reykjadalsá en una garganta rocosa. Aquí nos dirigimos hacia las columnas de vapor y allí podemos admirar otra fascinante zona geotérmica con solfataras, pozos de barro y fuentes de agua.

A continuación retrocedemos un poco y seguimos la señalización hacia la izquierda y cruzamos el caliente arroyo por piedras. Enseguida divisamos en la orilla de enfrente una fuente que desemboca en el arroyo. Algo más tarde nos mantenemos a la derecha junto a un indicador, cruzamos el frío afluente por piedras y buscamos una **zona de baño (3)** adecuada, aunque al principio el agua está muy caliente.

Para el regreso podemos seguir una senda bien trillada por el lado izquierdo del arroyo, aunque la pradera tiene algunas partes cenagosas. En el vado —que de este modo evitamos— volvemos a encontrarnos con el ancho camino señalizado, por el que regresamos a nuestro **punto de inicio (1)**.

El río, con agua muy caliente, también alimenta la zona de baños.

55 Zona termal de Krýsuvík

1.45 h

Travesía por un fascinante paisaje de lava

En la península de Reykjanes, por la que muchos turistas injustamente pasan de largo, la dorsal mesoatlántica emerge a la superficie. Grietas, campos de lava, volcanes y zonas geotérmicas con solfataras y fuentes termales nos demuestran que esta región es todavía una zona volcánica activa.

Localidad: Reykjavík, 30 m.
Punto de inicio: En la ctra. n.º 42, viniendo de Reykjavík, hay un aparcamiento (Seltún) a la derecha después del Kleifarvatn.
Acceso: En coche o también en bicicleta por la carretera n.º 42.
Desnivel: 160 m.
Dificultad: Ruta sin dificultad técnica por un camino señalizado.
Dónde alojarse: En Reykjavík.
Observaciones: El panel junto a la zona de fuentes termales puede interpretarse erróneamente como un sendero circular, sin embargo lo que muestra es el recorrido ampliado por las pasarelas de madera. No se puede hacer un recorrido circular por las solfataras situadas por encima, el terreno no tiene camino y presenta algunos peligros.
Sugerencias: También se recomiendan los otros destinos excursionistas por la península, como el museo del pescado en salazón de Grindavik y la zona geotérmica de Gunnuhver.

Desde el **aparcamiento (1)** un camino circular nos lleva por pasarelas de madera hasta algunas solfataras. Tras esta introducción seguimos el indicador «Ketilstígur». El camino está señalizado con estaquillas naranjas y sube 150 m verticales con una pendiente moderada. Cuanto más subimos, más impresionantes son las vistas de los alrededores. Después de 1 km el camino se allana y discurre por entre dos colinas hacia una altiplanicie. Allí pasamos por delante del lago **Arnavatn (2)** en dirección norte. Ahora la ruta atraviesa casi en llano un árido paisaje volcánico, que una y otra vez nos sorprende con sus peculiares formaciones de lava y piedra. Al cabo de aprox. 1 h llegamos a una pendiente, desde donde tenemos unas magníficas vistas **(3)** de un gran campo de lava. A la derecha se alza la loma de la montaña **Ketil**. Desde aquí la senda baja hasta una pista. Sin em-

El sendero está señalizado con estaquillas; detrás el lago Arnavatn.

bargo, no tiene sentido que bajemos, por lo que regresamos por el mismo camino. El desvío junto al lago **(2)** en dirección suroeste es un sendero de largo recorrido (señalización «Hettu»); quien tenga ganas puede hacer un desvío y pasar por encima de la valla por una escalera para ascender a la ladera, desde donde podrá disfrutar de otra buena panorámica **(4)**. El camino de **Ketilstígur** nos lleva de vuelta al **aparcamiento (1)**.

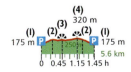

Índice alfabético

A
Akureyri 20, 104
Arnarstapi 11, 130
Arnavatn 146
Ásbyrgi 84, 86, 88, 90, 92
Askja 26

B
Bæjarfell 134
Bæjargil 135
Bakkagerði 70, 72, 75
Bláhnúkur 11, 42
Borgarnes 132
Botnsá 136
Brennisteinsalda 44, 47
Brjanslækur 118
Brúnavik 70
Buðadalur 124

D
Dalvík 106
Dettifoss 92
Dimmuborgir 94
Drangajökull 111
Dynjandifoss (Fjallfoss) 114

E
Egilsstaðir 20, 63, 66, 68, 75
Eldborg 132
Elliði 108
Eyjabakkajökull 26
Eyjafjallajökull 34
Eyjan 84

F
Fálkaklettur 64
Fimmvörðuháls 11, 30
Fiordos occidentales 22
Fjallabak (Parque Nacional) 11
Fjallfoss (Dynjandifoss) 114
Fljótsdalur 36
Flókalundur 118, 120
Flosagjá 139
Fuglabjagarnes 78

G
Gatklettur 131
Geldingafjall 75
Gerðuberg 132
Gláma 58
Gléradalur 104
Gluggahellir 32
Glymur 11, 136
Godahraun 31
Grænagil 43
Grettislaug 122
Grindavik 146
Grjótagjá 98
Gunnuhver 146
Gvendarskál 108

H
Hafragil 92
Hafragilsfoss 92
Hallormsstaður 63, 66
Hella 42, 44, 48
Hellnar 130
Helluvatn 118, 119
Hengifoss 11, 68
Hengill (Zona geotérmica) 11, 142
Herðubreið 26
Hljóðaklettar 88
Höfðabrekkajökull 39
Höfn 60
Hofsvik 136
Hólar 108
Hólatjoern 64
Hólmárfossar 90, 92
Hólmatungur 90, 92
Holmavik 110
Hornstrandir 26
Hrafntinnusker 46
Hundafoss 53, 56
Húsadalur 34
Húsafell 134
Hvannadalshnjúkur 57
Hvannagil 60
Hveragerði 142
Hveravellir 26
Hverfjall 95, 98
Hvitarvatn 26
Hvolsvöllur 32, 34, 36

I
Isafjörður 23, 110

J
Jökulsá á Fjöllum 84
Jökulsá (Cañón) 86
Jökulsá i Lóni 60
Jökulsárgljúfur (Parque Nacional) 20, 21, 84

K
Kaldalón 110
Karl og Kerling 92
Katla 38
Kirkja 88, 95
Kirkjubæjarklaustur 42, 44, 48, 50, 52
Klappir 86, 92
Kópasker 82
Krafla 102
Kristinartindar 57
Krýsuvík (Zona termal) 146
Kýrdalshryggur 141

L
Lambafoss 64
Lambagil 121
Landmannalaugar 11, 19, 25, 42, 44, 46, 48
Langavatn 122
Langidalur (Refugio) 32, 34
Látrabjarg 23, 116
Laugar 124, 126
Leirhnjúkur 103
Litlanesfoss 69
Lögberg 138
Lónsöræfi 26

M
Miðgjá 131
Morinsheiði 31
Morsárdalur 54
Mýrarfjall 112
Mýrdalsjökull 34, 38
Mývatn 20, 97

N
Námafjall 11, 100
Namskvisl 48
Nesjavellir 140
Nyrðrihnaukur 58

O
Ok 135
Öxarárfoss 139

P
Papey 20
Patreksfjörður 116
Península de los troles 106
R
Ránagil 126
Rauðanes 80
Rauðhólar 11, 88
Rauðinúpur 82
Reykhólar 122
Reykjadalsá 143
Reykjahlið 94, 96, 98, 100, 103
Reykjanes 146
Reykjavík 24, 138, 140, 146
Río Krossá 34
S
Sælingsdal 126
Sanddalur 92
Sel 52
Seljalandsfoss 32, 34
Selvallavatn 128
Selvellir 128
Sjónarnípa 57
Sjónarsker 52, 58
Skaftafell (Parque Nacional) 11, 19, 54, 57
Skalli 42
Skeiðsvatn 107
Skógafoss 11
Skógar 25, 30
Skrúður 112
Snæfell 20, 26
Snæfellsnes 23, 124
Snorrastaðir 132
Stafafell 60
Stóragjá 99
Stórihver 47
Stórurð 75
Strútsfoss 66
Sturluflöt 66
Stykkishólmur 128
Suðurnámur 48
Súlur 104
Surtarbrandsgil 118
Svartifoss 11, 52
Svörtuklettar 124
Systravatn 50
T
Þakgil 38
Þingeyri 112, 114
Þingmannaá 121
Þingvallavatn 141
Þingvellir 11, 138
Þórólfsfell 36
Þórshöfn 80
Þórsmörk 19, 25, 30, 32, 34
Tindfjallajökull 34
Torfajökull 42
V
Valahnúkur 34
Vatnsdalur 107, 120
Vatnsfjörður 118, 120
Vatnsskarð 75
Vesturdalur 88, 90, 92
Vík 38, 40
Vindbelgjarfjall 96
Vopnafjörður 78

Foto de cubierta:
Caldera del volcán Ljótipollar al borde de la
Reserva Natural de Fjallabak.

Foto página 1:
Aguja rocosa cerca de Vík en el sur de Islandia.

Todas las fotos son de los autores.

Cartografía:
55 mapas a escala 1:50.000, 1:75.000 y 1:100.000
© Bergverlag Rother GmbH, Múnich
(elaborados por: Barbara Häring)
Mapas generales a escala 1:3.000.000 y 1:5.000.000
© Freytag & Berndt, Viena

Traducido por Tramontana Translations
(Verónica Sánchez Ferrarós y Victoria E. Gil Talavera)

La elaboración de todas las rutas descritas en esta guía ha sido realizada por los autores conforme a su experiencia y conocimientos. El resultado de seguir las rutas descritas es por cuenta y riesgo del lector. Ni la editorial ni los autores se responsabilizan, bajo ningún concepto, de los posibles accidentes, altercados o daños que puediesen sufrir los lectores al llevar a la práctica estas rutas.

3.ª edición actualizada 2017
© Bergverlag Rother GmbH, Múnich

ISBN 978-3-7633-4706-3

Distribución:
mapiberia f&b
Nave A2, 05004 Ávila (Spain)
Tel. (+34) 920 03 01 06 · Fax (+34) 920 03 01 08
Internet www.mapiberia.com · **E-mail** info@mapiberia.com

Gabriele y Christian Handl

Islandia

55 rutas selectas por la «isla de fuego y hielo»

ROTHER · MÚNICH

ROTHER Guías excursionistas

Prólogo

En esta época marcada por el daño ecológico, Islandia, la «isla de fuego y hielo», ejerce un influjo casi mágico sobre cualquier amante de la naturaleza. Parajes vírgenes y salvajes, enormes glaciares que contrastan con imponentes volcanes, una fauna y flora únicas y unas pocas carreteras que cortan el paisaje garantizan una experiencia inolvidable, pero también exigen mucho al viajero aún hoy en día. En los últimos años Islandia se ha convertido en un popular destino turístico, lo que ha supuesto una considerable mejora de su infraestructura: ahora hay más alojamientos disponibles, e incluso en las poblaciones más pequeñas suele haber una cafetería. La oferta para los senderistas también ha aumentado: hay caminos señalizados y se han editado mapas con consejos para hacer rutas. Pese a todo, Islandia sigue siendo un reto para el senderista, y es que todavía resulta complicado orientarse, los refugios son sencillos y escasos y en las cotas altas no hay ni posibilidades de hacerse con provisiones ni puentes para cruzar los impetuosos ríos glaciares. Pero los verdaderos problemas surgen cuando nos fijamos en la geología islandesa: puesto que la actividad volcánica todavía está presente en muchos puntos de la isla, encontramos una capa vegetal fina e inestable con una flora sumamente delicada que además tiene que luchar contra el duro clima. Solo con que algunos senderistas se salgan del camino basta para destrozar la vegetación y causar graves daños en los sensibles colchones de musgo y en los escasos recursos forestales. Por este motivo, en esta guía hemos intentado recoger únicamente aquellas rutas que discurren por caminos existentes. Nuestro objetivo es mostrar el camino a las bellezas naturales de Islandia, a las que solo el senderista tiene acceso. Por ello solo hemos incluido unas pocas rutas de larga duración, pues aquí el tiempo es muy valioso debido a la inestabilidad meteorológica. A menudo, una caminata corta es suficiente para vivir una experiencia inolvidable si aprovechamos el tiempo para disfrutar de los variados paisajes y de las tonalidades de la luz, que suelen cambiar rápidamente. Quien se lo pueda permitir debería contar como mínimo con tres semanas. Hacer una breve escapada a Islandia no es ni bueno para el medio ambiente ni sensato. Esa es la razón por la que muchas de nuestras propuestas se concentran en los Parques Nacionales, que combinan impresionantes paisajes con una infraestructura aceptable y accesibilidad en transporte público, todos ellos requisitos esenciales para hacer senderismo. Además, le presentamos brevemente todas las regiones de Islandia para que usted decida cuál le interesa más. Esperamos que, durante sus caminatas, nuestros lectores también sientan la fascinación que despierta Islandia con sus desiertos de lava y glaciares, su reluciente musgo y sus imponentes cascadas y que, al igual que nosotros, queden cautivados por ella.

Verano 2013   Gabriele y Christian Handl

Índice

Prólogo 3

Mapa general 6
Consejos prácticos. 8
     Las mejores rutas de Islandia. 11
     Tracks de GPS 13
     Símbolos. 16

Hacer senderismo en Islandia 18
Información y direcciones. 27

1 Skógar – Fimmvörðuháls, 1.116 m – Þórsmörk. 30
2 Cuevas y gargantas en Þórsmörk 32
3 Montaña panorámica de Valahnúkur, 465 m 34
4 El volcán subglacial Þórólfsfell. 36
5 Þakgil: gargantas y glaciares 38
6 Acantilados de aves en Vík 40
7 Montaña panorámica de Bláhnúkur, 945 m 42
8 Brennisteinsalda: la montaña más colorida, 881 m 44
9 Zona termal de Hrafntinnusker 46
10 Suðurnámur: recorrido panorámico 48
11 Kirkjubæjarklaustur 50
12 Recorrido por cascadas en el Parque Nacional de Skaftafell. . . . 52
13 Morsárdalur. 54
14 Kristínartindar, 1.126 m 57
15 Montañas de liparita en la garganta de Hvanngil 60
16 Por el bosque de Hallormsstaður 63
17 A la Strútsfoss. 66
18 Hengifoss 68
19 Cala de Brúnavík. 70
20 Alrededor de las coloridas montañas de Bakkagerði 72
21 Stórurð 75
22 Fuglabjagarnes: playa y acantilados en la costa norte 78
23 Rauðanes. 80
24 Acantilados de aves junto al volcán Rauðinúpur 82
25 Isla rocosa de Eyjan 84
26 Al cañón del Jökulsá 86
27 Hljóðaklettar – Rauðhólar 88
28 Hólmatungur 90
29 Hafragilsfoss y Dettifoss 92
30 Dimmuborgir 94

31	Montaña panorámica de Vindbelgjarfjall, 529 m	96
32	Grjótagjá	98
33	Recorrido por solfataras hasta el Námafjall	100
34	Krafla	102
35	Súlur	104
36	En la península de Troll	106
37	Gvendarskál	108
38	Kaldalón	110
39	Mýrarfjall	112
40	Dynjandifoss (Fjallfoss)	114
41	Látrabjarg	116
42	Helluvatn	118
43	Ruta circular por Vatnsdalur	120
44	Aves y fuentes termales: Reykhólar	122
45	Panorámica del fiordo desde las Svörtuklettar	124
46	Ránagil	126
47	Selvellir	128
48	La costa basáltica de Arnarstapi	130
49	Eldborg	132
50	Bæjarfell	134
51	Glymur	136
52	Þingvellir	138
53	Nesjavellir	140
54	Zona geotérmica de Hengill	142
55	Zona termal de Krýsuvík	146

Índice alfabético 148

Consejos prácticos

Cómo utilizar esta guía

Las 55 rutas propuestas en esta guía se enmarcan dentro de las cinco regiones siguientes (véase también la pág. 19 ss.):
- Sur de Islandia (rutas 1 a 15)
- Este y noreste de Islandia (rutas 16 a 21)
- Norte de Islandia (rutas 22 a 37)
- Oeste de Islandia (rutas 38 a 49)
- Región de Reykjavík (rutas 50 a 55)

Se puede consultar la ubicación de cada una de las excursiones dentro de las regiones en el mapa general de las páginas 6 y 7.

A la descripción de cada ruta le precede una breve información sobre los puntos de inicio y llegada, el acceso, la duración y la dificultad de la ruta, el alojamiento y las posibles variantes. Por «Lugar de referencia» se entiende la población más cercana con sitios donde comprar. Además, los símbolos del encabezamiento de las rutas informan sobre si hay lugares donde comer durante la ruta, si es apta para niños o si se puede llegar con transporte público. Para tener una información más detallada y actual sobre las conexiones de autobús se puede consultar en internet o en los folletos de las compañías de autobús, que se consiguen fácilmente en Islandia.

Cada ruta cuenta con un perfil orográfico y la duración y distancia totales de la ruta o de las etapas, así como con un mapa parcial con el itinerario de la ruta marcado en rojo. Los mapas excursionistas como los que hay en otras regiones de senderismo aún no están disponibles para todas las regiones de Islandia. Sobre todo hay que tener en cuenta que en Islandia ningún mapa puede hacer un seguimiento constante de todos los cambios geológicos ni de la construcción de nuevas carreteras.

Punto de orientación: el refugio de salvamento en la bahía de Brúnavik, en Bakkagerdi (ruta 19).

Dificultad

Para valorar mejor la dificultad que nos espera durante el camino, las rutas se han numerado a color conforme a tres grados de dificultad:

Puente en el sendero de gran recorrido de Skógar a Þórsmörk (ruta 1).

■ **Fácil** Estos caminos están bien señalizados en su mayor parte, son bastante anchos y tienen una pendiente moderada, por lo que, incluso en caso de mal tiempo, apenas suponen ningún peligro. Los niños y las personas mayores también pueden transitarlos sin riesgo en condiciones normales.

■ **Media** Estos caminos están bastante bien señalizados en su mayor parte. No obstante son estrechos, en ocasiones presentan tramos expuestos o son empinados y, en caso de mal tiempo, enseguida pueden causar problemas (véanse las advertencias especiales en cada ruta).

■ **Difícil** Estos caminos no están señalizados en su mayor parte o carecen completamente de señalización. También presentan tramos complicados como vados o campos de lava y/o están muy expuestos. Además suelen ser largos y requieren un gran sentido de la orientación y una excelente forma física. El mal tiempo puede alargar excesivamente estas rutas.

Peligros

Por supuesto, hemos intentado seleccionar las rutas evitando peligros innecesarios. Aun así, la responsabilidad de cada uno y una autoevaluación correcta son más importantes en Islandia que en cualquier otra zona de senderismo. Por ello la duración de las rutas, aunque esté basada en la experiencia y en valores registrados con gran precisión, depende sobre todo de la capacidad de cada uno.

Los cambios bruscos de tiempo son muy frecuentes en Islandia y rápidamente se pueden producir diversos fenómenos meteorológicos. En zonas elevadas y en las Tierras Altas podemos encontrar nieve incluso durante todo el verano, lo cual dificulta la marcha. En principio, desde un punto de vista climático, hay que sumar unos 2.000 metros de altura para alcanzar los valores de referencia centroeuropeos. Tanto la lluvia fuerte como la radiación solar intensa pueden hacer subir rápidamente el nivel de los ríos glaciares. Esto puede causar retrasos si realizamos una ruta en la que haya que vadear ríos (temperatura del agua entre 3 y 5ºC). Para vadearlos (inunca descalzos!) hay que desabrocharse el cinturón de la mochila para poder liberarse enseguida de ella en caso de caída. Por este motivo, se recomienda llevar consigo un pequeño kit de emergencia. Las excursiones pondrán a prueba nuestra capacidad para orientarnos con ayuda de mapas; a veces la ruta discurre por viejos caminos vecinales o caminos de cabras. Para no perderse por las zonas sin camino, hay que saber manejar perfectamente los mapas y la brújula, y en caso de niebla, si es posible, esperar a una mejor visibilidad. El uso de un GPS (si se tienen los conocimientos oportunos) puede ser de gran utilidad (véase la pág. 13).

El agua termal caliente mezclada con el agua de manantial fría crea una agradable temperatura de baño. Aquí en Hveravellir.

En las calientes zonas volcánicas se ha de prestar especial atención. Solo en las zonas más conocidas encontramos protecciones en forma de pequeños senderos delimitados por cuerdas. En las solfataras evite las zonas blancas y los bordes con charcas de ácido sulfúrico o lodo hirviendo, aquí existe un gran riesgo de desprendimiento. No se acerque nunca a los géiseres calientes y tenga siempre en cuenta la dirección del viento.

Tampoco se debería confiar ciegamente en la información ofrecida por los islandeses o los

Las mejores rutas de Islandia

Por el puerto de Fimmvörðuháls

Esta dura travesía sube desde la imponente cascada de Skóga hasta la región de los glaciares y pasa por delante del humeante cráter del Eyjafjalljökull para adentrarse en Þórsmörk, un verde valle con inmensos ríos glaciares (ruta 1, 8.00 h).

Bláhnúkur

Desde Landmannalaugar, el centro del Parque Nacional de Fjallabak, un ascenso de dificultad media atraviesa el variado paisaje con campos de lava y solfataras hasta la cumbre del Bláhnúkur. Desde aquí se abren unas vistas inolvidables de las coloridas montañas de liparita y los ríos ramificados (ruta 7, 2.15 h).

Skaftafell

Este maravilloso paseo nos permite hacernos una buena idea del Parque Nacional. La cascada Svartifoss, rodeada por columnas basálticas, es uno de los motivos más conocidos del camino, aunque el verde paisaje entre los glaciares y las superficies de arena también supone toda una experiencia (ruta 12, 2.00 h).

Hengifoss

El camino sube a través de florecientes praderas hasta dos de las cataratas más hermosas de Islandia: Litlanesfoss, enmarcada por columnas basálticas, y la imponente Hengifoss, que se precipita por rocas de color rojo y negro. Además las vistas alcanzan hasta el lago de Lögurinn (ruta 18, 1.45 h).

Rauðhólar

La variada ruta por el Parque Jökulsárgljúfur discurre por una senda bien acondicionada entre antiguas chimeneas volcánicas, cuyas columnas de basalto quedaron al descubierto por la acción del inmenso río Jökulsá á Fjöllum. El destino es el cono volcánico Rauðhólar, de color rojo intenso (ruta 27, 1.45 h).

Námafjall

Esta ruta, sencilla aunque no exenta de riesgo, es perfecta para conocer las manifestaciones secundarias del volcanismo: en Hverarönd hay pozos de barro, solfataras, etc. Desde la cima del Námafjall disfrutamos del paisaje del Mývatn (ruta 33, 1.00 h).

Arnarstapi

Esta excursión es única; no solo nos ofrece fascinantes acantilados con rocas basálticas y un furioso oleaje, un peculiar arco rocoso en el mar y una exhibición de aves marinas, sino también la posibilidad de reponer fuerzas en una cafetería con una ubicación idílica (ruta 48, 2.00 h).

Glymur

Todo un reto: en esta ruta hay que atravesar una cueva, cruzar un río por un tronco y subir escalando hasta un valle. Pese a todo, el esfuerzo se ve recompensado con la imagen de la cascada más alta de Islandia precipitándose hacia el vacío entre rocas cubiertas de musgo (ruta 51, 2.40 h).

Þingvellir

Situado en el límite geológico entre Europa y América, el histórico lugar de asamblea del Parlamento islandés es una de las principales atracciones del país. Un entretenido recorrido atraviesa el cañón de Almannagjá, pasa por la cascada de Öxará y atraviesa el campo de lava con profundas grietas rellenas de agua (ruta 52, 2.00 h).

Zona geotérmica de Hengill

Desde la ciudad de Hveragerði, esta fascinante ruta se adentra en la activa zona geotérmica del volcán central Hengill. Además de disponer de una buena forma física también hay que llevar una toalla, ya que de camino encontramos unas bonitas piscinas naturales (ruta 54, 2.45 h).

guardas de los refugios, ya que su sentido de la seguridad no suele ser tan pronunciado como el que existe en otras zonas de senderismo. En caso de emergencia (accidentes de montaña y búsqueda de desaparecidos) pónganse en contacto con la asociación de salvamento y rescate de Islandia:
- Slysavarnafélagið Landsbjörg (ICE-SAR), Skógarhlíð 14, 105 Reykjavík, tel. (00354) 570-5900, www.icesar.com. Teléfono de emergencias: 112.

Duración y desnivel
Para la duración indicada en el encabezamiento de las rutas y en el perfil orográfico se aplica un tiempo de marcha de aprox. 4 km o 300 m verticales (ascenso) por hora en condiciones normales, sin tener en cuenta las pausas para descansar. Para calcular el desnivel se suman todos los desniveles de los ascensos, incluidas las contrapendientes. Si el ascenso y el descenso difieren considerablemente, los tiempos se indican por separado.

Equipo
Calzado fuerte con goma de suela maciza (la roca volcánica suele ser muy afilada), ropa de abrigo según el «principio de la cebolla» (no tiene que ser polar, los jerseys de Islandia son igualmente calientes y repelentes al agua). También es absolutamente imprescindible una buena protección contra la lluvia y una funda impermeable para la mochila; dentro de la mochila hay que colocar todo de nuevo en bolsas estancas. Kit de primeros auxilios, suficientes provisiones, agua potable (dependiendo de la región esta puede ser desde abundante hasta casi inexistente). Los bastones de senderismo (telescópicos) son imprescindibles, sobre todo al cruzar los ríos. Equipo de camping de primera calidad con infiernillo de gasolina o de alcohol (alcohol de quemar = «rauðspirit», los pequeños cartuchos azules (Campingaz) son los más fáciles de conseguir), una buena esterilla, un saco de dormir caliente y una tienda a prueba de tormentas. Tampoco podemos olvidarnos de llevar un bañador, ya que hay numerosos baños termales («sundlaug»).

Las diferentes tonalidades de luz y color convierten a Islandia en un país de ensueño para los fotógrafos, por lo que se recomienda incluir su-

Se recomienda utilizar un dispositivo GPS.

El arco iris es un indicio de la inestabilidad meteorológica en Islandia. Aquí sobre la solitaria costa de Melrakkaslétta (ruta 24).

ficientes soportes de datos y baterías de reserva. Quien viaje en coche no se debe olvidar de llevar un transformador de tensión (12 V = a 220 V).

Utilización del GPS en Islandia

Debido a la señalización, que normalmente es escasa e incluso inexistente, el senderismo en Islandia no se puede comparar con las rutas por otras zonas de senderismo. En realidad nos mostramos escépticos con la utilización de demasiada tecnología y empleamos los dispositivos GPS como un medio de documentación adicional a la hora de hacer excursiones y rutas

Tracks de GPS

Para esta guía excursionista hay datos GPS disponibles que se pueden descargar gratuitamente en la página web de la editorial Bergverlag Rother (www.rother.de). Para la descarga necesitará la siguiente contraseña: wfISLES02R7g9a (usuario: gast).

Todos los datos GPS fueron registrados por los autores sobre el terreno. El autor y la editorial han comprobado los tracks y los puntos del camino conforme a su experiencia y conocimientos. No obstante, no podemos descartar que existan errores o divergencias; además, entretanto, las circunstancias locales pueden haber cambiado. Aunque los datos GPS son de gran ayuda a la hora de planificar y navegar, no podemos olvidar factores como una preparación meticulosa, la capacidad de orientación y saber evaluar la correspondiente situación (del terreno). Para orientarse, no confíe nunca exclusivamente en el dispositivo y los datos GPS.

en bici. Puesto que los dispositivos GPS no tienen cobertura en todas partes, funcionan mal o incluso dejan de funcionar en bosques frondosos o en gargantas. No obstante, en Islandia los GPS sencillos o más antiguos —siempre y cuando tengan función *backtrack*— también pueden ser muy útiles, al menos para encontrar de nuevo el punto de inicio. En los vastos parajes sin árboles de Islandia podemos perdernos rápidamente si la visibilidad es mala. Aquí los neveros son especialmente peligrosos, ya que no suelen estar marcados con estacas, ni siquiera en los caminos señalizados. En www.mapsntrails.com (Topo Island – Freeware) podemos descargarnos un práctico mapa GPS. Además, deberíamos tener en cuenta que la tecnología siempre puede fallar. Seguir andando cuando la visibilidad es mala y confiar solo en el GPS no está en absoluto exento de riesgos. En tales casos recomendamos emprender el camino de regreso utilizando la función *backtrack*. Es importante familiarizarse con el dispositivo en casa, ya que su manejo no resulta tan fácil y en una situación de emergencia es muy tarde para hacer pruebas. Igualmente importante es llevar siempre baterías de repuesto, ya que los dispositivos tienen que estar conectados durante toda la ruta. Atención: los *smartphones* con función GPS no son demasiado apropiados, ya que la duración de la batería no es suficiente para las rutas más largas.

Mejor época del año
De junio a mediados de septiembre, aunque las pistas de las Tierras Altas solo abren a partir de mediados de julio; en junio y julio apenas oscurece (Is-

Atardecer en Dyrhólaey en septiembre.

El original albergue de Fljótsdalur al pie de la montaña Þórólfsfell (ruta 4).

landia se encuentra casi por debajo del círculo polar), en septiembre los días ya son más cortos, hay menos conexiones de autobús y el tiempo empeora.

Dónde comer y alojarse

Quien quiera recorrer Islandia en temporada alta tiene que reservar alojamiento con unos seis meses de antelación o hacerse a la idea de pasar unas vacaciones de camping. Prácticamente solo hay refugios de autoabastecimiento, pero eso sí, están equipados con buenas cocinas colectivas; solo algunos de ellos cuentan con guarda en verano. Los refugios de Þórsmörk y Landmannalaugar también son destinos muy populares entre los islandeses los fines de semana. Se recomienda consultar y reservar en las asociaciones de senderismo. A Islandia solo se pueden importar tres kilos de comestibles por persona; la importación de embutidos, mantequilla y leche está terminantemente prohibida. Lo mejor es llevar alimentos deshidratados, sopas precocinadas o frutos secos para picar. Normalmente solo se puede comprar pan blanco. En general los comestibles son bastante más caros que en el resto de Europa, pero los alimentos básicos (pasta y sobre todo patatas) son asequibles. Los productos lácteos son de muy buena calidad (especialidad islandesa: skyr), por el contrario el pescado y la carne son muy caros. Por otra parte, la verdura importada suele ser más barata que la del país. Se recomienda comprar en la cadena de supermercados «Bónus». El alcohol se vende caro y únicamente en tiendas especiales o restaurantes con licencia.

Senderismo a paso quedo: cómo moverse por la isla
■ En autobús
En Islandia hay una red de autobuses de empresas privadas sorprendentemente amplia y bien organizada, por lo que se puede llegar en autobús a la mayoría de las rutas de esta guía. Esto también nos permite elegir distintos puntos de inicio y llegada para algunas rutas. En verano las empresas de autobuses también ofrecen numerosas excursiones guiadas, por ejemplo por las Tierras Altas, a Þórsmörk, a Askja o a Landmannalaugar; por lo general es la única posibilidad de llegar a estas zonas sin vehículo propio. Normalmente las interrupciones del viaje no suponen gastos adicionales, pero estas líneas son mucho más caras que las normales. Además el billete especial que se vende para los autobuses no es más barato que los viajes individuales.

■ En bicicleta
Quien quiera recorrer Islandia en bicicleta y con equipaje pesado tiene que ser un auténtico fanático de este vehículo. Los inconvenientes de utilizar la bicicleta como principal medio de transporte son el —a menudo— cambiante y tormentoso tiempo, los recorridos muy largos y los diferentes estados de las carreteras, sobre todo en los fiordos occidentales. Algunas pistas no son aptas para las bicicletas; por ejemplo, si hacemos una «escapada» a Landmannalaugar tendremos que empujar la bicicleta por algunos tramos de arena profunda. Quien combine hábilmente los viajes en autobús con las rutas y alquile una bici en Mývatn y Reykjavík —donde se recomienda ir en bicicleta (véanse las rutas 30–34)—, disfrutará mucho más del país y de sus lugares más hermosos. Para los que vayan en bicicleta de montaña, las toscas pistas de Islandia con campos de lava y los vadeos de ríos son todo un desafío. Las personas interesadas deberían consultar el sitio web del Icelandic Mountainbike Club (IFHK): www.fjallahjolaklubburinn.is.

■ En coche
Llevar nuestro propio coche a Islandia es caro y requiere mucho tiempo (ida y vuelta: una semana),

Símbolos

🚌	accesible en autobús
✕	bar/restaurante por el camino
👫	apto para niños
🏘	población con bar/restaurante
⬛	refugio guardado
⬜	refugio, cobertizo
∆	camping
P	aparcamiento
†	cumbre
)(	puerto, collado
☀	faro
🎋	área recreativa
)(	puente
⚘	mirador
∩	cueva
𝕀	cascada
⬤	lago de cráter, manantial
⬤	fuente termal

pero hay destinos (también en esta guía) a los que solo se puede llegar en coche y que merecen mucho la pena. Para subir a las Tierras Altas es imprescindible un 4x4 o —mucho mejor— un vehículo todoterreno bien equipado, ya que hay que ir superando vados continuamente. No hay que menospreciar el riesgo, pues cada año se producen accidentes mortales. El resto de la red de carreteras (excepto las pistas) va mejorando cada vez más y se puede transitar perfectamente con cualquier tipo de turismo. Los precios de los coches de alquiler son muy altos en comparación con otros países y, en el caso de los vehículos todoterreno, hay que cerciorarse de que tengan seguro. Hacer autoestop resulta complicado debido al escaso tráfico. Una posibilidad es hacerlo desde un camping poniéndose de acuerdo con otro conductor.

El famoso géiser Strokkur es una de las principales atracciones de Islandia.

Hacer senderismo en Islandia

La isla de fuego y hielo

Islandia está situada en el Atlántico, a unos 300 km al este de Groenlandia. Con apenas 103.000 km² y aproximadamente 312.000 habitantes (2011), lo que se corresponde con 3 habitantes escasos por km² de media, Islandia es un país muy poco poblado. La mayor parte de la población vive en las ciudades costeras —solo unos 200.000 en la región de Reykjavík—, de modo que hay vastas regiones inhabitadas.

Algo típico de Islandia son sus cerca de 31 sistemas volcánicos activos y su contraste con los enormes glaciares. Estos elementos caracterizan y siguen modificando el aspecto de la isla. Aquí podemos encontrar tanto paisajes de tundra como altas montañas y los glaciares más grandes de Europa, así como los mayores desiertos de lava del mundo, volcanes y gigantescos ríos glaciares que, sin freno, divididos en numerosos brazos y cortados por cascadas, buscan su camino hacia el mar. La zona volcánica activa se extiende de norte a sur por la isla y debe su existencia a la dorsal mesoatlántica. Gracias al calor propio de la tierra y a las fuentes termales, casi todas las casas se calientan de forma ecológica, lo que se traduce en aire y agua limpios.

Flora y fauna

Islandia es un paraíso para los amantes de la naturaleza. Su fauna se caracteriza sobre todo por las numerosas aves que aquí anidan en verano y a las que en muchos lugares podemos acercarnos hasta muy pocos metros, pero también por las focas, los lobos marinos, los renos o los caballos islandeses, tan apreciados por los jinetes. En la isla no hay serpientes venenosas ni animales carnívoros peligrosos, y hay que tener mucha suerte para ver un zorro polar. Los únicos animales que pueden atacar a las personas son las aves, preocupadas por sus nidos (muchas anidan en el suelo), por lo que nos podríamos llevar un buen susto con el (falso) ataque de un págalo. En cuanto a la vegetación llama la atención el crecimiento atrofiado de muchos árboles, como el abedul, que raras veces supera los dos metros de altura.

Otros quedan achaparrados a ras del suelo. Los líquenes, el musgo —increíblemente brillante— y flores como la colleja de color rosado dominan la flora islandesa en contraste con el árido paisaje volcánico.

Musgos de un verde luminoso rodean los fósiles de hojas.

Las coloridas laderas de riolita caracterizan el paisaje alrededor de Landmannalaugar (ruta 7).

Las regiones
■ **Sur de Islandia: Þórsmörk – Landmannalaugar – Skaftafell**
El sur de Islandia, al que se llega fácilmente en autobús desde Reykjavík, ofrece al senderista algunas de las rutas más bellas y los paisajes más impresionantes del país. A tan solo 160 km de distancia de Reykjavík, al final del valle de Markarfljót, de 30 km de longitud, se encuentra Þórsmörk, similar a un oasis. Por eso se recomienda ir entre semana, ya que los tres refugios con camping son un popular destino los fines de semana. En verano hay autobuses diarios, pero la manera más impresionante e inolvidable de llegar a Þórsmörk es la ruta por el puerto de Fimmvörðuháls: justo delante de un cráter del Eyjafjalljökull.

Desde Þórsmörk el excursionista de gran resistencia puede realizar una ruta de cuatro días por el interior del país hasta Landmannalaugar (Reserva Natural de Fjallabak). Esta zona, situada al norte del Mýrdalsjökull, es uno de los platos fuertes de un viaje a Islandia. Ya desde la llegada de los primeros pobladores se visitaban las «fuentes termales de los lugareños». En una piscina natural se mezcla agua a 72ºC con agua fría de deshielo, lo que invita a darse un largo baño con la temperatura al gusto de cada uno. En 1979 se declararon protegidos 47 km² de este paraje, aunque su peculiaridad reside no tanto en su escasa vegetación —con poco más de 150 especies— y algunas especies de aves, sino más bien en las coloridas pendientes de riolita. Por los caminos que rodean el camping se pueden dar paseos cortos y hacer excursiones que ofrecen unas vistas espectaculares de la zona. Para emprender rutas que se salgan de los caminos señalizados es imprescindible contar con buen tiempo y tener sentido de la orientación.

El Parque Nacional de Skaftafell se fundó en 1967 con ayuda de WWF y se integró en el Parque Nacional de Vatnajökull en 2008. Es el punto de inicio perfecto para hacer rutas tanto cortas como largas y dispone de una buena infraestructura con camping, restaurante y oficina del Parque Nacional. Una loma de un verde exuberante es el centro de una región que se formó por la erosión de los glaciares y el agua. Sobre el río glaciar más imponente, el Skeiðará, no se construyó un puente hasta 1974. Al Parque Nacional de Skaftafell (centro de visitantes abierto todo el año) se accede fácilmente por la carretera de circunvalación; en verano hay autobuses diarios desde Reykjavík y Höfn.

■ Este y noreste de Islandia: paisaje de fiordos alrededor de Egilsstaðir

Un impresionante paisaje de fiordos al este y sureste de Islandia recibe a los viajeros que llegan en barco a Seyðisfjörður. Los fiordos orientales son una de las partes más antiguas de Islandia. Sus puntiagudas y escabrosas crestas, los «Alpes islandeses», se alzan hasta 1.300 m sobre el mar. Frente a ellos se encuentran algunas pequeñas islas en las que anidan las aves, como Skrúður y Papey. Al sur lindan con una línea de costa llana y recta con lagunas separadas del mar que ofrecen el hábitat ideal a limícolas, eideres comunes, ánsares comunes y cisnes cantores. Esta región es especialmente interesante para los geólogos, ya que aquí se encuentran grandes yacimientos de ceolitas, jaspes y ágatas, como ocurre en la granja Teigarhorn (cafetería con tienda), donde, por supuesto, el yacimiento está sujeto a una rigurosa protección. El punto de inicio perfecto para explorar el este de Islandia es Egilsstaðir, fundada en 1945 en medio de amplias superficies agrícolas y con una buena infraestructura. Desde Egilsstaðir en dirección suroeste se puede dar una vuelta por el Lagarfljót, un lago glaciar. Por detrás se alza la montaña más alta del este de Islandia, la Snæfell (1.833 m), a la que solo se puede llegar en todoterreno y en cuyo pie pastan los renos.

Las bahías situadas al noreste de Egilsstaðir, deshabitadas en su mayor parte, se pueden explorar desde Bakkagerði. Esta pequeña población portuaria se halla escondida —además del turismo las fuentes de ingresos son la pesca y el procesamiento de pescado— entre coloridas montañas de riolita, de las cuales la más soberbia es la Hvítserkur, un antiguo volcán central cuyos luminosos flancos de ignimbrita están recorridos por oscuro basalto. También los salvajes dientes rocosos del Dyrfjöll resultan impresionantes. La localidad, que fue hogar del conocido pintor Jóhannes Sveinsson Kjarval, dispone de una buena infraestructura y de hermosas posibilidades para practicar senderismo por caminos bien señalizados.

■ Norte de Islandia: Akureyri – Jökulsárgljúfur – Mývatn

Desde Egilsstaðir en dirección oeste, la carretera de circunvalación atraviesa amplias y solitarias regiones; desde aquí solo unas pocas pistas se adentran en el interior del país. A lo largo de la costa hasta Ásbyrgi hay que superar 300 km de carreteras que en ocasiones todavía son abruptas, pero por las que se transita bien en coche. Viajar hasta aquí en autobús resulta más fatigoso. En cuanto al paisaje, continuamente se nos muestran preciosas vistas de la costa, como la península de Melrakkaslétta. Sin embargo, esta amplia y desarbolada zona de brezales no es muy apropiada para hacer senderismo, sí lo son en cambio las zonas litorales con hermosos acantilados y rocas en las que anidan las aves.

El Parque Nacional de Jökulsárgljúfur se fundó en 1973 y actualmente pertenece al Parque Nacional de Vatnajökull. Abarca, de norte a sur, la región a lo largo del río glaciar Jökulsá á Fjöllum, que se precipita una y otra vez hacia el vacío en forma de imponentes cascadas, de las cuales la más conocida es Dettifoss. Entre las grandiosas bellezas del Parque destacan la idílica Vesturdalur con las soberbias formaciones basálticas de la Hljóðaklettar, la montaña volcánica más colorida de Islandia, Rauðhólar, y el verde valle de Hólmatungur con sus bonitas cascadas. Con 400 mm de precipitaciones anuales, el clima en esta región es seco para Islandia y la nieve puede durar hasta mayo o junio. En el autobús de línea se llega a Ásbyrgi, donde encontramos un bonito camping, una oficina del Parque Nacional (abierta del 15 de junio al 1 de septiembre) y una tienda con cafetería. En la parte occidental del Jökulsá á Fjöllum, una pista pasa por delante de Vesturdalur, Hólmatungur y Dettifoss. Desde aquí hasta la carretera de circunvalación hay una nueva carretera asfaltada; en verano por aquí también pasa una línea de autobús una vez al día. Desde 1974, la región alrededor del Mývatn y del río Laxá es una reserva natural. Con una superficie de 37 km², el Mývatn es una de las mayores

Paisaje en el Mývatn con un pseudocráter en primer plano.

aguas interiores de Islandia, pero solo tiene entre 2,5 y 4,5 m de profundidad. Su nombre, «lago de los mosquitos», se debe a las bandadas de mosquitos que aparecen cada verano y sirven de alimento a peces y aves. Aquí anidan las 15 especies de patos islandesas. 50 islas, muchas de ellas pseudocráteres, definen el aspecto del lago. Al estar ubicada en el borde occidental de la zona volcánica activa, aquí se observan más fenómenos geológicos simultáneos que en cualquier otro lugar. Además se puede llegar a ellos con relativa facilidad. Hoy en día en esta región se encuentran cerca de 50 granjas y la pequeña localidad de Reykjahlið, donde un supermercado, un camping, hoteles, una piscina, restaurantes, un alquiler de bicicletas, una oficina del Parque Nacional y un pequeño aeródromo —desde el que se pueden hacer excursiones recomendables en avión— ofrecen toda la infraestructura necesaria. Las rutas pueden comenzar en gran parte directamente desde el pueblo, por lo que no es de extrañar que el Mývatn sea uno de los centros turísticos de Islandia. Sin embargo, incluso aquí las rutas de senderismo son bastante tranquilas, solo en los puntos de interés accesibles en vehículo podemos encontrar hasta media docena de autobuses que pueden causar barullo. Quien quiera hacerse una idea completa de esta región, debería tomarse al menos entre 3 y 5 días. Cada día hay autobuses a Akureyri y a Egilsstaðir. Desde aquí también se pueden hacer varias excursiones guiadas en autobús, por ejemplo a Askja. En 1816 Akureyri todavía era una aldea con solo 45 habitantes; más tarde se convirtió en la tercera ciudad más grande de Islandia gracias a su ubicación privilegiada y al puerto. Situada en el precioso fiordo de Eyjafjörður y rodeada por montañas cubiertas de nieve incluso en verano, Akureyri —con viejas casas de madera pintadas de colores, un interesante jardín botánico y también todas las características de una gran ciudad islandesa— se presenta como lugar de descanso y ciudad comercial en la que también se puede dejar pasar tranquilamente un frente lluvioso. En verano la ciudad es un buen punto de inicio para hacer senderismo y, de mayo a junio, también para rutas de esquí. Las líneas de autobús diarias a Reykjavík, Mývatn, Egilsstaðir y Ólafsfjörður y las conexiones aéreas a muchas poblaciones islandesas son una gran ventaja. Los hoteles, el albergue y el camping, ese último situado junto a una bonita piscina nueva, pero por desgracia también al lado de una carretera muy concurrida, ofrecen el alojamiento adecuado para todos los gustos.

■ Oeste de Islandia: fiordos occidentales – Snæfellsnes

Desde un punto de vista geológico, los fiordos occidentales son la parte más antigua de Islandia. Las masas de tierra, cortadas por numerosos fiordos, se extienden como si de dedos se tratase por el Atlántico Norte. Su ubicación expuesta llama la atención en cuanto echamos un primer vistazo al mapa, es por eso que aquí el mal tiempo y los cambios meteorológicos bruscos son más frecuentes que en el resto de regiones islandesas. A

La Gullfoss, la «cascada de oro», es una célebre atracción de Islandia.

Ísafjörður, la ciudad más grande de los fiordos occidentales, solo se puede llegar rápidamente en avión; en autobús o en coche se necesita mucho más tiempo, ya que las distancias a lo largo de los fiordos son grandes. En Ísafjörður hay una oficina de turismo que ofrece información actual y también facilita guías locales (dirección: Tourist Information Centre, Aðalstræti 7, IS-400 Ísafjörður, tel. 00354-450-8060, www.isafjordur.is, info@vestfirdir.is). La parte central de los fiordos occidentales es un paisaje de tundra normalmente azotado por el viento y bañado por pequeños lagos y arroyos. Sin embargo, el plato fuerte de cualquier excursión por los fiordos occidentales es seguramente el acantilado (arrecife) de Látrabjarg, el extremo más occidental no solo de Islandia, sino de toda Europa. Allí podemos acercarnos a unos pocos metros de los frailecillos. Desde los fiordos occidentales se llega rápidamente con el ferri a la península de Snæfellsnes. Ya a lo lejos, en días claros, se puede divisar el glaciar blanco y resplandeciente de Snæfellsjökull. Este maravilloso volcán central de forma cónica y de 1.446 m de altura destaca no sólo por su imponente exterior, sino también por su papel en la literatura: Julio Verne trasladó hasta aquí la entrada al centro de la tierra. Toda la península, considerada una «Islandia en miniatura», ofrece un sinnúmero de peculiaridades geológicas y ornitológicas: desde campos de lava (Berserkjahraun) y cráteres volcánicos hasta escondidas e inesperadas formaciones de piedra de toba, pasando por una impresionante costa (Arnarstapi) con acantilados de aves y la playa de arena más bonita de Islandia. Para dar una vuelta por la península se necesita un coche, el cual también nos permite aproximarnos por una pista al glaciar. Solo hay una línea de autobús a Stykkishólmur y a Hellisandur (Olafsvík). Se desaconseja absolutamente adentrarse en el glaciar sin ningún tipo de experiencia y equipamiento adecuado debido a las numerosas grietas (se pueden hacer excursiones de esquí). Desde Reykjavík también se puede llegar rápidamente a la península de Snæfells.

■ Región de Reykjavík

En la gran región de Reykjavík viven hoy en día casi dos tercios de los islandeses. La capital más septentrional del mundo se presenta moderna y cuenta con una extensa superficie, dos puertos, una estación de autobuses y el aeropuerto nacional más grande de Islandia. El centro con su zona peatonal, situado alrededor de la oficina central de correos, y las calles llenas de tiendas invitan a callejear por la ciudad. Aquí se puede comprar muy bien ropa de lana. Los grandes centros comerciales como el «Kringlan» se encuentran en la periferia. Naturalmente también hay hoteles, un albergue juvenil (¡reservar con antelación!) y campings (un gran recinto bien gestionado cerca de la piscina, donde también se ofrece buena información).

Desde Reykjavík se accede bien a algunos lugares que no pueden faltar en un viaje a Islandia: hacia el oeste enseguida se llega al fiordo de Hvalfjörður, desde cuyo final se llega a la cascada más alta de Islandia, Glymur, que se desploma 200 m hacia una garganta cubierta de musgo. Otro sitio más idílico y fácil de visitar es Hraunfossar, una serie de cascadas en Húsafell, una popular zona turística ubicada en un fértil valle con fuentes termales e invernaderos. Quien no le tenga miedo a una carretera algo más abrupta puede atravesar las áridas Tierras Altas por el valle de Kaldidalur, pasando por delante de los glaciares Ok y Þórisjökull, hasta Þingvellir, situado en la fosa tectónica entre Europa y Amé-

En las costas del oeste de Islandia es habitual ver focas grises.

Luces del norte en la caldera Krafla.

rica y lugar de origen del Parlamento islandés. Con este conecta el «Golden Circle», un recorrido hasta el géiser Strokkur y la imponente cascada de Gullfoss, antes de poder disfrutar cerca de la costa de las ventajas de una zona geotérmica en la montaña Hengill: en los invernaderos de Hveragerði crecen incluso plátanos. También merece la pena la península de Reykjanes, a través de la cual esta fosa tectónica prosigue hasta el mar; aquí también hay zonas de fuentes termales con pozos de barro, como en Krýsuvík o la fuente Gunnuhver, todo ello acompañado por una oferta bien desarrollada para los visitantes, con museos interesantes y, por supuesto, la célebre «laguna azul».

Rutas de varios días: senderos de gran recorrido en Islandia

Exponerse durante varios días o semanas a la sobrecogedora naturaleza de Islandia es algo fascinante, pero requiere una forma física excelente y un buen equipo. Sobre todo en caso de mal tiempo, como lluvia continua, una ruta con tienda de campaña a campo traviesa se puede convertir rápidamente en una pesadilla. Lo mejor es hacer excursiones por caminos señalizados en los cuales haya refugios donde pasar la noche. Pero, al contrario que en otras regiones de senderismo, en Islandia recorridos de este tipo todavía son escasos, y dado que además algunos refugios son muy pequeños, antes de salir es imprescindible ponerse en contacto con las asociaciones de senderismo responsables. Estas asociaciones ofrecen además (junto a otras) las siguientes rutas guiadas de varios días:

- La ruta de Skógar a Þórsmörk y luego a Landmannalaugar (6 días) es, en nuestra opinión, el sendero de gran recorrido más bonito. Las etapas que van de refugio en refugio (posibilidad de abastecimiento en Landmannalaugar y en Þórsmörk) son: Skógar – Fimmvörðuháls (4–5 h) – Þórsmörk (véase la ruta

Refugio en el Hvitárvatn.

1; 5–6 h) – Emstrur (5–6 h) – Álftavatn (6–7 h) – Hrafntinnusker (5–6 h) – Landmannalaugar (véase la ruta 9; 4–5 h). Señalizados con estaquillas, hay algunos puentes y es necesario vadear algunos ríos, por lo que la época para hacer excursiones depende del nivel del agua. A pesar de que todos los refugios tienen espacio para 40 personas como mínimo, hay que reservar con tiempo. Al lado de los refugios también hay zonas de acampada.

- Desde Hveravellir hasta Hvitarvatn (2–3 días, tres refu-gios, en general senderos bien visibles). También se puede seguir hasta Gullfoss (2 días, no hay refugio, a lo largo de la pista Kjalvegur, F 37, sin señalización).
- Desde Snæfell, al este del Vatnajökull, pasando por la lengua glaciar Eyjabakkajökull hasta el colorido valle de Lónsöræfi en la costa sur (cuatro refugios, mínimo 4 días).
- Desde el pie del Herðubreið hasta Askja (Herðubreiðarlindir – Bræðrafell í Ódáðahrauni – Dreki í Dyngjufjöllum), 2 días, etapas largas, señalizado.
- Por el Parque Nacional de Jökulsárgljúfur se puede caminar desde la Dettifoss hasta Ásbyrgi, pasando por Vesturdalur, siempre a lo largo del Jökulsá (véanse las rutas 26–29). Hay zonas de acampada pero no refugios; completamente señalizado, buen camino, recomendable (2 días).
- En la parte más al norte de los fiordos occidentales, en la Reserva Natural de Hornstrandir (580 km^2), en verano se ofrecen rutas guiadas, pero apenas hay caminos señalizados. La orientación por el árido paraje es muy difícil y las conexiones en barco no son regulares (en función del tiempo). Por ello, para estas rutas es necesario llevar reservas de comida y disponer de tiempo. En las últimas décadas, el abandono de las granjas ha convertido Hornstrandir en una región deshabitada, lo que no significa que no haya absolutamente nadie. Las viejas granjas son ahora apreciadas residencias de verano para los islandeses. Durante las excursiones por la costa se recomienda precaución, ya que a veces la marea alta puede cortar el paso.
- En Tröllaskagi, la península al norte de Akureyri, se pueden hacer rutas de varios días por antiguos caminos vecinales y pernoctar en el valle (alojamiento en casas particulares).
- Entre Bakkagerði y Seyðisfjörður se pueden hacer excursiones por los solitarios fiordos y las coloridas montañas. Se puede pernoctar en refugios y zonas de acampada y los caminos están bien señalizados en su mayor parte.
- En el caso de rutas largas y exigentes no hay que subestimar nunca el trayecto. Hay que planear la caminata con mapas exactos, llevar suficientes víveres y, antes de salir, informar el guarda del refugio de la ruta prevista y avisarle cuando regresemos.

Información y direcciones

Llegada
Hay vuelos directos a Islandia desde Madrid, Barcelona y Alicante. Para más información consulte a una agencia de viajes. En verano hay un ferri una vez a la semana entre Hirtshals (Dinamarca) y Seyðisfjörður (Smyril Line). El viaje en el Norröna (ferri de lujo) dura dos días por tramo. El viaje se puede interrumpir en las Islas Feroe.

Información
Oficina de turismo islandesa: Icelandic Tourist Board (oficina principal), Geirsgata 9, 101 Reykjavík, tel. 00354-535-5500, fax 00354-535-5501, dirección de correo electrónico: info@icetourist.is; internet: www.visiticeland.com (mucha información turística y práctica también en español).

Literatura y guías de viaje
Para conocer Islandia a través de su literatura, se recomienda leer las obras del premio Nobel Halldór Laxness (p. ej. «Gente independiente», «La campana de Islandia», «Bajo el glaciar») o las novelas de Gunnar Gunnarson.
Quien se interese por la sociedad moderna islandesa en la literatura puede leer las obras de Einar Kárason («La isla del diablo»). También es muy amplia la oferta de novelas policíacas islandesas, pero ofrecen una imagen bastante distorsionada del país. En cuanto a las guías de viaje, la Guía Azul (Ed. Gaesa), Islandia (Guías Ecos) o Islandia (Guía Total) de la editorial Anaya Tourin.

Clima
Clima oceánico moderado con veranos frescos e invier-nos suaves; muy cambiante. En verano la temperatura media ronda los 10ºC. Aunque se pueden superar los 20ºC si hace buen tiempo, también puede haber temperaturas bajo cero, sobre todo en la zona de los glaciares.

Idioma
En Islandia casi todo el mundo habla y entiende inglés (excepto algunas personas mayores). El alfabeto islandés tiene más letras que el español. La ortografía islandesa tiene la peculiaridad de haber retenido el uso de dos letras antiguas: þ y ð, que representan los sonidos sordo y sonoro de la «th» inglesa (similares respectivamente al sonido de la «z» castellana y de la «d» final en español).
Algunas palabras importantes relacionadas con la geografía son: brú – puente; dalur – valle; fjall – montaña; foss – cascada; gil – barranco; gjá – grieta; hver – fuentes termales; jökull – glaciar; jökulsá – río glaciar; vað – vado.

Asociaciones de senderismo
Organizan excursiones y dan información sobre la ocupación y los horarios de los refugios. Siempre intentan vender sus rutas guiadas, así que a veces no nos dieron suficiente información para nuestras rutas individuales.
- Ferðafélag Íslands, Mörkinni 6, 105 Reykjavík, tel. 568-2533, www.fi.is, fi@fi.is
- Ferðafélagið Útivist, Laugavegi 178, 105 Reykjavík, tel. 562-1000, www.utivist.is, utivist@utivist.is

Camping
En Islandia hay 70 campings y zonas de acampada de distintas características, aunque la mayoría son sencillos; no todos disponen de toma de corriente para caravanas. La acampada libre está permitida —excepto en los Parques Nacionales y Reservas Naturales—, pero es preferible no hacerlo por respeto a la naturaleza. En las propiedades privadas es necesario el consentimiento del propietario, y muchas regiones son propiedad privada, sobre todo las situadas junto a una carretera.

Deportes y ocio
Baños: en la mayoría de las poblaciones islandesas hay piscinas al aire libre (sundlaug) con «hot pots» y jacuzzis, que por tanto se pueden visitar con cualquier situación meteorológica.
Equitación: hay una gran oferta en granjas y con rutas guiadas. Si trae su propia montura hay que desinfectarla antes de entrar en Islandia.
Pesca: para los ríos es necesario obtener un permiso; en el caso de salmones hay que pedirlo con antelación (junio–sept.), para truchas se obtiene el permiso en la granja más cercana. Hay que desinfectar los utensilios.
Golf: es muy popular, hay más de 50 campos; los turistas son bienvenidos.
Navegar en el Mývatn está prohibido incluso para las barcas de remos, al parecer por respeto a la naturaleza. Aun así, se ofrecen rutas en lancha motora. En el Jökulsárlón (rutas en barco organizadas) o en los ríos glaciares es muy peligroso navegar y está reservado a los «especialistas».

Parques Nacionales
Son una institución muy importante para conservar la naturaleza de esta isla, pues aquí también se intenta explotarla de forma desconsiderada. En los tres Parques Nacionales hay que acampar en las zonas indicadas y solo se pueden hacer rutas por los senderos existentes. Aquí el excursionista encontrará caminos bien señalizados y una oficina que facilita previsiones meteorológicas, material informativo, mapas e información sobre el estado de los senderos. También suele haber una pequeña tienda o un supermercado. Sobre todo si se viaja en autobús, los Parques Nacionales son la base perfecta para hacer rutas de varios días. Más información sobre los Parques Nacionales y Reservas Naturales en www.ust.is.

Emergencias/Médicos
En todas las poblaciones grandes hay centros de salud. El teléfono de emergencias es el 112. Información: www.heilsugaeslan.is y www.safetravel.is.

Teléfono
Desde el extranjero: 00354 más el número de teléfono de 7 cifras. Atención: las guías telefónicas islandesas están ordenadas por los nombres de pila.
Prefijo para llamadas a España: 0034.
Las cuatro compañías de teléfono móvil islandesas cubren la mayor parte del país, al menos todas las poblaciones con más de 200 habitantes.
Se pueden comprar tarjetas prepago y alquilar teléfonos.

Horarios comerciales
Normalmente de 9.00 a 18.00 h; algunos supermercados abren todos los días hasta las 23.00 h. En verano, muchas tiendas cierran los sábados, excepto las tiendas de recuerdos, que incluso abren los domingos. Horario de los bancos: Lu–Vi de 9.15 a 16.00 h; correos: Lu–Vi de 8.30 a 16.30 h.

Días festivos
17 de junio: fiesta nacional; el primer lunes de agosto: fiesta de los comerciantes (verslunarmannahelgi): muchos islandeses se van de excursión.

Nubes de vapor saliendo del nuevo cono volcánico del Fimmvörðuháls (ruta 1).

1 Skógar – Fimmvörðuháls, 1.116 m – Þórsmörk

8.00 h

Impresionante cruce de un puerto por delante de lava humeante

Desde el puerto de Fimmvörðuháls, el camino pasa por delante del cráter volcánico que entró en erupción en 2010. Después podemos disfrutar de unas sensacionales vistas de Þórsmörk, con sus curiosas formaciones rocosas y abismales gargantas con cuevas y cascadas, así como de las lenguas glaciares.

Lugar de referencia: Skógar, 60 m, situada en la carretera de circunvalación.
Punto de inicio: Skógafoss, 60 m, en Skógar.
Acceso: Servicio de autobuses por la carretera de circunvalación en ambas direcciones. Línea de autobús por Þórsmörk hasta todos los refugios.
Desnivel: 1.300 m en el ascenso, 900 m en el descenso.
Dificultad: Ruta larga y dura. Actualmente, durante el ascenso el camino sobre cenizas con zonas profundas. Bien señalizado. Durante el descenso hay algunos tramos expuestos asegurados con cuerdas o cadenas. Para el resto del camino por Þórsmörk (p. ej.: Básar – Húsadalur) informarse sobre el estado de los puentes.
Dónde comer y alojarse: Skógar: camping y hoteles. Þórsmörk: refugio de Básar, camping, autoabastecimiento; Húsadalur: camping, habitaciones, rte. sencillo.
Variantes: (1) Dividir la ruta en 2 días pernoctando en el refugio de Fimmvörðuháls. En verano hay guarda; 20 plazas, cocina, autoabastecimiento. (2) Subir al volcán desde Þórsmörk (refugio de Básar) y volver a bajar (aprox. 5 h).

La impresionante Skógafoss.

Desde el **camping (1)**, el camino sube en pendiente por una escalera a la derecha de la **Skógafoss** y discurre por la orilla del río Skóga con sus cascadas. Atravesamos sin problemas pequeños valles laterales a la vez que vamos ganando en altura. Al cabo de 1 h llegamos a una cascada especialmente bella **(2)**; otra se precipita hacia una angosta garganta. Aquí tenemos que regresar al camino señalizado y subir por él. Tras pasar otras muchas cascadas y algunos manantiales, en los que deberíamos reponer agua, llegamos a un **puente peatonal (3)**, por el que pasamos a la otra orilla. A partir de aquí el camino es nuevo y está muy bien señalizado. Sigue en paralelo al río, sube y baja con frecuencia. Al mismo tiempo, las profundas cenizas dificultan la marcha. Cuando ya divisamos el refugio el camino se divide: a la izda. se encuentra nuestro destino (Þórsmörk); este camino es algo más corto, pero también más empinado. A la derecha se llega después de 5 h largas al refugio de **Fimmvörðuskáli**. Desde el **puerto (4)** vemos el volcán y la lava humeante. Bajamos por un nevero y ahora el camino se dirige en llano —a veces sobre nieve, otras sobre ceniza— hacia el volcán. Subimos casi hasta el cráter, que podemos contemplar detenidamente. El camino serpentea por el campo de lava de **Godahraun (5)**. Después se abren unas magníficas vistas y viene un empinado descenso, un tramo de trepada fácil dotado de cuerdas. Luego cruzamos la angostura de **Heljakambur (6)**, desde la cual un complicado camino se desvía hacia Hvannárgil. Nuestro camino discurre en línea recta por la altiplanicie de **Morinsheiði**. Después bajamos moderadamente por la ladera izda. de una loma y proseguimos por una cresta. A la izda. podemos disfrutar de las vistas de la profunda garganta de Strákagil; el camino dispone de escalones y protecciones. Bajamos —de nuevo en pendiente— hasta el fondo del valle, donde los exuberantes abedules nos sorprenden. Cuando llegamos al nivel del río, una flecha nos indica la dirección al **refugio de Básar (7)**.

2 Cuevas y gargantas en Þórsmörk

2.30 h

A través de peculiares rocas de toba por una loma pródiga en vistas

Esta ruta circular nos permite hacernos una buena idea de la geología y la rica vegetación de Þórsmörk. Las empinadas subidas y bajadas del camino, bien señalizado y acondicionado, se ven compensadas por unas amplias vistas.

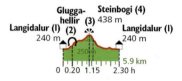

Lugar de referencia: Hvolsvöllur, 20 m.
Punto de inicio: Refugio de Langidalur en Þórsmörk, 240 m.
Acceso: Ruta guiada en autobús desde Reykjavík, se puede subir en Hvollsvöllur o en la cascada Seljalandsfoss. También en vehículo todoterreno (¡trayecto muy peligroso!) por la carretera nº F 249.
Desnivel: 350 m.
Dificultad: Descenso muy empinado; se puede ir en sentido opuesto, pero entonces las vistas son menos impresionantes.
Dónde alojarse: Refugio en Langidalur, camping; Húsadalur: refugios, habitaciones, camping, restaurante sencillo.
Variante: Combinación con el ascenso a la Valahnúkur.

Desde el **refugio de Langidalur (1)** caminamos por la orilla del Krossá en dirección este hasta la zona de acampada de Slyppugil. Torcemos hacia esta garganta (letrero: Tjindjafjellhringur). Después de 200 m se desvía a la derecha una vereda con el letrero «Gluggahellir», por la que continuamos subiendo en pendiente por numerosos escalones. En algunos tramos el camino serpentea —también por terreno llano— a través del bosque. Pronto llegamos a la pequeña cueva con dos entradas, la **Gluggahellir (2)**. Pasa-

Vista desde Eggjar del destacado Hattafell en el desierto de lava de Emstrur.

mos por delante de ella, de nuevo por estrechos escalones, y a continuación el camino sigue por una cresta, que nos ofrece unas espléndidas vistas de la profunda garganta con curiosas rocas de toba. El camino está muy bien señalizado; unos escalones facilitan un pequeño descenso intermedio. En cuanto llegamos a una cima tras subir por piedras de toba, el camino se dirige hacia el este y discurre primero en llano y luego moderadamente cuesta arriba después de una breve contrapendiente, hasta que finalmente llega por una pradera más empinada al mirador de **Eggjar (3)**, en la cresta del **Tjindfjöll**; a partir de aquí la cresta se vuelve muy dentada. Primero nuestro descenso vuelve a pasar por una pradera para después recorrer una cresta en dirección sur; está claramente señalizado. En la cresta torcemos bruscamente a la derecha, aquí hay un pequeño arco de piedra, **Steinbogi (4)**, que se puede pasar trepando fácilmente.

El siguiente tramo del descenso también es muy empinado, pero baja por entre arbustos. En un pequeño collado elegimos el camino de la derecha, que nos conduce hacia un estrecho valle con un arroyuelo. Ahora la senda serpentea a lo largo de su orilla a través del denso bosque y en dirección a la salida del valle. Finalmente llegamos al camping de **Litliendi**. Para regresar al punto de inicio, como mínimo tenemos que superar una contrapendiente, ya que aquí el Krossá fluye normalmente muy cerca de las rocas. El sendero señalizado nos lleva por encima de la orilla, primero hasta la zona de acampada de **Inra Slyppugil** y luego —dependiendo del caudal del río, de nuevo por una colina o a lo largo de la orilla— otra vez hasta la garganta de Slyppugil, desde donde en 5 min llegamos al **refugio de Langidalur (1)**.

3 — Montaña panorámica de Valahnúkur, 465 m

1.45 h

Breve ascenso para disfrutar de unas magníficas vistas

A pesar del insignificante desnivel de 250 metros, la Valahnúkur es una de las montañas panorámicas más bellas de Þórsmörk. Desde su cima la vista abarca el mar, el valle de Þórsmörk con el río Krossá y sus ramificaciones y los glaciares Eyjafjallajökull, Mýrdalsjökull y Tindfjallajökull. Esta barrera de glaciares es la responsable del suave clima del valle, pero supone una amenaza constante, ya que bajo el Eyjafjallajökull y el Mýrdalsjökull yacen volcanes impredecibles.

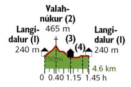

Lugar de referencia: Hvolsvöllur, 20 m.
Punto de inicio: Refugio de Langidalur en Þórsmörk, 240 m, o Húsadalur, 200 m.
Acceso: Ruta guiada en autobús desde Reykjavík, se puede subir en Hvolsvöllur o en la cascada Seljalandsfoss. También en vehículo todoterreno (¡trayecto muy peligroso!) por la carretera nº F 249.
Desnivel: 300 m.
Dificultad: Si hace buen tiempo es uno de los mejores miradores del valle. Ascenso sin problemas.
Dónde alojarse: Refugio en Langidalur, camping; Húsadalur: refugios, habitaciones, camping, restaurante sencillo.
Variante: Salida del refugio de Básar: ¾ h; refugio de Básar – Húsadalur 2 h; es imprescindible informarse sobre la situación de los puentes sobre el Krossá.

Desde el **refugio de Langidalur (1)** vamos por encima de un puentecillo, como señala el indicador, y subimos a la derecha de una canal y en dirección oeste por un camino con escalones no demasiado empinado. Tras un tramo llano, desde donde ya podemos disfrutar de unas impresionantes vistas, subimos por una canal más empinada hacia la cumbre de la **Valahnúkur (2)**. Aquí una placa metálica nos ayuda a orientarnos por este maravilloso paisaje. El descenso se realiza por la vereda en dirección noroeste (ya se divisan los refugios de Húsadalur). El camino presenta partes bastante empinadas, pero se encuentra en buen estado y está señalizado; a la altura de una «olla caliente» llegamos al destino intermedio de **Húsadalur (3)** (aquí se puede tomar algo). Como camino de regreso, desde aquí elegimos el ancho camino señalizado por los valles de Húsadalur y Langidalur. Primero subimos hacia el noreste a través de un bosque similar a un parque, nos mantenemos a la derecha (a la izquierda se desvía el sendero Laugarvegur) y por unas escaleras de madera (**Snorrariki**) llegamos a un pequeño collado (4). Desde aquí bajamos por un ancho camino hasta nuestro **punto de inicio (1)**.

Vistas de Þórsmörk desde la Valahnúkur.

4 El volcán subglacial Þórólfsfell

3.30 h

Desde el albergue más auténtico de Islandia hasta el Þórólfsfell

El viaje hasta el albergue pasa por algunas bellas cascadas y, en los últimos kilómetros —aunque se trata de una carretera «normal»—, es muy abrupto y apenas se puede transitar en coche. Como recompensa, el pequeño albergue cubierto de hierba nos regala unas espléndidas vistas del Eyafjallajökull. Desde aquí se puede hacer una ruta con hermosas vistas por el volcán de Þórólfsfell.

Lugar de referencia: Hvolsvöllur, 20 m.
Punto de inicio: Fljótsdalur, albergue, 130 m.
Acceso: En Hvolsvöllur seguimos por la carretera nº 261; los últimos 7 km discurren por una pista de gravilla abrupta.
Desnivel: 450 m.
Dificultad: Ruta sin señalizar, en parte incluso sin camino. El descenso y descenso en el Þórólfsfell discurren por algunos guijarrales.
Dónde alojarse: Albergue Fljótsdalur (tel. 487 8498), los últimos 100 m de subida al albergue solo son aptos para todoterrenos.
Observaciones: No se debe atajar por la pradera por debajo de la granja. El agricultor se lo agradecerá.

Desde el **albergue (1)** (véase la foto pág. 15) bajamos por el camino de acceso o aparcamos nuestro coche en el cobertizo junto al río. Si tenemos suerte, podremos cruzar por un sencillo puente de madera. Después segui-

mos la valla que se aleja de la pista en dirección al corral de ovejas hasta el siguiente puente. Los puentes son arrastrados a menudo e incluso es posible que no estén. El río se puede vadear si su caudal es «normal». Siguiendo un camino vecinal, por delante de algunas casas de vacaciones, llegamos al río Þórólfsá, que también se puede cruzar sin problemas gracias a un **puente peatonal (2)**. Merece la pena echar un vistazo a la garganta. Desde aquí, a la derecha, subimos de golpe 100 m verticales por encima del bor-

Musgo florido (Silene acaulis), al fondo el glaciar Eyjafjallajökull.

de de la garganta. La senda es visible, pero no está señalizada, cruza algunas pequeñas canales y al cabo de 1 h cruza una canal más profunda y se encuentra con una valla, que seguimos en dirección noreste. El paisaje es de lo más variado; la vista alcanza la colorida garganta del Þórólfsá y llega hasta las montañas cubiertas de nieve que se alzan por detrás. Pasados unos 15 min nos dirigimos hacia el Þórólfsfell y subimos sin camino —al principio con poca, luego cada vez con más pendiente— hasta la planicie de la cumbre. Nos mantenemos más a la derecha en dirección a una elevación bien visible (joroba). Cuando llegamos arriba tenemos que caminar otros 500 m por la altiplanicie de la tuya hasta llegar al libro de cumbre, bien protegido en un buzón junto a un **hito (3)**. Alrededor vemos las montañas cubiertas de nieve, solo se nos oculta la vista del valle de Þórsmörk, para lo que tenemos que seguir caminando en dirección este unos 500 m por el borde del volcán subglacial. (Para tener unas vistas mejores de Þórsmörk es preferible la ruta 3.) Regresamos por el mismo camino.

Una variante es el descenso en dirección suroeste a la derecha de una llamativa canal. Sin embargo, este descenso es muy empinado y hay que tener cuidado con la gravilla suelta. No obstante, después de superar el tramo más empinado por aquí también se puede regresar sin problemas en dirección al punto de inicio. En esta ocasión, después del segundo puente continuamos a la izquierda en paralelo a la valla y enseguida volvemos a la carretera y al **albergue (1)**.

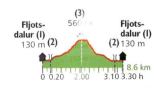

5 — Þakgil: gargantas y glaciares

4.30 h

Desde el camping de Þakgil, con una ubicación espectacular, hasta el imponente borde del glaciar

Al pie del Mýrdalsjökull, bajo el cual descansa el temido volcán Katla, hay un pequeño camping situado en una garganta de piedra toba poblada de vegetación. El viaje de 15 km en coche hasta allí desde Vík ya es toda una experiencia: pasamos por delante de curiosas rocas y disfrutamos de unas magníficas vistas del río glaciar Mulakvisl (última riada glaciar en julio de 2011).

Lugar de referencia: Vík, 15 m. Servicio de autobús en la carretera de circunvalación.
Punto de inicio: Camping de Þakgil, inicio del camino 800 m antes, orográficamente a la derecha, hay una pista para jeeps.
Acceso: Carretera nº 214, desvío a 4 km al este de Vík.
Desnivel: 600 m.
Dificultad: Ruta que en su mayor parte discurre por una pista con partes abruptas y empinadas; el último tramo sin camino por morrenas.
Dónde alojarse: Camping y refugios en el Þakgil; hotel, pensiones y camping en Vík.
Consejo: Desde el camping, pasando por delante de un generador, podemos seguir durante un rato la imponente garganta hasta una bonita cascada.

Desde el **camping (1)** caminamos unos 10 min en dirección a la salida del valle y torcemos a la derecha hacia el primer valle lateral por una pista para jeeps; podemos saltar por encima del arroyo (otra opción es aparcar aquí). Esta pista, que está marcada por unas pocas estaquillas, es la que seguimos durante la mayor parte de la ruta. Nuestro camino pronto asciende en pendiente trazando curvas y más abajo vemos el bonito camping, que como particularidad tiene una cueva con una estufa como sala de descanso.

Por delante de rocas de toba subimos a buen paso por un tramo abrupto; a mano derecha continuamente se nos muestran impresionantes vistas **(2)** de la profunda garganta cubierta de vegetación. Al cabo de aproximadamente 1 h el camino se allana, aquí aún hay pequeños regatos. Pasamos por delante de un desvío señalizado hacia

la montaña panorámica de Mælifell y enseguida divisamos ya las lenguas glaciares.
Antes de las colinas de morrenas la **carretera (3)** se bifurca: a la derecha prosigue la señalización, a la izquierda también hay un trazado, pero nosotros

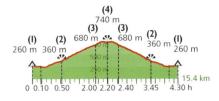

continuamos todo recto por en medio, subimos a la colina y luego nos mantenemos algo a la derecha, pero principalmente conservamos la dirección norte. Finalmente, ante nosotros encontramos un cañón: desde arriba vemos una lengua glaciar rodeada por paredes rocosas por las que se precipitan numerosas cascadas procedentes del **Höfðabrekkajökull**, situado encima. ¡Es difícil que encontremos una vista **(4)** más impresionante de un glaciar!
Para regresar utilizamos el mismo camino. Las vistas, que llegan hasta la costa y abarcan desde las verdes y suaves colinas hasta las altas montañas, también merecen la pena si la visibilidad es buena.

El camino nos regala impresionantes vistas de la profunda y verde garganta de Þakgil.

6 Acantilados de aves en Vík

2.30 h

Fantásticas vistas de la costa y, con algo de suerte, de los frailecillos

La población de Vík es muy popular para hacer noche mientras se recorre la costa sur. No obstante, merece la pena dedicarle un poco de tiempo para conocer su fabulosa costa acantilada. Además, la zona de acantilados de Dyrholey, más conocida, está cerrada entre mayo y junio para proteger a las aves que anidan, así que, si se hace esta ruta en esas fechas, este es un reemplazo perfecto con unas preciosas vistas del mar.

```
              (2)
Vík (I)    150 m    Vík (I)
15 m 220 m          15 m
                            6.9 km
0  0.40  1.20  2.30 h
```

Lugar de referencia: Vík, 15 m.
Punto de inicio: Vík, supermercado.
Acceso: Por la carretera de circunvalación en coche. Servicio de autobús regular desde Reykjavík.
Desnivel: 300 m.
Dificultad: Ruta sencilla, sin embargo los acantilados no tienen protección y son muy peligrosos si hay niebla.
Dónde alojarse: Camping, hotel y albergue en Vík.
Consejo: Los frailecillos se suelen ver solo por la tarde, durante el día están en el mar.

Desde el **aparcamiento (1)** del supermercado en Vík subimos por un camino por encima de la carretera y después atravesamos la población hacia la izquierda hasta que, al final de un callejón (última posibilidad de aparcar), nos topamos con una senda que al rato se encuentra con una pista para jeeps, por la que ahora seguimos. Debido a la gran pendiente de la ladera, no tiene mucho sentido elegir como atajo la senda directa que sube empinada a la izquierda junto a la línea de alta tensión, ya que en la parte superior la senda no es demasiado buena.

Al cabo de 40 min llegamos a la pequeña altiplanicie. A la derecha podemos ver un poste de telecomunicaciones; seguimos por la pista derecha hasta que después de unos 10 min una señalización azul mar-

La costa acantilada de Vík sirve de hogar a muchas aves y ofrece amplias vistas del mar.

cada con unas pocas estaquillas se desvía de esta. Esta senda discurre en dirección sur por una altiplanicie pedregosa, por la que en 30 min llegamos a los **acantilados (2)** cubiertos de hierba. Desde aquí se abre una magnífica vista hacia el oeste por encima de la laguna de Dyrhólaós.

Ahora el camino sigue a lo largo de la costa acantilada en dirección este y pronto podemos disfrutar de unas fabulosas vistas de los dientes rocosos de Reynisdrangar emergiendo del mar. El camino rápidamente vuelve a discurrir en dirección norte y primero va en paralelo a los acantilados para después apartarse del cortado y dirigirse tierra adentro. A la izquierda se alza el poste de telecomunicaciones, pero el camino pasa a su derecha.

El descenso hasta **Vík (1)** se hace como el ascenso, por la pista para jeeps.

7 Montaña panorámica de Bláhnúkur, 945 m

2.15 h

Por la colorida garganta de Grænagil a la mejor montaña panorámica

Vistas desde la popular cumbre panorámica de la Bláhnúkur, las faldas de liparita teñidas de rojo, amarillo y hasta verde azulado caracterizan el impresionante paisaje que rodea Landmannalaugar, contrastando con los neveros incluso en verano. Su origen geológico es el volcán central Torfajökull, que se divisa al sur detrás de la cima del Skalli y dio lugar al mayor yacimiento de riolitos de Islandia.

Lugar de referencia: Hella, Kirkjubæjarklaustur, situada en la carretera de circunvalación.
Punto de inicio: Camping o refugio en Landmannalaugar, 600 m.
Acceso: A Landmannalaugar también se puede llegar en coche por la (F) 208 desde el norte. Si se alquila un coche hay que prestar atención a las cláusulas correspondientes. No obstante, solo los vehículos 4x4 pueden recorrer la pista que pasa por delante del Eldgjá. Justo delante del camping encontramos un vado; de todas maneras hay un aparcamiento antes. En verano hay un servicio de autobús diario desde Reykjavík hasta Skaftafell que pasa por Landmannalaugar (ruta guiada que podemos interrumpir o hacer algunos trayectos).
Desnivel: 390 m.
Dificultad: Breve tramo empinado en el descenso; camino bien acondicionado.
Dónde alojarse: En Landmannalaugar: refugio de «Ferðafélag Íslands» (115 camas) con guarda o camping sencillo. En verano se pueden hacer compras y tomar tentempiés.
Variante: Se puede combinar con la ruta 8 a la Brennisteinsalda.

Desde el **camping (1)** seguimos los indicadores, caminamos directamente por el borde del campo de lava en dirección sur y cruzamos el arroyo por un **puente (2)**. A continuación, justo a la derecha comienza el ascenso —al principio empinado— por la roca verdosa que ha dado su nombre a la garganta. Por lo general el ascenso presenta una pendiente moderada, nos conduce hasta una antecima, prosigue por la cresta y sube en zigzag la mayoría de las veces. Las vistas son impresionantes, sobre todo si miramos hacia el sur, a los valles fluviales del Brandsgil y el Jökulgilskvisl. Finalmente, en la cumbre de la **Bláhnúkur (3)** una placa nos ayuda a orientarnos por el laberinto de montañas que nos rodean.

Desde la cumbre bajamos por un camino bien visible en dirección oeste y nos mantenemos siempre por la cresta. Ignoramos la vereda que se desvía a la derecha, ya que es mucho más empinada. Desde la cresta llegamos a un collado, desde el cual el camino discurre suavemente por la falda de la Bláhnúkur, aunque aquí —dependiendo de la época del año— hay que cruzar algún nevero. Disfru-

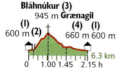

Vistas del Laugahraun desde la Bláhnúkur.

tamos de las bonitas vistas de la colorida garganta, las solfataras y una cascada. Solo los últimos metros del camino bajan en pendiente hacia **Grænagil (4)**, donde nos encontramos con una señalización de estaquillas amarillas. Seguimos la señalización cruzando el arroyo (hay piedras para pasar) y subimos ligeramente hasta el campo de lava.

A la altura de un indicador nos mantenemos a la derecha, de nuevo en dirección a Grænagil. La señalización, ahora blanca, va primero subiendo y bajando por la lava para luego atravesar la garganta por un cómodo camino, en cuyo final termina nuestro recorrido.

8 Brennisteinsalda: la montaña más colorida, 881 m

2.15 h

Un «clásico» para todo aquel que quiera llevarse una primera buena impresión de Landmannalaugar

La zona de volcanes activos del Fjallabak no solo es el origen de las fuentes termales situadas junto al refugio, sino también de las numerosas y coloridas solfataras al pie de la «montaña ardiente». Esta ruta circular se caracteriza sobre todo por la diversidad de tonalidades. Comienza con el verde de la garganta de Grænagil y la negra corriente de lava de obsidiana, cuya última erupción se remonta al s. XVI y llega hasta el camping, y sigue con el rojo, amarillo y blanco de las montañas de alrededor.

Lugar de referencia: Hella, Kirkjubæjarklaustur, situada en la carretera de circunvalación.
Punto de inicio: Camping o refugio en Landmannalaugar, 600 m.
Acceso: También se puede llegar en coche por la (F) 208 desde el norte. Si se alquila un coche hay que prestar atención a las cláusulas correspondientes. No obstante, solo los vehículos 4x4 pueden recorrer la pista que pasa por delante del Eldgja. Justo delante del camping encontramos un vado; de todas maneras hay un aparcamiento antes. En verano hay un servicio de autobús diario desde Reykjavík hasta Skaftafell que pasa por Landmannalaugar (ruta guiada que podemos interrumpir o hacer algunos trayectos).
Desnivel: 300 m.
Dificultad: Breve tramo empinado en el descenso; camino bueno y cómodo.
Dónde alojarse: En Landmannalaugar: refugio de «Ferðafélag Íslands» (115 camas) con guarda o camping sencillo. En verano se pueden hacer compras y hay un kiosko.
Variante: Se puede combinar con la ruta 7 a la Bláhnúkur y/o con la ruta 10 a la Suðurnámur.

Vista de las coloridas faldas hasta la Bláhnúkur desde la cumbre de la Brennisteinsalda.

Desde el **camping (1)** junto al refugio seguimos la señalización hacia el sur en dirección a Grænagil. Ante nosotros vemos relucir las capas de roca verde. Continuamos por la garganta hasta que el camino, bien señalizado en blanco, sale de ella y se retuerce por el escabroso campo de lava. Al mismo tiempo nos dirigimos directamente hacia las **solfataras (2)** al pie de la Brennisteinsalda, la «montaña ardiente». Aquí nos encontramos con el «Laugarvegur» (señalizado en rojo), por el que ahora seguimos cuesta arriba, a veces por escalones. Una y otra vez se nos muestran fascinantes vistas de zonas humeantes de color amarillo azufre. Tras un breve ascenso algo más empinado llegamos al collado situado entre la cima y el campo de lava, aquí nos mantenemos a la derecha («Brennisteinsalda/Vondugil») y seguimos una señalización de estaquillas verdes. Pasando por un terreno de gravilla compacta de riolita, en unos 10 min subimos con una pendiente moderada hasta la cima de la **Brennisteinsalda (3)**, desde la que disfrutamos de una buena panorámica.

A partir de aquí el descenso va siguiendo las estaquillas, primero en dirección oeste, luego en dirección norte. El camino se transita bien y podemos disfrutar de las fascinantes vistas de la peculiar y colorida garganta de Vondugil, situada más abajo a mano izquierda. Solo los últimos metros de bajada hacia el valle del Namskvisl son más empinados y un poco resbaladizos. Desde aquí vamos por terreno llano hacia la salida del valle (dirección este) y a lo largo de otras vistosas montañas situadas detrás de praderas de cardos lanudos. Pronto volvemos a encontrarnos con el Laugarvegur, por el que ahora seguimos en la misma dirección a través del campo de lava hasta que bajamos a nuestro **punto de inicio (1)**.

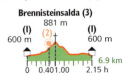

9 Zona termal de Hrafntinnusker

8.00 h

Ruta exigente hasta una de las zonas termales más fascinantes de Islandia

Esta ruta, larga y dura, nos lleva hasta una montaña de obsidiana y la zona situada detrás de ella, con innumerables fuentes termales, solfataras, agujeros de barro, cuevas de hielo e incluso un géiser. Para poder realizar esta larga excursión es imprescindible contar con buen tiempo.

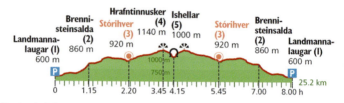

Punto de inicio: Refugio o camping en Landmannalaugar. Véase el acceso y el Lugar de referencia en la ruta 7.
Desnivel: 1.300 m.
Dificultad: Ruta larga, en la zona termal no debemos acercarnos mucho a las solfataras, fuentes de vapor o agujeros de barro, ya que hay peligro de hundimiento. Neveros. Aunque el camino está bien señalizado, orientarse puede ser difícil con niebla.
Dónde alojarse: Refugio y camping en Landmannalaugar, refugio con 36 camas (normalmente ya reservadas) en Hrafntinnusker, zonas de acampada.

La zona de fuentes termales situada delante de la cueva de Ishellir, parcialmente hundida.

Desde **Landmannalaugar (1)** subimos por el sendero Laugarvegur hasta el collado situado junto a la **Brennisteinsalda (2)**. Aquí proseguimos por el ancho camino en dirección a Hrafntinnusker. Al cabo de unas 2 h (buen mirador, después hay un desvío al Skalli) el camino va bajando gradualmente con algunas subidas y bajadas hasta un arroyo con una fuente termal —**Stórihver (3)**— solfataras y un pozo de azufre. Un ascenso muy empinado pero corto nos lleva por el último tercio del camino. A partir de aquí cruzamos neveros con frecuencia. Después de un collado bajamos hasta el refugio. A partir de aquí hay una señalización con estaquillas hasta la zona termal que se desvía a unos 100 m de la pista para jeeps en dirección noroeste. Desde el collado también podemos ir en dirección oeste por delante de un hito alto para enseguida encontrarnos con la señalización (flecha: «Ishellir»), que nos conduce a la altiplanicie del **Hrafntinnusker** (**4**; 1.140 m). Desde el llamativo hito de la cima disfrutamos de una impresionante panorámica. Una zona termal se extiende por la parte occidental del valle. Du-

rante el descenso hay que cruzar un nevero; nos mantenemos todo recto siguiendo la señalización de estaquillas, a la izquierda hay un cortado y grietas. Una empinada vereda baja hasta la **cueva de hielo (5)**, parcialmente hundida (es peligroso entrar), delante de la cual humean las fuentes termales y solfataras.

10 Suðurnámur: recorrido panorámico

3.00 h

Desde las pedregosas superficies del Namskvisl hasta un recorrido por la cresta pródigo en vistas pasando por coloridas laderas de riolita

Este recorrido circular, todavía no muy frecuentado, nos ofrece una buena impresión general del paisaje que rodea a Landmannalaugar: desde el Laugahraun o los terrenos de cardos lanudos y gravilla del Namskvisl hasta la cima del Suðurnámur, desde donde podemos divisar el lago Frostastaðavatn hasta el Hofsjökullal norte, el río glaciar Jökugilskvisl al este y las coloridas montañas detrás del camping hasta el Torfajökull al sur.

Lugar de referencia: Hella, Kirkjubæjarklaustur, situada en la carretera de circunvalación.
Punto de inicio: Camping o refugio en Landmannalaugar, 600 m.
Acceso: A Landmannalaugar también se puede llegar en coche por la (F) 208 desde el norte. Si se alquila un coche hay que prestar atención a las cláusulas correspondientes. No obstante, solo los vehículos 4x4 pueden recorrer la pista que pasa por delante del Eldgja. Justo delante del camping encontramos un vado; de todas maneras hay un aparcamiento antes. En verano hay un servicio de autobús diario desde Reykjavík hasta Skaftafell que pasa por Landmannalaugar (ruta guiada que podemos interrumpir o hacer algunos trayectos).
Desnivel: 420 m.
Dificultad: Caminos bien señalizados, cruces de arroyos sin dificultad, algunos ascensos y descensos más empinados.
Dónde alojarse: En Landmannalaugar: refugio de «Ferðafélag Íslands» (115 camas) con guarda o camping sencillo. En verano se pueden hacer compras y hay un kiosko.
Variante: Se puede combinar con el cruce de la Brennisteinsalda (ruta 8).

La ruta comienza junto al aparcamiento **(1)** situado delante de **Landmannalaugar** y discurre por delante del refugio por el sendero Laugarvegur en di-

Fascinantes vistas del curso ramificado del río Jökulsákvisl.

rección a Hrafntinnusker. Después del primer ascenso breve y de atravesar el campo de lava de Laugahraun llegamos al valle del Namskvisl. Aquí la señalización se desvía a la derecha hacia Vondugil y Háalda. Siguiendo las estaquillas blancas nos adentramos en el valle y nos dirigimos hacia una bonita cascada pasando por zonas de gravilla. También tenemos que cruzar varios arroyos **(2)**, aunque si hay poca agua esto puede hacerse sin problemas con ayuda de las piedras. Disfrutamos de unas impresionantes vistas de las coloridas gargantas, en las que también hay fuentes termales humeantes, antes de subir por una loma con cada vez más pendiente dejando a la izquierda la cascada. Pronto el terreno se allana y, en un collado, llegamos a un cruce de caminos en el que nos dirigimos a la derecha hacia Suðurnámur y seguimos la señalización de estaquillas rojas. Después de otro fuerte ascenso por un camino zigzagueante bien acondicionado llegamos a la cresta. Continuamos por ella en dirección este superando una leve contrapendiente hasta la cima del **Suðurnámur (3)**, señalizada por un hito. Las vistas son fabulosas, aunque desde la antecima que la sigue, quizás sean incluso mejores. A continuación viene un descenso más largo de pendiente media. Tras una hondonada, desde la que podemos divisar una peculiar y colorida garganta al norte, superamos un ascenso suave por una colina con pradera que también nos regala unas bonitas vistas **(4)**. Desde esta cima el camino baja —al principio empinado y después en llano— y llega a la carretera junto a un campo de lava. Seguimos por la carretera a la derecha, cruzamos los puentes peatonales y regresamos al **camping (1)**.

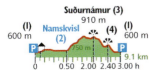

11 Kirkjubæjarklaustur

Agradable ruta circular al «suelo de iglesia de basalto»

El casi impronunciable nombre de Kirkjubæjarklaustur recuerda que el pueblo fue fundado por monjes irlandeses y que en su día hubo un monasterio. El principal monumento del lugar es —a pesar de su nombre— de origen natural: el «suelo de iglesia» está formado por columnas uniformes de basalto.

El llamado «suelo de iglesia» de basalto.

Lugar de referencia: Kirkjubæjarklaustur, 50 m.
Punto de inicio: En el extremo occidental de Kirkjubæjarklaustur. Antes del Kaffi Munkar (aquí se puede aparcar) a la derecha hay un área recreativa al pie de la cascada, el camino empieza aquí.
Acceso: Servicio de autobús en ambas direcciones (Reykjavík – Höfn) por la carretera de circunvalación.
Desnivel: 125 m.
Dificultad: Ascenso empinado con escalones, descenso con pendiente moderada. Camino agradable y bien acondicionado en general.
Dónde alojarse: Camping, pensiones y hoteles en Kirkjubæjarklaustur.

Por encima del área recreativa, cerca de la **cafetería Munkar (1)** pasamos por delante de grandes peñascos hasta llegar a la cascada Systrafoss, que apenas se ve debido a los densos arbustos. A su izquierda (orográficamente a la derecha) la vereda, bien acondicionada y señalizada con estaquillas, sube por el bosque con bastante pendiente al principio. Tras superar 80 m de altura llegamos a una altiplanicie con hierba en la que se encuentra el lago **Systravatn (2)**. Los días despejados, desde aquí la vista alcanza hasta el Vatnajökull y Nýja-Eldhraun. Ahora la senda discurre en dirección norte-noreste unos 1,5 km a lo largo del acantilado.

El descenso comienza junto a una pared basáltica con bonitas formaciones. Bajamos en zigzag por el buen camino hasta antes de un bosquecillo, por el que pasamos a

El camino sube a la izquierda de la cascada.

la derecha. Tras salvar una valla por una escalera llegamos al amplio camino, que nos conduce hasta el famoso **Kirkjugólfið (3)**, el «suelo de iglesia». Por un cómodo camino por la pradera proseguimos todo recto hasta la carretera, la cruzamos a la altura de una gasolinera y continuamos por un camino peatonal y de herradura, que nos lleva hacia el suroeste entre la carretera y el río Skafta. Junto a la piscina torcemos de nuevo hacia la carretera del pueblo y regresamos a nuestro **punto de inicio (1)**.

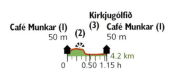

12 — Recorrido por cascadas en el Parque Nacional de Skaftafell

2.00 h

Bonita y breve ruta hasta la cascada Svartifoss, rodeada de columnas basálticas, y hasta una granja histórica

Svartifoss es uno de los pocos lugares de Islandia en los que a veces puede haber mucho barullo, aunque los grupos desaparecen tan rápido como llegan, de modo que también se puede disfrutar de esta joya natural con total tranquilidad. Además, este recorrido es una variante a la más frecuentada.

Lugar de referencia: Parque Nacional y camping de Skaftafell, 100 m, abierto del 1 de mayo al 30 de sept. Parada de autobús en el tramo Reykjavík – Höfn.
Punto de inicio: Centro de información; el camino, señalizado desde allí, comienza más o menos en el centro del camping.
Acceso: Ctra. nº 1; servicio de autobús.
Desnivel: 180 m.
Dificultad: Ruta fácil.
Dónde alojarse: Camping en el PN de Skaftafell; hotel, alojamiento en casas particulares y refugios en los alrededores.

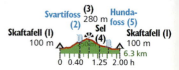

Desde el **centro de información (1)** del camping de Skaftafell el ancho camino, bien acondicionado con escalones, sube hasta la **Svartifoss (2)** por delante de la Hundafoss. La cascada, rodeada por espectaculares columnas basálticas —algunas de ellas colgantes—, es uno de los lugares más fotografiados del Parque Nacional. Estas columnas se forman cuando una corriente de lava se enfría, lo que hace que se originen grietas de contracción. La capa superior está formada en su mayoría por columnas irregulares («falsos órganos de lava»), y la inferior, por columnas casi perfectas consideradas «auténticos órganos de lava». Desde aquí cruzamos el arroyo y subimos hasta el mirador de **Sjónarsker (3)**. Aquí bajamos por una pista tosca, pero no torcemos hacia el sendero, sino que seguimos la señalización hacia **Sel (4)**. El edificio de toba, que data de 1920 y se conserva en buen estado, estuvo habitado hasta mediados del s. XX. Aunque no está amueblado, nos permite hacernos una clara idea de las condiciones de vida de aquella época. Continuamos cuesta abajo por el camino hasta un cruce de caminos. Aquí torcemos por un camino peatonal que prosigue a lo largo de la orilla derecha (orográficamente) del arroyo Stórilækur. Entretanto podemos disfrutar de hermosas vistas de las cascadas **Hundafoss (5)** y Þjófafoss. Por un puente peatonal regresamos finalmente por el cómodo camino al camping y, por este, al **centro de información (1)**.

La Svartifoss se precipita por columnas de basalto colgantes.

13 *Morsárdalur*

4.00 h

Ruta circular por amplios terrenos pedregosos hasta una fuente termal y una zona boscosa rica en vegetación

Esta ruta nos permite hacernos una idea de las particularidades ecológicas de Skaftafell. El suave clima de la zona fomentó su pronta colonización: Skaftafell no solo fue una granja, sino también un lugar de reunión. Además de abedules y serbales también crecen campanillas, geranios de bosque y auténticas angélicas. La variedad de insectos también es grande, incluso hay mariposas.

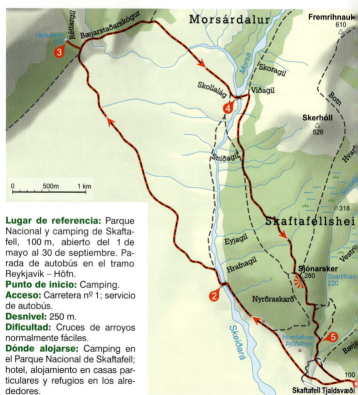

Lugar de referencia: Parque Nacional y camping de Skaftafell, 100 m, abierto del 1 de mayo al 30 de septiembre. Parada de autobús en el tramo Reykjavík – Höfn.
Punto de inicio: Camping.
Acceso: Carretera nº 1; servicio de autobús.
Desnivel: 250 m.
Dificultad: Cruces de arroyos normalmente fáciles.
Dónde alojarse: Camping en el Parque Nacional de Skaftafell; hotel, alojamiento en casas particulares y refugios en los alrededores.

El Morsá ha movido grandes cantizales, un puente cruza el río de orilla a orilla.

Desde el **centro de información (1)** caminamos por un cómodo sendero pedregoso hasta el extremo noroeste del camping. En el lugar donde los otros caminos (Svartifoss, acceso a Sel) tuercen a la derecha, nosotros proseguimos de frente; una señalización con estaquillas es muy clara. Después de una pradera llegamos al final de la carretera de acceso (aquí todavía se puede aparcar); ahora el sendero se mantiene por el borde de la falda y está acondicionado con tablones y escalones. En cuanto volvemos a encontrarnos con la pista ya no falta mucho para llegar al puente sobre el **Morsá (2)**. Seguimos otros 100 m por la pista y después torcemos hacia el oeste por otra pista, el camino está señalizado con claridad. Primero discurre por esta pista y luego por un cauce de río seco, donde incluso se ha hecho una senda. Resulta fascinante contemplar las distintas piedras y formas de erosión. Al cabo de 1 h larga por un paisaje que a veces parece un desierto, la vegetación vuelve a aparecer con lupinos y matas de abedul. Llegamos al final temporal de la señalización en la desembocadura de la garganta de Vestragil, hacia la que nos dirigimos. A la izquierda, una senda estrecha —aunque bien visible— con tramos muy cenagosos sube por la ladera. Esta nos lleva hasta una diminuta «**olla caliente**» **(3)** con unas vistas excepcionales. Tras una reposada pausa bajamos de nuevo y cruzamos el cauce del arroyo y el siguiente en dirección este, para lo cual las piedras nos sirven de ayuda.

La segunda garganta con bonitos peñascos

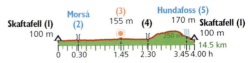

se llama Réttargil. Desde aquí una senda bien visible y señalizada atraviesa, entre una valla y la falda, el bosque de Bæjarstaðarskógur, que tiene árboles de hasta 20 m de altura. A continuación regresamos por gravilla al río glaciar y disfrutamos de unas magníficas vistas del Morsárjökull. Después del **puente (4)** el camino todavía traza una pequeña curva hacia la izquierda, aquí hay un desvío que prosigue en dirección al glaciar. Nosotros nos mantenemos a la derecha y subimos durante aproximadamente ½ h con una pendiente moderada acompañados de preciosas vistas de la llanura fluvial, más abajo. A continuación el terreno se allana y por una altiplanicie con mucha vegetación llegamos al mirador de Sjónarsker (también se puede rodear por la derecha), desde donde —también se podría hacer con un desvío a la Svartifoss— bajamos hasta el **camping (1)** por delante de la **Hundafoss (5)**.

El valle glaciar situado ante el Morsájökull se caracteriza por su abundante vegetación.

6.45 h

Kristínartindar, 1.126 m **14**

Ascenso a la cumbre entre glaciares

Las cumbres de Kristínartindar se elevan hacia el cielo entre las lenguas glaciares del Vatnajökull y nos regalan unas vistas espectaculares de las montañas de alrededor y sus enormes arenales. Desde el mirador de Sjónarnípa difrutamos de unas vistas de ensueño de la montaña más alta de Islandia, la Hvannadalshnúkur, que domina majestuosamente el Skaftafellsjökull.

Lugar de referencia: Parque Nacional y camping de Skaftafell, 100 m, abierto del 1 de mayo al 30 de sept. Parada de autobús en el tramo Reykjavík – Höfn.
Punto de inicio: Camping, inicio del camino en medio del camping.
Acceso: Por la carretera nº 1; servicio de autobús.
Desnivel: 1.100 m.
Dificultad: Ruta larga con un ascenso empinado por un camino visible con piedras sueltas; se requiere caminar con seguridad.
Dónde alojarse: Camping en Skaftafell, hotel en los alrededores.

Desde el **centro de información (1)**, primero seguimos el letrero «Svartifoss» y caminamos a lo largo del borde del camping. Después de la primera curva del ascenso nuestra senda ya se desvía a la derecha en dirección a «Sjórnarnípa». Esta discurre por la ladera, primero en llano y después con más pendiente, a través del bosque de abedules y está bien acondicionada con escalones. Por un brezal despejado llegamos, tras algunas curvas, al mirador de **Sjórnarnípa (2)**, con vistas a la lengua glaciar decreciente. Desde aquí proseguimos en dirección norte con una pendiente de ligera a moderada y en aproximadamente otra hora larga nos encontramos con el mirador de **Gláma (3**; 650 m), con impresionantes vistas. Ante nosotros, en

Senderistas en la meseta de Skaftafellsheidi delante de la Hvannadalshnúkur, la cumbre más alta de Islandia.

Después de la cima (en primer plano) la cresta se vuelve infranqueable.

dirección norte, se alza una montaña con dos prominentes picos. Una senda bien reconocible se desvía hasta allí desde el camino principal. El camino sube brevemente en pendiente por una canal, luego (hito) se dirige hacia la derecha por la ladera. Al final del tramo más llano hay un mirador sobre una **garganta (4)** con rocas de muchos colores. Poco antes el camino de ascenso va directamente cuesta arriba y a continuación cruza la ladera por encima de esta garganta. Aunque es ancho, es necesario caminar con seguridad. Tras este escarpado tramo ya divisamos el collado entre la antecima y la cumbre principal. El camino discurre por el flanco de la cumbre más baja hasta este collado (hito). Desde aquí subimos directamente por una senda bien batida, pero pedregosa; el ascenso es menos complicado de lo que parece y, después del primer tramo, el camino también mejora. Por la cresta enseguida llegamos a nuestro destino, la cumbre del **Kristínartindar (5**; 1.126 m). Desde aquí podemos disfrutar de unas maravillosas vistas de las montañas de alrededor, las lenguas glaciares y los arenales. Aquí podemos apreciar el poder de las riadas glaciares del Skeiðará. La última erupción del Grimsvötn en 1996 hizo fluir 3,5 km^3 de agua de glaciar (aprox. cada 5 años se producen riadas glaciares más pequeñas).

El descenso se realiza por el mismo camino hasta el collado, donde nos mantenemos a la derecha y seguimos hacia abajo la senda marcada a través del circo glaciar hasta el camino principal. Aquí podemos calmar la sed en un arroyuelo; las verdes praderas nos invitan a descansar. Un ascenso bastante breve nos conduce hasta el mirador de **Nyrðrihnaukur (6)**, las mejores vistas del glaciar colgante de Morsá y de las coloridas montañas del Kjós se tienen algo al norte del camino señalizado. A continuación el camino, a veces algo empinado, baja pasando por delante de pintorescas charcas con cardos lanudos hasta el mirador de **Sjónarsker (7)** y regresa al **camping (1)**.

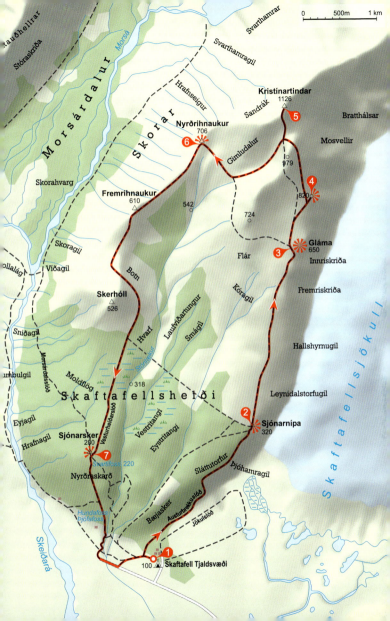

15 Montañas de liparita en la garganta de Hvannagil

2.30 h

Exigente ruta por coloridas montañas de escombros

El solitario paisaje de la cuenca hidrográfica del Jökulsá i Lóni les resulta especialmente fascinante a los senderistas interesados en la geología. La liparita o la riolita es lava con una gran parte de ácido silícico, que origina una coloración clara. En las amplias laderas de escombros encontramos escoria amarilla (azufre), roja (hierro) o blanca (cristales de yeso).

Lugar de referencia: Stafafell, Höfn.
Punto de inicio: A aprox. 1 km al oeste de Stafafell, antes del puente una pista discurre por el lado izquierdo (orográficamente) del Jökulsá (letrero: «Grænahlið») pasando por delante de algunas casas de vacaciones; después de unos 3 km se puede aparcar en los terrenos de gravilla antes de un puentecillo.
Acceso: Por la carretera de circunvalación; servicio de autobús desde Höfn y Egilsstaðir hasta Stafafell.
Desnivel: 200 m.
Dificultad: Ruta sin señalizar en su mayor parte, cruces de arroyo, orientarse es difícil si hace mal tiempo.
Dónde alojarse: Camping y albergue en Stafafell.
Variante: Desde Stafafell un camino señalizado llega hasta un mirador por encima de la garganta de Raftagil y desde allí sigue hasta la de Hvannagil, en la que se desvía. Allí puede que sea necesario vadear varias veces el arroyo. El regreso por la pista desde las casas de vacaciones hasta Stafafell dura aproximadamente 5 km; esta ruta tiene en total 13 km de longitud.

La ruta circular también nos lleva hasta un pequeño lago.

Junto al **puente (1)** subimos la garganta de Raftagil por el lado derecho (orográficamente) del arroyo. En el lugar donde la otra orilla se allana, merece la pena cruzar el arroyo para evitar las densas matas de abedules. Una senda visible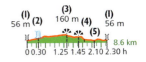
se reconoce perfectamente. Al cabo de ½ h el valle se vuelve más rocoso y angosto, pasamos por un muro doble de basalto y, tras una curva, aparece una llamativa aguja de roca. Aquí nos mantenemos por la orilla izquierda (orográficamente) y seguimos por una ladera de guijarros (vereda). En cuanto divisamos una **cascada (2)**, cruzamos de nuevo el arroyo. A continuación subimos la ladera por la izquierda (pequeños hitos, vereda).

Ahora llegamos a un valle alto (Seldalur), por el que caminamos en dirección noroeste en paralelo al arroyo; para ello hay una senda la mayoría de las veces. Delante nos sorprende una panorámica de coloridas montañas de liparita; a la derecha se distingue una garganta con cascada. En cuanto el cauce del arroyo se allana, en la otra orilla (orográficamente a la izquierda) vemos una señalización de estaquillas y pasamos a este camino bien visible, que nos lleva directamente a unos buenos miradores desde los que podemos contemplar la **garganta de Hvannagil (3)** con sus vistosos colores. La señalización lleva a la garganta, pero nosotros caminamos por el borde de

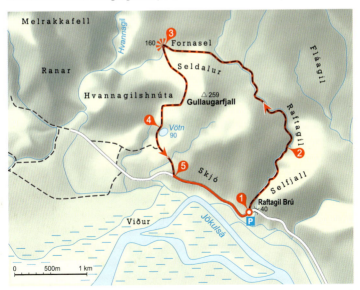

La silene crece también en los escombros, aquí delante de la garganta de Hvannagil.

la misma en dirección sur y eludimos las canales que conducen hacia abajo. A continuación subimos a una cima, desde la que podemos disfrutar de unas impresionantes vistas del magnífico escenario montañoso, los numerosos brazos del Jökulsá y sus vastos arenales y un pequeño lago.

A este llegamos manteniéndonos a la derecha en dirección al valle. Podemos bajar por terrenos pedregosos más empinados en la primera canal después de la cima o trazar una curva para encontrar una bajada algo más llana. Por la orilla derecha del **lago (4)** enseguida llegamos a una senda y después a una pista a lo largo del desagüe. En un cruce de caminos proseguimos en dirección sur por una pista, subimos un poco, continuamos de frente en el collado, bajamos en paralelo a la verja de una casa de vacaciones a través de un bosque de abedules y pronto nos encontramos con la carretera de gravilla **(5)**, por la que en unos 20 min regresamos al aparcamiento junto al **puente (1)**.

Las profundas gargantas se han excavado en el colorido material de escombros.

1.40 h

Por el bosque de Hallormsstaður 16

Tres entretenidas rutas por la mayor región boscosa de Islandia

Dos rutas circulares atraviesan distintas zonas boscosas por caminos cómodos y anchos, la tercera caminata sube por un variado camino hasta una cascada.

Lugar de referencia: Egilsstaðir, 80 m.
Punto de inicio: Hotel Hallormsstaður o aparcamiento en la carretera nº 931.
Acceso: Carretera nº 931.
Desnivel: Ruta (en el mapa: «Tour») circular 1: 120 m; ruta circular 2: 200 m; ruta 3: 150 m.
Dificultad: Fácil.

Dónde alojarse: Hotel y camping en Hallormsstaðu.
Consejo: En la carretera nº 931 hay una senda didáctica forestal (Trjasafn) señalizada a aprox. 1 km después del hotel en dirección SO. Aparcamiento al lado derecho de la carretera. Es perfecta para conocer la vegetación islandesa.

63

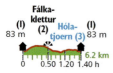

1er recorrido (3 km) por el bosque a orillas del Hafursá: el punto de inicio es el aparcamiento **(1)** situado más al norte del bosque, donde empieza una señalización con estaquillas amarillas. Vamos siempre subiendo ligeramente, después de 900 m un letrero (Útsynnisstaður) señala hacia la izquierda, hacia dos miradores **(2)** sobre pequeñas rocas por encima del río Hafursá que también sirven para descansar y reponer fuerzas. Si después de esta escapada continuamos con el recorrido, después de que el camino regrese en dirección al lago, llegamos a un banco **(3)** en una pradera forestal. Bajamos atravesando el precioso bosque —una vez bruscamente hacia la izquierda, luego todo recto hasta la carretera— por una senda y por último, subiendo de nuevo, regresamos al aparcamiento **(1)** (1 h en total).

2º recorrido por una zona boscosa (hacia el norte): desde el hotel **Hallormsstaður (1)** regresamos unos 100 m por la carretera y torcemos a la derecha hacia Husstjornasskóli (se pueden hacer rutas a caballo). A partir de aquí el camino está señalizado con estaquillas de color turquesa, azul y naranja. El camino atraviesa el bosque en continuo ascenso, a los 25 min se divide y nosotros seguimos la señalización azul (izda.). Ahora volvemos a bajar levemente, a la izquierda hay un idílico estanque escondido en el bosque. En el punto donde emprendemos el regreso, un banco nos invita a descansar junto al mirador de **Fálkaklettur (2)**. A continuación el camino regresa hacia la izquierda y baja zigzagueando suavemente hasta antes de la línea eléctrica. Aquí nos mantenemos de nuevo a la izquierda y subimos otra vez por curvas, entretanto a la izquierda se nos muestran unas estupendas vistas del estanque de **Hólatjoern (3)** (indicador) antes de que el recorrido termine después de aproximadamente 1½ h.

3er recorrido breve hasta una cascada situada por encima de Hallormsstaður (1) (hacia el sur): la señalización de estaquillas blancas comienza entre el campo de deportes y la piscina al aire libre. Subimos en pendiente y, junto a una bifurcación del camino, nos mantenemos a la derecha. El camino discurre en paralelo a un cortado rocoso, después atraviesa de nuevo el bonito bosque y sube por una entretenida cresta con varios tramos con más pendiente. De repente nos encontramos en una profunda garganta en la que

ruge la cascada de **Lambafoss (2)**. Para el regreso elegimos la senda a lo largo de la garganta, también señalizada con estaquillas blancas. Después de una roca con bonitas vistas de las instalaciones del hotel y del lago, continuamos brevemente hacia la izquierda, pero enseguida bajamos en pendiente por la derecha. Hay un tramo por

Descanso en un idílico estanque del bosque cerca de Hallormsstaður.

una pradera que puede ser cenagoso, después el circuito acaba y no tardamos en volver a nuestro **punto de inicio (1)**. Variante: podemos seguir la señalización cuesta arriba para disfrutar de las vistas.

17 — A la Strútsfoss

2.30 h

Una de las cataratas más altas de Islandia con una solitaria ubicación

Por buenos caminos en su mayor parte, llegamos a un mirador sobre la profunda garganta hacia la que se precipita la imponente cascada.

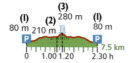

Lugar de referencia: Egilsstaðir, 80 m.
Punto de inicio: Sturluflöt, aparcamiento junto a la última granja en Suðurdalur.
Acceso: Carretera nº 931 – 933 – 935.
Desnivel: 250 m.
Dificultad: Antigua pista y ascenso de dificultad media y sin camino, pero señalizado con estaquillas.
Dónde alojarse: Hotel y camping en Hallormsstaður junto a Vegarður Gestastofa.
Consejo: En la carretera 933 se encuentra el Snæfellsstofa con información sobre el Parque Nacional, Striðuklaustur con la casa histórica del poeta Gunnar Gunnarsson (café con almuerzo tipo bufé y pasteles variados) y el centro de visitantes de Landsvirkjun con información sobre la presa.

Desde el **aparcamiento (1)** señalizado antes de la última granja seguimos el letrero de la senda, que señala en dirección al río. Después de cruzar un arroyo (piedras), el camino discurre río arriba trazando una amplia curva alrededor de la

Un camino ancho al principio y también esporádicamente señalizado nos lleva a la Strútsfoss.

granja. Seguimos una señalización con estaquillas rojas, ignoramos el puente sobre el río y continuamos todo el rato por la vieja pista, que se adentra en el valle por la derecha (orográficamente) del río. Tras el primer ascenso, algo tosco y pedregoso, el terreno se vuelve más suave, incluso vamos un poco cuesta abajo. Mientras atravesamos bonitas praderas podemos disfrutar de las vistas de los valles, donde solo pastan ovejas, hasta que llegamos a un **gran hito (2)**. Desde aquí ya se distingue bien la cascada al final de la garganta.

Aquí tampoco necesitamos el puente, ya que la señalización nos conduce ahora con más pendiente montaña arriba. Para ello pronto tenemos que buscar nuestro camino por nosotros mismos, y es que la senda solo se reconoce de cuando en cuando. Una y otra vez aparecen miradores hasta que la señalización se acaba **(3)**. Por la parte izquierda también se precipita una cascada; la garganta que tenemos ante nosotros no se puede transitar, pero la vista hacia abajo es grandiosa. Altas paredes de roca se alzan a la derecha; la cascada de **Strútsfoss** cae por piedra roja hacia la oscuridad, donde se pulveriza.

Tras disfrutar de este espectáculo regresamos por el mismo camino deleitándonos con la vista del río glaciar y los solitarios valles.

18 Hengifoss

1.45 h

Ascenso por cascadas entre columnas de basalto

Una de las maravillas naturales más impresionantes de los alrededores de Egilsstaðir es Hengifoss que, con una caída de 118 m, es la tercera cascada más alta de Islandia.

Lugar de referencia: Egilsstaðir, 80 m.
Punto de inicio: En la carretera nº 931, a unos 30 km viniendo desde Egilsstaðir, en la orilla noroeste del lago Lögurinn hay un aparcamiento con una caseta con WC y un panel orientativo.
Acceso: Después de Hallormsstaður en dirección suroeste, un puente cruza el lago y luego giramos a la izquierda.

Desnivel: 255 m.
Dificultad: Ninguna.
Dónde alojarse: Egilsstaðir, Hallormsstaður.
Variante: Desde el final del camino se puede trepar por bloques rocosos hasta llegar justo al pie de la cascada, para lo que es necesario cruzar varias veces el arroyo.

Desde el **aparcamiento (1)** con tablón informativo, subimos por cómodos escalones para seguir después por un ancho camino, siempre por el lado izquierdo del arroyo (derecha orográfica). Tras pasar un vallado la senda se estrecha; al borde del camino podemos observar el tipo de vegetación de

las praderas de la falda, compuesto por campanillas, genciana, tomillo, rudas y collejas sin tallo. Aproximadamente a mitad del ascenso se puede ver bien la garganta y la Litlanesfoss, rodeada de columnas de basalto de color marrón grisáceo y negro. La forma poligonal de las columnas, puestas a descubierto por el agua, se debe a las contracciones y grietas que se produjeron durante la fase de enfriamiento de la lava.

Al cabo de 1 h larga de ascenso nos encontramos delante de la **Hengifoss (2)**, que se precipita hacia el circo por el borde de la meseta entre paredes rocosas con capas de sedimento rojo luminoso.

Quien lo desee, puede ir desde el final de la senda por bloques rocosos y cruzar varias veces el arroyo

La Litlanesfoss está rodeada de impresionantes columnas de basalto.

hasta el pie de la cascada. El descenso se realiza por el mismo camino, por el que se puede contemplar el lago Lögurinn en todo su esplendor.
Este lago de 30 km de largo tiene una profundidad de 112 m (es decir, que el fondo se encuentra a 92 m por debajo del nivel del mar). Su forma de piscina procede de la última era glacial, cuando fue surcado por los glaciares y se llenó después con el agua del Jökulsá á Fljótsdal. Por cierto, se dice que en el lago vive un monstruo marino («Lagarfljótsormurinn»).

19 Bahía de Brúnavík

3.00 h

Por un puerto hacia una solitaria cala

Para nosotros, Bakkagerði y las montañas de alrededor es la zona de senderismo más bonita —y también más desconocida— de Islandia. Las coloridas montañas de liparita y riolita confieren el encanto especial a este paisaje. Esta ruta es perfecta para familiarizarse con Islandia.

Lugar de referencia: Bakkagerði, 25 m.
Punto de inicio: Aparcamiento y panel de senderismo a aprox. 1 km al este de la antena de telecomunicaciones en la carretera al puerto (Hafnarhólmi).
Acceso: Desde Egilsstaðir por la carretera nº 94.
Desnivel: 650 m.
Dificultad: Ruta por un camino señalizado por un puerto hasta una solitaria bahía.

Dónde alojarse: En Bakkagerði: hotel, camping con una ubicación de ensueño.
Variante: Quien no disponga de su propio coche puede seguir la señalización nº 22 (pista para jeeps), que baja hasta cerca de la localidad de Bakkagerði.
Consejo: Acogedora cafetería en la tienda de Alfasteinn. Excelente mapa de senderismo «Á Víknaslóðum» con muchas rutas, incluidos puntos GPS.

Acompañante de cuatro patas en la solitaria bahía de Brúnavik.

Quien llegue aquí con su propio coche, puede conducir por la bahía de Bakkagerði en dirección al puerto y dejar el coche en el **aparcamiento (1)**, aprox. 1 km después de la antena de telecomunicaciones. Desde aquí, el sendero señalizado con estaquillas amarillas discurre montaña arriba después de superar una valla. El camino empieza a tener más pendiente y se allana en algunos tramos; ciertas zonas pueden ser cenagosas y se dirige casi directamente hacia el collado de **Brúnavíkurskarð (2)**, situado entre la montaña Gránipa a la izquierda y el Geitfell a la derecha. Al cabo de 1 h o de 310 m verticales de ascenso llegamos al collado. Desde aquí bajamos, primero por terreno llano y después por algunos tramos empinados, hacia la **bahía de Brúnavík (3)**, a la que llegamos 30 min más tarde. Ya de lejos la caseta de salvamento, que reluce en naranja, nos sirve para orientarnos. No obstante la senda está lo suficientemente señalizada con estaquillas y pasa por delante de los cimientos de casas hasta el refugio, que sirve como abrigo a los marineros naufragados. La cabaña está abierta y su equipamiento es muy austero (está absolutamente prohibido utilizar este tipo de refugios como alojamiento gratuito para pernoctar). La bahía tiene un paisaje muy interesante y se encuentra aislada, como mucho aquí podemos encontrarnos con un par de caballos pastando.
A continuación emprendemos el regreso por el mismo camino.

20 · Alrededor de las coloridas montañas de Bakkagerði

  5.30 h

Durante una ruta circular por tres puertos se nos muestran excepcionales panorámicas montañosas

Durante esta larga ruta nos hacemos una buena idea del solitario paisaje que rodea Bakkagerði. Nuestra mirada vaga por bahías olvidadas y los puertos pasan por entre coloridas montañas de riolita y rodean la tenebrosa Svartfell con sus negros dientes.

Lugar de referencia: Bakkagerði, 25 m.
Punto de inicio: Aparcamiento y panel de senderismo «Brúnavik» a aprox. 1 km después del puente en la carretera al puerto (Hafnarhólmi).
Acceso: Desde Egilsstaðir por la carretera nº 94.
Desnivel: 1.000 m.
Dificultad: Ruta por caminos señalizados y pistas para jeeps por tres puertos.

Dónde alojarse: En Bakkagerði: hotel, camping con una ubicación de esueño.
Variante: Partiendo del camping, aprox. 2 km hasta el punto de inicio, para ello durante el regreso solo hay que ir más allá de la carretera, aprox. 45 min más.
Consejo: Acogedora cafetería en la tienda de Alfasteinn. Excelente mapa de senderismo «Á Víknaslóðum» con muchas rutas, incluidos puntos GPS.

Después del último puerto entre coloridas montañas, la señalización de estaquillas nos lleva por prados.

Frente al pequeño **aparcamiento (1)** la pista para jeeps sube en pendiente —solo se vuelve un poco más llana más arriba—, podemos atajar una curva por una vereda, pero no merece la pena. Resultan impresionantes las vistas a la izquierda, hacia el cauce multicolor de un arroyo; a continuación enseguida llegamos al primer puerto, el collado de **Hofstrandarskarð (2)**. Ante nosotros se abre una espléndida panorámica de coloridas montañas, como la Dagmálafjall y la Súlutindur, el verde valle situado entre ellas desemboca en la bahía de Brúnavík. Bajamos por la pista para jeeps, también podemos atajar las curvas. En una pronunciada curva el desvío del camino vecinal nº 24a está bien señalizado por un panel informativo; la vereda retrocede haciendo un ángulo agudo y luego baja hasta un estrecho puente por encima del **Brúnavikurá (3)**. A continuación sube de frente —con algunos tramos empinados— en paralelo a un arroyuelo hasta que se encuentra con el camino nº 24, por el que proseguimos hacia la derecha, ahora subiendo por un terreno algo más llano. Así llegamos en primer lugar al collado de Súluskarð, donde un camino se desvía hacia abajo hasta un faro. Pero nosotros todavía tenemos que continuar montaña arriba un rato (nos mantenemos a la derecha) para llegar al puerto de **Sydravarp (4)**.

Ahora disfrutamos de las vistas de las bahías

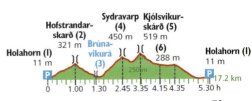

de Kjólsvík y Breiðavík, entre las cuales se alzan las afiladas rocas del Grenmór; detrás se distinguen las faldas —aún cubiertas de nieve— de Leirfjall y Hvitserkur, con casi 800 m de altura. Después bajamos un rato en llano por anchos terrenos de gravilla; aunque aquí hay suficiente señalización, orientarse puede ser difícil en caso de niebla. Tras una llamativa roca negra llegamos a un cruce de caminos (panel orientativo): aquí torcemos a la derecha por el camino nº 26, que después de cruzar el río sube de manera uniforme y no demasiado empinado, también se reconoce bien en su mayor parte.

Con esto el ascenso al **Kjólsvíkurskarð (5)** se hace más bien corto; ahora nuestra mirada se dirige de nuevo al destacado Svartfell y a la derecha también vemos la pista para jeeps que recorrimos al principio de nuestra ruta. Desde el puerto, la senda —ahora muy estrecha— discurre por la ladera en dirección suroeste y luego baja por una loma hacia el noroeste; las señalizaciones son claras, pero aquí apenas hay senda, ya que la nieve suele durar mucho tiempo. Después de una hondonada cenagosa el camino se dirige otra vez hacia el suroeste por una verde altiplanicie con zonas húmedas. El resto del recorrido está claramente señalizado con varios hitos. Tras este tramo algo duro nos alegramos de encontrar de nuevo una **pista (6)** firme, por la que viramos hacia la derecha.

Ahora continuamos con rapidez por un terreno casi llano, aunque todavía subiendo levemente, hacia el Svartfell. Esta montaña se caracteriza por sus rocas negras y desordenadas y también se puede subir a ella desde aquí (sin señalización). Ahora volvemos a divisar Bakkagerði y la pista para jeeps baja enérgicamente. Entretanto pasamos por delante de la antigua granja de **Þrándarstaðir**, donde se exponen cuadros al aire libre.

En cuanto llegamos al fondo del valle después de haber pasado una casa de vacaciones, a la primera ocasión (portillo) torcemos hacia la derecha y seguimos más arriba de la cerca por caminos de cabras. Por encima de la siguiente casa de vacaciones nos encontramos con nuestro camino de ascenso, por el que después de unos pocos metros regresamos al **aparcamiento (1)**.

Formación de lava en la ladera del puerto de Sydravarp. En este paisaje desarbolado, es uno de los pocos puntos donde podemos protegernos del viento y el tiempo.

5.30 h

Stórurð 21

Una ruta larga hasta un impresionante depósito rocoso

Quien viniendo de Egilsstaðir llegue al puerto de Vatnsskarð, descubrirá una grandiosa panorámica de montañas que despertará sus ganas de hacer algo más que sacar solo unas fotos.

Lugar de referencia: Bakkagerði o Egilsstaðir.
Punto de inicio: Puerto de Vatnsskarð.
Acceso: En coche por la carretera nº 94 desde Egilsstaðir.
Desnivel: 590 m.
Dificultad: Ruta larga en la que hay que cruzar grandes neveros hasta bien entrado junio; cruce de un arroyo.
Dónde alojarse: En Bakkagerði: hotel, camping con una ubicación de ensueño.

Variante: Si todavía hay demasiada nieve en las laderas del Geldingafjall o si se busca un acceso más breve con menos metros verticales —pero también con menos vistas—, el punto de inicio inferior en la carretera y la ruta por el valle de Rúpnjafell ofrecen un acceso más fácil al Stórurð.
Consejo: No hay que olvidarse de llevar sombrero y gafas de sol si hace buen tiempo. Los bastones de senderismo ayudan a caminar por los neveros.

En el **puerto (1)** hay bastantes sitios donde aparcar. Un letrero señala el punto de inicio de la ruta. Enseguida subimos con bastante pendiente, de modo que al cabo de 45 min y 210 m verticales podemos disfrutar de unas vistas de ensueño desde la loma del **Geldingafjall (2)**. A continuación bajamos constantemente; el camino está señalizado con estaquillas amarillas, pero por los neveros también puede haber tramos más largos sin señalizar. Después de 1½ h larga llegamos a un cruce de caminos. Ante nosotros, las paredes rocosas del macizo de Dyrfjöll se elevan de forma impresionante hacia el cielo. A la izquierda el camino pasa por un puerto hacia Bakkagerði, a la izquierda se baja por un empinado nevero hacia el depósito rocoso del **Stórurð (3**; «gran montón de rocas»). En las estaquillas de señalización incluso aparece el nombre de la ruta. Aquí resultaría muy útil un saco grande de nylon para deslizarnos por el nevero, pero a pie también se puede superar rápidamente y sin problemas. En cuanto llegamos abajo podemos hacer un recorrido por las rocas transportadas hasta aquí por un glaciar. En junio hay que prestar mucha atención, ya que bajo los neveros se ocultan arroyos en los que nos podemos hundir.

Ahora nos dirigimos primero hacia la izquierda, siguiendo por la senda, para después volver a torcer hacia la derecha; la senda a la izquierda prosigue hacia Hólaland, cerca de Bakkagerði. También pasamos por delante de un pequeño lago entre las rocas (bonito lugar para hacer un picnic). La senda serpentea a través de grandes peñascos, cruzamos un arroyo y llegamos otra vez a la senda principal, por la que continuamos a la izquierda en dirección a la salida del valle (dirección norte). La senda baja cómoda y suave-

Vista del depósito rocoso del Stórurð (gran montón de piedras).

mente por el valle del Jökulsá hasta que en 1 h llega a un arroyo (265 m). Si subimos a la derecha hasta una sección rocosa, allí podemos pasar el arroyo por rocas, aunque si lleva mucha agua puede que sea necesario vadearlo. En este caso los bastones de senderismo son de gran ayuda.

Tras superar este obstáculo continuamos sin problemas. Al cabo de 1¼ h nos encontramos con un **panel informativo (4)** en la carretera nº 94, por la que ahora regresamos al puerto. Por desgracia no hay ninguna otra buena senda aparte de la carretera, así que solo podemos esperar que no haya demasiados coches por esta pista de gravilla que nos estropeen el último tramo. Al cabo de 45 min lo conseguimos y llegamos al punto de inicio, el **puerto (1)**.

Fuglabjagarnes: playa y acantilados en la costa norte

1.45 h

Típica ruta por la playa en el agreste norte

Una ruta circular sencilla pero variada recorre playas de arena con desechos marinos, nos conduce hasta impresionantes riscos y acantilados de aves y nos regala una amplia panorámica del fiordo.

Lugar de referencia: Vopnafjörður.
Punto de inicio: Aparcamiento en la carretera nº 913.
Acceso: Desde Vopnafjörður por la carretera nº 85 hacia el norte, 10 km más adelante torcemos a la derecha hacia la carretera nº 913; después de 4 km a la derecha hay un aparcamiento delante de un puente, letrero del sendero nº 178.

Desnivel: 100 m.
Dificultad: Pista y caminos de cabras con tramos cenagosos, bien señalizados con estaquillas amarillas.
Dónde alojarse: Pensiones y camping en Vopnafjörður.
Sugerencia: Unos 2 km antes del desvío de la ctra. nº 913, una ctra. lleva por la izda. hasta los baños termales de Selárdalur.

Las torres de basalto en el mar sirven de nidal a muchas aves.

Desde el **aparcamiento (1)** caminamos por una estrecha senda en paralelo al río Fugla hasta la costa. Aquí ya se pueden observar carádridos revoloteando nerviosos. A la altura de una pequeña cascada llegamos a la playa unos 10 min después. El camino pasa más arriba por la pradera, pero también podemos pasear por la playa y contemplar los restos de madera con sus curiosas formas y otros desechos marinos (plásticos).

Finalmente la costa se vuelve más pedregosa; ahora caminamos por un agradable terreno de hierba hacia la península. En la orilla se pueden ver ostreros comunes y enseguida llegamos a la punta de la pequeña lengua de tierra (2,5 km, ¾ h). A continuación caminamos todo el rato por el borde de los riscos, cada vez más altos; si nos acercamos al borde hay que extremar la precaución. En la parte sur de la península pronto reconocemos las peculiares **torres rocosas (2)** de basalto que se alzan sobre el mar. Aquí anidan gaviotas, pero también vemos fulmares boreales y cormoranes. Si el día está despejado, por encima de estas rocas y del fiordo de Vopnafjörður divisamos las montañas del Smjörfjöll, que suelen estar cubiertas de nieve. En el lugar donde algunas cimas rocosas bajas se elevan sobre la —por lo demás— totalmente llana península, la señalización vuelve a virar hacia la derecha. Este breve cruce de la península puede presentar algunos tramos cenagosos, hay que moverse con cuidado de manojo a manojo de hierba.

En cuanto finaliza el circuito de nuestra ruta, regresamos por el mismo camino al **aparcamiento (1)**.

23 Rauðanes

2.15 h

Una solitaria península con maravillosos paisajes y gran variedad de aves

Esta ruta circular nos conduce hasta fascinantes torres y arcos de basalto en la escarpada costa y nos ofrece muchas oportunidades de observar aves.

Lugar de referencia: Þórshöfn o Raufarhöfn, 30 m.
Punto de inicio: Aparcamiento en la península de Rauðanes, señalizado, 1 km desde la carretera nº 85.
Acceso: Carretera nº 85, desde Þórshöfn 28 km o desde Raufarhöfn 34 km, en dirección al mar y señalizado como ruta.
Desnivel: 170 m.
Dificultad: Sendero y pistas bien señalizados con estaquillas azules.
Dónde alojarse: Pensiones, hotel y camping en ambos lugares de referencia.
Variante: El regreso por el mismo camino desde los acantilados de los frailecillos tiene un paisaje más bonito, pero es algo más largo.
Consejo: ¡No hay que olvidarse de los prismáticos y del teleobjetivo!

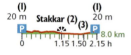

Desde el **aparcamiento (1)** seguimos la señalización de estaquillas y caminamos por la senda bien visible en dirección al mar, primero en dirección este y luego en dirección norte. Después de aprox. 1 km bajamos un poco en pendiente y podemos contemplar un impresionante escenario rocoso, y es que a nuestra derecha se alza sobre el mar el arco rocoso de Lundastapar y a lo largo de la costa también encontramos arcos y torres basálticos. Finalmente tenemos que subir de nuevo en pendiente (nos mantenemos a la izquierda) y, desde arriba, podemos mirar hacia abajo, al mar, a través del enorme arco de Gluggur, una cueva hundida. Ahora el camino discurre subiendo y bajando suavemente por la costa; una y otra vez aparecen lugares con magníficas vistas. La punta de la península presenta un paisaje especialmente bello, aquí primero vemos un arco basáltico muy bonito y columnas en una bahía y después los acantilados cubiertos de hierba de **Stakkar (2)**, donde vive una colonia de fraileci-

llos. Podemos observar bien a las coloridas aves despegando y aterrizando delante de sus cuevas. Ahora el camino señalizado recorre la costa occidental de la península —primero por bonitas praderas y después por caminos agrícolas a través de un terreno pedregoso— hasta la **pista (3)**, por la que al cabo de algo más de un kilómetro llegamos al **aparcamiento (1)**.

Las fascinantes formaciones de basaltos son, junto con las numerosas aves marinas, la atracción de esta ruta.

24 — Acantilados de aves junto al volcán Rauðinúpur

1.20 h

Breve ascenso a las chimeneas volcánicas con gran variedad de aves

Los acantilados de aves de la punta noroeste de la península de Melrakkaslétta son una excursión muy recomendable para todos aquellos viajeros interesados en la observación de aves. Pocas veces se puede ver tan bien como aquí cómo se reparten las aves marinas por un acantilado. Cerca de la línea del mar descubrimos cormoranes moñudos; en estrechas franjas rocosas, por encima de ellos, vemos araos comunes y de pico ancho, que anidan en grandes masas y al lado, en cuevas y grietas, encontramos alcas comunes. Los acantilados del Rauðinúpur también son uno de los dos nidales del alcatraz en Islandia, una de las aves marinas más grandes y elegantes de la isla. La parte superior del acantilado la ocupan los frailecillos.

Lugar de referencia: Kópasker, 10 m.
Punto de inicio: Granja Núpskatla. Desde Kópasker o Raufarhöfn por la antigua ctra. nº 870 (la ctra. nueva nº 85 atraviesa la península), desde la ctra. nº 870 se desvía una ctra. sin salida hacia la granja, ¡volver a cerrar la verja! Es de agradecer que permitan aparcar (¡sin molestar!) y hay incluso un libro de huéspedes y un panel informativo.
Acceso: Solo en coche por la carretera nº 85 o con rutas guiadas.

Desnivel: 90 m.
Dificultad: Llevar zapatos resistentes para cruzar la estrecha franja de tierra. No hay que acercarse demasiado a los acantilados. Señalización con estaquillas.
Dónde alojarse: En Kópasker y Raufarhöfn.
Consejo: El mes de julio es mejor que el de agosto para observar aves. No hay que olvidarse de llevar prismáticos, trípode y teleobjetivo (de 300 a 600 mm).

Desde el **aparcamiento (1)** pasamos a la derecha por delante de la granja Núpskatla y nos dirigimos hacia la estrecha franja costera por una pista se-

Colonia de alcatraces en los acantilados del Rauðinúpur.

ñalizada con estaquillas amarillas. Pasando por encima de la estrecha franja de tierra cubierta de piedras llegamos bastante bien hasta el otro lado de la laguna; el camino está nivelado, pero a veces hay que mantener el equilibrio sobre piedras más grandes. Desde aquí ya se divisan las dos torres basálticas teñidas de rojo y negro que emergen del mar. A continuación, una senda bien visible discurre en paralelo a la línea eléctrica y por pastos hasta el **faro (2)**, a cuya derecha, situados delante de la costa acantilada, se alzan sobre el mar los acantilados de aves. Vale la pena subir a lo largo la cerca (señalización de estaquillas) durante un par de minutos hasta el borde del cráter del —hace ya tiempo— extinguido volcán **Rauðinúpur (3)**, desde donde disfrutamos de una amplia panorámica. Regresamos por el mismo camino.

25 Isla rocosa de Eyjan

1.15 h

Paseo hasta el mirador por encima del Ásbyrgi

El Parque Nacional de Jökulsárgljúfur se extiende a lo largo del cañón del río glaciar Jökulsá á Fjöllum. El punto de partida ideal para hacer rutas es el camping en el Ásbyrgi. Desde aquí podemos dar un bonito y breve paseo hasta la punta de la isla rocosa y aprovechar para conocer la variada flora de esta región, bendecida con un agradable microclima.

Lugar de referencia: Ásbyrgi, 20 m.
Punto de inicio: Camping u oficina de información en el Ásbyrgi.
Acceso: Con rutas guiadas o en coche por las carreteras nº 85 y 864; servicio de autobús.

Desnivel: 65 m.
Dificultad: Paseo hasta un mirador que merece la pena. ¡Cuidado en el borde del acantilado!
Dónde alojarse: Camping en el Ásbyrgi, alojamientos en los alrededores.

El camino señalizado comienza justo detrás de la recepción del **camping (1)**. Se sale un trecho del valle para luego subir a las rocas hacia la izquierda por una escalera. Desde aquí el camino va en dirección sur hasta la punta de la isla rocosa. De camino tenemos la oportunidad de observar la vegetación del Parque Nacional: en zonas protegidas crecen sobre todo árboles y arbustos como abedules, sauces y serbales. En cambio, en los brezales encontramos solo arbustos enanos y líquenes. Sobre todo en esta isla rocosa se dan fanerógamas como geranios, angélicas y campanillas, y una planta típica del cañón es la gaulteria. En total aquí crecen unos 220 tipos de plantas altas; esto se debe a que en esta zona el clima es más continental que en la mayor parte de Islandia. Así, la cantidad anual de precipitaciones se sitúa en los 400 mm, y el termómetro sube en julio hasta una media de 10 grados.

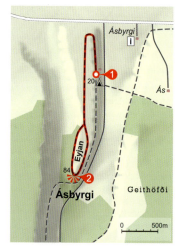

Desde la punta de la **isla rocosa (2)**, alrededor de la cual el camino traza una curva, disfrutamos de unas bellas vistas de la imponente formación del Ásbyrgi, que la mitología interpretó como la huella del

La legendaria isla rocosa de Eyjan en el Ásbyrgi, el «castillo de los dioses».

caballo de Odín. Este «castillo de los dioses» (Ásbyrgi) es en realidad una parte del cañón del río Jökulsá que se secó hace mucho tiempo. Regresamos al **camping (1)** por el mismo camino.

26 Al cañón del Jökulsá

3.30 h

Ruta circular desde el Ásbyrgi hasta el cañón del Jökulsa

Esta ruta de longitud media desde el Ásbyrgi hasta la garganta del Jökulsá nos lleva hasta un mirador, desde el cual podemos contemplar el sobrecogedor valle del río glaciar en todo su esplendor. Con 25 km de largo, 500 m de ancho y una profundidad de hasta 100 m, es una de las gargantas más impresionantes de Islandia. Está situada en la zona de volcanes activos y por tanto, desde un punto de vista geológico, es todavía muy joven.

Lugar de referencia: Ásbyrgi, 20 m.
Punto de inicio: Centro de información y visitantes.
Acceso: Con rutas guiadas o en coche por las carreteras nº 85, 862 y 864; servicio de autobús.
Desnivel: 200 m.
Dificultad: Ruta con trepadas sencillas al principio por caminos bien señalizados (A8, camino circular de Kuahvammur).
Dónde alojarse: Camping en el Ásbyrgi, alojamientos en los alrededores.
Variante: Tomando como punto de inicio el camping, allí seguimos la señalización hasta el extremo situado valle adentro; después, en el camino de regreso volvemos directamente al camping, pero con un descenso empinado; aprox. 20 min menos.

Detrás del **centro de visitantes (1)** seguimos por el camino del medio en dirección a Tófugjá, por el que caminamos durante aprox. ¼ h pasando por el campo de golf hasta llegar a la pared rocosa. A continuación subimos a través de **Tófugjá (2)** por escaleras y trepando un poco con cuerdas de seguridad. A la altura de un indicador del camino nos mantenemos a la derecha en paralelo al borde del acantilado y en dirección a Vesturdalur. Al cabo de otra hora por el camino bueno, desde el mirador de **Klappir (3)** divisamos el lago de Botnstjörn al final del Ásbyrgi. Ahora el camino (nos mantenemos a la izquierda) pasa por un brezal despejado con pequeños estanques. Aquí el senderista atento y silencioso tiene la oportunidad de observar la fauna de la zona:

El Jökulsá ha formado una de las gargantas más anchas de Islandia.

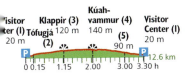

Visitor Center (I)	Tófugjá (2)	Klappir (3) 120 m	Kúah-vammur (4) 140 m	(5) 90 m	Visitor Center (I) 20 m
0 0.15	1.15	2.00	3.00	3.30 h	12.6 km

es frecuente ver aves como chorlitos dorados y perdices nivales, pero también aparecen zorros polares y visones. Una imagen completamente distinta la ofrece una canal llana, donde el viento ha cincelado curiosas formas en la toba y las dunas de arena confieren al paisaje un carácter desértico. A continuación, tras algunas subidas y bajadas, atravesamos una zona boscosa y llegamos al mirador de **Kúahvammur (4)**, donde disfrutamos de unas impresionantes vistas de la garganta. Desde aquí proseguimos por el camino a lo largo del cañón (al norte), que pronto se aleja del río y pasa por un bosquecillo de abedules, por prados y por un camino de herradura durante un rato hasta llegar a un indicador a la altura de Gilsbakki: el «Ashöfðihringur» ofrece otro recorrido pródigo en vistas. Continuamos todo recto y ¼ h más tarde el camino se bifurca de nuevo **(5)**: a la izda. se va a Tófugjá y al camping; nosotros nos mantenemos de frente y pasamos por praderas hasta la granja Ás. En sus orígenes esta fue una de las más ricas de Islandia, pero quedó destruida por las riadas glaciares de los ss. XVII y XVIII. A la dcha. vemos Ásgil y el Ástjörn. Después de rodear la granja el camino baja por el bosque hasta un poco antes de la carretera. La señalización conduce hasta el **punto de inicio (1)** por el borde del campo de golf.

27 Hljóðaklettar – Rauðhólar

1.45 h

Al volcán más colorido de Islandia

Esta entretenidísima ruta serpentea a través de las imponentes chimeneas volcánicas que el Jökulsá á Fjöllum puso al descubierto y seccionó. Las columnas de basalto, a menudo ordenadas en forma de rosetas y que aquí se pueden observar de cerca, se deben a las contracciones y grietas que se originaron durante la fase de enfriamiento de la lava.

Lugar de referencia: Ásbyrgi, 20 m.
Punto de inicio: Aparcamiento de Hljóðaklettar en Vesturdalur, 120 m.
Acceso: Ctra. nº 862, en verano hay un servicio de autobús diario (una vez al día).
Desnivel: 200 m.
Dificultad: Ruta por buenos camino señalizados, breves tramos escarpados.
Dónde alojarse: Caming de Vesturdalur.
Variantes: Una vuelta por el cráter del Hljóðaklettar (Hljóðaklettarhringur = rocas del eco) dura 1 h escasa; un paseo hasta las impresionantes columnas basálticas «Karl og Kerling» con magníficas vistas del barranco, entre 40 min y 1 h; también es muy bonito el recorrido por la roca-mirador de Eyjan, al final del camping (aprox. 30 min).

El ancho camino señalizado comienza en el **aparcamiento (1)** (desde el camping se puede llegar al inicio de la ruta por una vereda, 800 m). Seguimos por el camino y nos mantenemos primero a la derecha («Hljóðaklettarhringur») y, justo después, otra vez a la derecha. Vamos subiendo y bajando por fantásticas formaciones de basalto; no podemos perdernos la cueva de lava de **Kirkja (2)**. A la altura del siguiente indicador continuamos en dirección a «Rauðholar».

Después de un rato por monte bajo, ante nosotros se alza un gigantesco muro de basalto, tras el cual sobresale la estribación roja del Rauðholar. El siguiente tramo del camino es más empinado. A veces por escalones, a veces por gravilla, trepamos hasta esta estribación disfrutando durante el ascenso de las mejores vistas del juego de colores que ofrecen las faldas del volcán —desde rojo y amarillo hasta negro— y de la amplia panorámica de la garganta del Jökulsá. Después de esta **cumbre (3)** podemos subir un rato en dirección al Rauðholar, aunque la cumbre principal está cerrada por razones de protección medioambiental. Trazando una amplia curva regresamos al camino, que pasa algo por encima (oeste) de las rocas y vuelve hasta el **aparcamiento (1)**.

El Rauðhólar debe su nombre a la escoria rojiza.

28 Hólmatungur

1.20 h

Paseo hasta unas cascadas con una ubicación idílica

A pesar de su altura sobre el nivel del mar (200 m aprox.), la zona de Hólmatungur muestra una vegetación muy rica. El camino atraviesa un bosque de abedules; junto a manantiales y arroyos crecen plantas higrófitas como angélicas (Angelica archangelica) y musgos poco comunes.

Lugar de referencia: Ásbyrgi, 20 m.
Punto de inicio: Aparcamiento de Hólmatungur (se puede acceder en coche).
Acceso: Por la carretera nº 862 (véase la ruta 27).
Desnivel: 120 m.
Dificultad: Ruta breve y bonita por caminos señalizados.
Dónde alojarse: Camping de Vesturdalur.
Variante: Se puede ampliar desde Hólmatungur hasta Vesturdalur, ruta entretenida con una zona que hay que vadear; 3–3½ h.
Consejo: La zona es perfecta para sacar fotos, sobre todo fotos macro de plantas.

Junto con otros muchos arroyos, el Melbugsá desemboca tempestuosamente en el Jökulsá.

Desde el **aparcamiento de Hólmatungur (1)** bajamos por un ancho camino señalizado. Junto a un indicador del camino nos mantenemos a la izquierda («Vesturdalur», «Hólmárfossar») y seguimos el curso del arroyo con su rica vegetación. Varios arroyos laterales desembocan en él. Cuando llegamos a las **Hólmárfossar (2)** cruzamos los puentes y descendemos unos metros por el lado izquierdo (orográficamente) del arroyo para contemplar también desde abajo las idílicas cascadas. Volvemos a los puentes y elegimos el camino de regreso (izquierda) a lo largo del Jökulsá. Al cabo de 20 min seguimos la señalización hacia la izquierda bajando por escalones hasta **Katlar (3)**, una angostura en el río con numerosas cascadas, grandes y pequeñas, que se precipitan por las coloridas paredes hacia los borboteantes torrentes. Un corto recorrido circular (1 km/ 20 min) nos regala vistas impresionantes. En el extremo superior el río ha desgastado las rocas, por lo que si nos desviamos del camino será por nuestra propia cuenta y riesgo. Desde aquí regresamos al **aparcamiento (1)**.

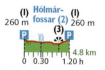

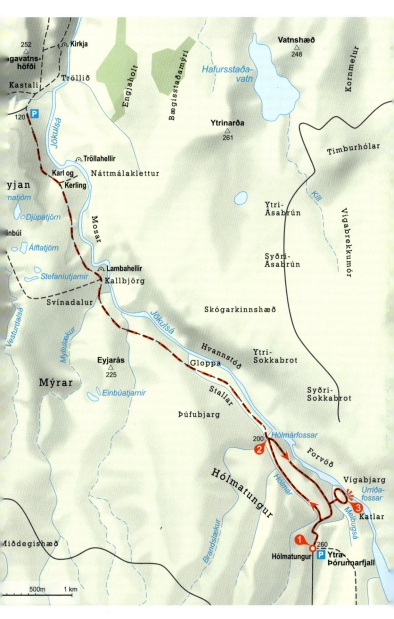

29 Hafragilsfoss y Dettifoss

2.30 h

Dura ruta circular y paseo hasta la cascada más imponente de Europa

Por la carretera 862 llegamos a una de las principales atracciones de Islandia, la Dettifoss. Con una anchura de 100 m, una caída de 45 m y un caudal de 193 m³/s de media, se considera la cascada más caudalosa de Europa. Con la Selfoss, situada más al sur, y la Hafragilsfoss aquí empieza la garganta del Jökulsá.

Lugar de referencia: Ásbyrgi, 20 m.
Punto de inicio: Aparcamientos cerca de Hafragil y de Dettifoss/Sanddalur.
Acceso: Por la carretera nº 862, sin asfaltar desde la carretera de circunvalación nº 1.
Desnivel: 200 m / 25 m.
Dificultad: 1) Camino señalizado, pero con breves tramos asegurados; hay que cruzar la ladera expuesta por un guijarral; 2) Paseo, humedad en la zona de las cascadas.
Dónde alojarse: Camping más cercano: Vesturdalur.
Consejo: Seguir hasta el final de la carretera sin salida a Hafragil, allí un camino corto conduce hasta un magnífico mirador sobre la Hafragilsfoss.
Variantes: 1) Los dos recorridos (en el mapa: «Tour») que aquí se presentan se pueden unir en una ruta en forma de ocho, desde la Dettifoss al norte hacia Sanddalur o, viniendo desde la Hafragilsfoss, después del ascenso empinado se continúa hasta la Dettifoss. El tramo de unión (aprox. 1 km) hay que hacerlo a la ida y a la vuelta, aprox. 40 min más larga. 2) Ruta de 2 días desde la Dettifoss hasta Ásbyrgi: comienza en la Dettifoss, atraviesa el barranco de Hafragil y pasa por la altiplanicie hacia Hólmatungur (3–3½ h); desde aquí como se describe en la ruta 28 hasta las cascadas Hólmárfossar y (hay una zona que se debe vadear) hasta Vesturdalur (por delante de «Karl og Kerling»): 3–3½ h; la segunda etapa sube al Rauðhólar (véase la ruta 27) y prosigue a lo largo del Jökulsá; por Klappir hacia Ásbyrgi (4 h) (véase la ruta 26).

1) Vamos desde el **aparcamiento (1)** en la carretera sin salida hacia **Hafragil** (panel orientativo) y seguimos por el camino hacia el oeste («Vesturdalur»). Tras un breve ascenso caminamos cómodamente por la altiplanicie a lo largo del barranco de Hafragil y disfrutamos, sobre todo al final, de impresionantes vistas **(2)** del fondo del barranco. Al cabo de ¾ h llegamos a un indicador, que seguimos a la derecha y cuesta abajo ha-

La Dettifoss se considera la cascada más caudalosa de Europa.

cia el barranco. Aunque el descenso presenta algunos tramos estrechos, resulta más fácil gracias a los escalones. Llegamos a una fuente situada al final del Hafragil y torcemos hacia el cañón de Jökulsá. Aquí las paredes rocosas alcanzan su máxima altura. Ahora caminamos río arriba y enseguida cruzamos una escarpado pedregal (tramo del camino brevemente muy expuesto). A continuación, por un camino más cómodo llegamos a la **Hafragilsfoss (3)**. Después todavía tenemos que continuar unos 20 min —a veces por praderas cenagosas (con piedras para pasar), a veces entre peñascos— por el cañón. Para volver a Sanddalur, finalmente tenemos que superar un breve y empinado ascenso (con cuerda de seguridad en algunas partes). Ya arriba nos encontramos con un **indicador (4)**, que seguimos hacia la derecha («Vesturdalur»). Aún tenemos que trepar por dos escalones de roca (sin complicación) hasta llegar por llanos de piedras y arena hasta el **punto de inicio (1)**.

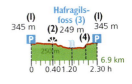

2) Desde el **aparcamiento grande (1)** (fin de la carretera asfaltada) vamos por el camino ancho hasta la imponente **Dettifoss (2)** (humedad), retrocedemos un poco y torcemos hacia la izda., por este camino llegamos en 15 min a la ancha **Selfoss (3)**; regresamos al **aparcamiento (1)**.

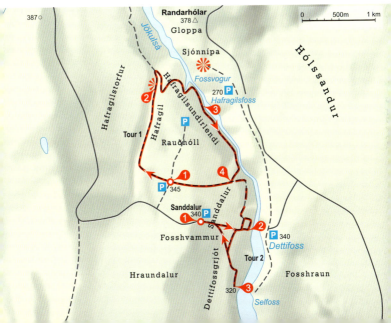

30 Dimmuborgir

2.15 h

Al cráter de Hverfjall a través de fascinantes formaciones de lava

El Hverfjall, que sobresale notablemente por encima de una llanura cubierta de curiosas formaciones de lava, se originó durante una explosión fría de gases. Esto también se puede notar en la arena fina y la gravilla que forman este cráter. Por eso, desde la cumbre no veremos unas fauces volcánicas humeantes; no obstante la amplia panorámica hace que el ascenso merezca la pena.

Lugar de referencia: Reykjahlið, 280 m.
Punto de inicio: Aparcamiento de Borgarás (Dimmuborgir).
Acceso: En autobús, coche, avión; por la carretera nº 1.
Desnivel: 250 m.
Dificultad: Ruta por caminos señalizados; el Hverfjall es un cráter piroclástico y, por tanto, el ascenso y el descenso son polvorientos y «blandos».
Dónde alojarse: Hotel y camping en Reykjahlið y en los alrededores.
Dónde comer: Café Borgir.
Variante: Combinación con la ruta 32 (Grjótagjá) por caminos señalizados. El acceso a esta variante y a la ruta 31 se puede combinar en bicicleta (alquiler en Reykjahlið). El tramo por la crta. nº 848 y nº 1 está asfaltado, con desvíos tiene 40 km y, salvo el acceso a Dimmuborgir, apenas presenta desniveles importantes.

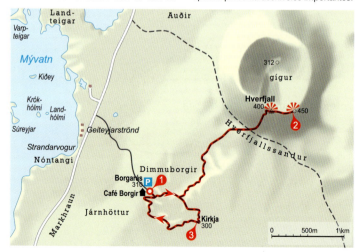

A través de un portal de lava divisamos el Hverfjall.

En el aparcamiento de **Dimmuborgir (1)** empiezan los caminos bien señalizados. Primero seguimos la flecha roja hacia la izquierda en dirección a «Kirkjan» y nos mantenemos siempre a la izquierda. Al cabo de un ¼ h, un camino («Grjótagjá», «Reykjahlið») gira hacia la izquierda a través de un arco de lava. Por este llegamos al pie del **Hverfjall**. Aquí nos mantenemos a la derecha. Un camino con estaquillas y cuerdas protectoras sube empinado —primero de frente y luego en zigzag— y nos facilita el ascenso. Arriba podemos continuar hasta el punto más alto **(2)** o rodear el cráter (aprox. 30 min más).

Regresamos por el mismo camino: primero volvemos al arco de lava y después seguimos hacia la izquierda la señalización roja en dirección a **Kirkja (3)**. Aquí la lava ha creado un impresionante portal. Pasamos otras muchas formaciones que hacen honor al nombre de Dimmuborgir («castillos negros»). Al cabo de 2 h llegamos —manteniéndonos siempre por el camino circular señalizado en rojo— a nuestro **punto de inicio (1)**.

31 Montaña panorámica de Vindbelgjarfjall, 529 m

1.30 h

Breve ascenso a un mirador que realmente merece la pena

Los días despejados, la panorámica desde la montaña Vindbelgjarfjall es inolvidable. Desde arriba, podemos distinguir bien los diversos tipos de paisajes obra del vulcanismo: volcanes como el Burfell son fruto de una fuerte erupción volcánica y las lomas de piedra de toba o palagonita, como el Namafjall, se originaron a causa de pequeñas erupciones durante la última era glacial hace unos 10.000 años, cuando toda la región estaba cubierta por un glaciar.

Lugar de referencia: Reykjahlið, 280 m.
Punto de inicio: Por la crta. nº 848, viniendo desde la crta. de circunvalación, poco antes de la granja Vagnbrekka (en dirección a Reykjahlið). Señal; se puede aparcar.
Acceso: En autobús, coche, avión; por la carretera nº 1.
Desnivel: 270 m.

Dificultad: Ascenso con pendiente moderada por un camino bien acondicionado.
Dónde alojarse: En Reykjahlið y en los alrededores.
Variante: Si esta ruta se combina con la ruta 30 para hacer un recorrido en bicicleta se puede acceder directamente al ascenso (véase la ruta 30).

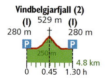

En la **granja Vagnbrekka (1)** una pista señalizada con estaquillas amarillas nos lleva desde el aparcamiento hasta el pie de la montaña. Este kilómetro se puede recorrer bien en bici. El ascenso se realiza por un buen camino que, tras una subida inicial, primero discurre en llano hacia la izda. por el flanco de la montaña y luego continúa cuesta arriba con bastante comodidad, trazando curvas cortas y más largas por un terreno pedregoso. Para proteger la vegetación no debemos abandonar la senda. Sorprendentemente rápido alcanzamos la cima de la **Vindbelgjarfjall (2).** Bajamos por el mismo camino.

Vista del Mývatn desde el Vindbelgjarfjall.

32 Grjótagjá

1.30 h

Agradable ruta circular hasta unas grietas calientes

Muy cerca de la población de Reykjahlið podemos observar, en poco espacio, fenómenos naturales de gran interés: el campo de lava de Vogahraun presenta una vegetación cada vez más abundante formada por abedules achaparrados a los lados y tapizantes como silenes sin tallo, saxífragas, armerias y líquenes. Además en esta zona encontramos grietas calientes llenas de agua, como la conocida Grjótagjá.

Lugar de referencia: Reykjahlið, 280 m.
Punto de inicio: Cruce de la carretera nº 1 con la carretera nº 87.
Acceso: En autobús, coche, avión; por la carretera nº 1.
Desnivel: 100 m.
Dificultad: Ruta fácil que también se puede hacer con mal tiempo; podemos darnos un baño (actualmente aprox. 45º en la Grjótagjá).
Dónde alojarse: Hotel y campings en Reykjahlið.
Variante: Seguir la señalización desde la Grjótagjá hasta Hverfjall. También se puede ir en coche hasta la Grjótagjá.

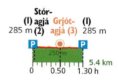

En el campo de lava de Vogahraun encontramos numerosas grietas rellenas de agua caliente, como la famosa Grjótagjá.

En el mismo **cruce de la carretera (1)** comienza un camino señalizado. Primero seguimos la señalización con estaquillas amarillas por la derecha hacia **Stóragjá (2)**: en una canal de casi 10 m de profundidad, una escalera baja hasta una gruta en la que podemos bañarnos (actualmente está fría, riesgo de infección por bacterias). Volvemos a subir; el camino continúa por el borde de la canal y luego atraviesa un bosque bajo de abedules, cruza un sistema de calefacción remoto y prosigue subiendo y bajando en zigzag a través de grietas de lava y de monte bajo. Al cabo de aprox. ½ h llegamos a un cruce de caminos, donde continuamos por la derecha. Ahora pasamos por un terreno arenoso, esta zona de transición poblada de árboles achaparrados y flores sobre la arena negra invita a hacer muchas fotos. Poco después de superar la cerca de un pasto llegamos desde arriba a una grieta alargada y a un aparcamiento. A través de los numerosos orificios vemos la gruta con agua de **Grjótagjá (3)**, situada en esta zona de hundimiento tectónico. Si nos bañamos será por nuestra propia cuenta y riesgo, ya que el agua está a unos escasos 45ºC y hay riesgo de desprendimientos. Regresamos por el mismo camino hasta el cruce y desde allí continuamos de frente; por este camino, algo más cómodo, volvemos a **Reykjahlið (1)**.

Plantas como el musgo florido se han ido adueñando poco a poco del desierto de lava.

33 Recorrido por solfataras hasta el Námafjall

1.00 h

Ruta circular entre agujeros de azufre y barro

La riqueza de colores del Námafjall, las humeantes solfataras hirviendo a borbotones y los agujeros de barro atraen a muchos turistas, quienes, tras darse una pequeña vuelta, suelen esfumarse de nuevo en su autobús. Sin embargo nosotros seguimos caminando hasta la cumbre del Námafjall, pródiga en vistas. Los distintos colores de las rocas se deben al efecto químico de los diferentes minerales —el amarillo, p. ej., al sulfuro de hidrógeno, el ácido sulfúrico y los sulfatos— y a las algas adaptadas al agua de hasta 100°C.

Lugar de referencia: Reykjahlið, 280 m.
Punto de inicio: Aparcamiento de Hverir en la carretera nº 1.
Acceso: En autobús, coche, avión; por la carretera nº 1.
Desnivel: 130 m.
Dificultad: La ruta atraviesa la zona de solfataras. Es imprescindible prestar atención a las señales de advertencia y a las zonas cerradas, así como no salirse del camino. Ascenso empinado con partes expuestas y muy resbaladizo si hay humedad.
Dónde alojarse: En Reykjahlið.

Variante: Las rutas 33 y 34 pueden combinarse para hacer una ruta en bicicleta algo más exigente. La distancia entre Reykjahlið y Krafla es de 15 km, en el recorrido de ida y vuelta hay que superar un total de aprox. 450 m verticales. Recorremos la ctra. nº 1 en dirección este (Egilsstaðir) y pasamos por el Námafjall. Aprox. 1 km después de la zona de solfataras de Námaskarð, a la izda. se desvía la carretera de acceso al Krafla.
Consejo: Debido a los vapores corrosivos, deberíamos proteger las lentes fotográficas con filtros UV.

En el aparcamiento de **Hverir (1)** empezamos primero dando una vuelta por la zona de las fuentes termales de Hveraründ con sus pozas de lodo, solfataras y fuentes de vapor. Después seguimos la señalización con estaquillas amarillas y subimos por la ladera, primero en oblicuo a la izquierda y luego trazando breves curvas seguidas. Desde la cumbre del **Námafjall (2)** disfrutamos de una maravillosa panorámica del paisaje volcánico que se extiende ante nosotros. El camino señalizado por la loma pasa por delante de numerosas solfataras y

La zona de fuentes termales de Hverarönd al pie del Námafjall.

vistosos montículos de azufre (especialmente bonitos a la izquierda del camino durante el descenso). Antiguamente, en esta zona se extraía azufre. El descenso por la cresta nos conduce a la carretera, a continuación nos desviamos a la derecha y llegamos al **aparcamiento (1)**.

34 Krafla

1.30 h

Espectacular ruta circular por uno de los campos de lava más jóvenes de Islandia

El Krafla es un volcán central de 20 km de diámetro desde cuya imponente cámara magmática la lava fluye hasta la superficie a través de las grietas originadas por la corriente continental. Desde 1975 se han producido algunas nuevas erupciones, la última en 1984. La fresca lava negra, las grietas aún humeantes y las solfataras recrean la imagen del principio de los tiempos. Grupos turísticos ruidosos pueden perturbar la paz de la naturaleza, aunque por otra parte, precisamente por ellos, en los últimos años se ha creado un sendero señalizado. Los fotógrafos quedarán impresionados con la gran variedad de motivos que se encuentran a lo largo de las grietas humeantes y solfataras. Sin darnos cuenta se nos puede hacer más largo el tiempo de duración indicado.

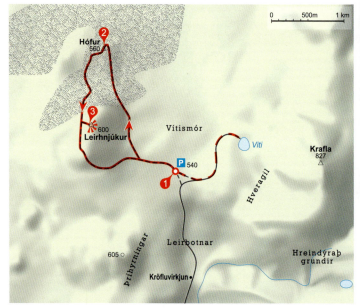

Lugar de referencia: Reykjahlið, 280 m.
Punto de inicio: Por encima de la central eléctrica de Kröfluvirkjun, después de un empinado tramo de la carretera, a la izquierda hay un aparcamiento con WC y un quiosco.
Acceso: En autobús, coche, avión; carretera sin salida desde la carretera nº 1.
Desnivel: 80 m.
Dificultad: Zona de volcanes activos con solfataras, por lo que no hay que salirse del camino.
Dónde alojarse: En Reykjahlið.
Variante: Desde Reykjahlið una senda señalizada también conduce hasta el Krafla, pero la distancia es de 10 km. Si se hace en bicicleta, se puede combinar bien con las rutas 33 y 34 y con un desvío hasta el cráter Viti, situado a unos 100 m por encima del aparcamiento del Krafla.
Consejo: En la central eléctrica geotérmica hay un centro de información.

Desde el **aparcamiento (1)**, el camino señalizado con estaquillas blancas nos lleva en línea recta hasta las solfataras situadas en la ladera del Leirhnjúkur. Caminamos a lo largo de ellas y luego subimos un poco para pasar por en medio de las pozas de lodo hirviendo a borbotones y de las fuentes termales. En una bifurcación del camino seguimos por la derecha y, finalmente, nos dirigimos a través de la lava fresca de las últimas erupciones hacia el cráter **Hófur (2)**. La señalización nos conduce por delante de él y después nos hace girar en ángulo recto hacia la izquierda. El camino de regreso, que pasa por grietas humeantes y pequeñas aberturas volcánicas, es muy variado y sumamente interesante. Seguimos siempre la señalización hacia la derecha hasta llegar a un camino, que en pocos minutos nos conduce hasta la cumbre del **Leirhnjúkur (3)**. Desde arriba disfrutamos de una hermosa vista de toda la zona volcánica y podemos distinguir las diferentes edades de las capas de lava (negra = joven, marrón = vieja).

Descendemos de la cumbre, seguimos por la izquierda y bajamos cómodamente por la parte trasera del Leirhnjúkur bordeando el campo de lava. Nos encontramos con el sendero que conduce a Reykjahlið, seguimos por la izquierda y regresamos así al **aparcamiento (1)**.

El —todavía joven— campo de lava del Krafla.

35 Súlur

4.30 h

Ascenso a la montaña panorámica de Akureyri

El Súlur, que con su forma característica se alza sobre Akureyri, parece estar al alcance de la mano. El mayor obstáculo hasta su cumbre es la carretera que sube hasta el punto de inicio de la ruta, ya que sin un vehículo propio la ruta se alarga entre 1½ y 2 h.

Lugar de referencia: Akureyri (ciudad portuaria).
Punto de inicio: El camino Súlurvegur nos conduce hasta un aparcamiento señalizado después del vertedero, allí hay un panel informativo (aprox. 3 km desde el centro).
Acceso: En avión o en autobús o coche por la carretera nº 1.
Desnivel: 900 m.
Dificultad: El camino está señalizado con estacas y es muy claro. Dependiendo de la época del año habrá más o menos neveros, en cuyos bordes el terreno puede ser algo cenagoso.
Dónde alojarse: En Akureyri.
Consejo: En primavera se puede hacer una ruta con esquíes que merece mucho la pena.

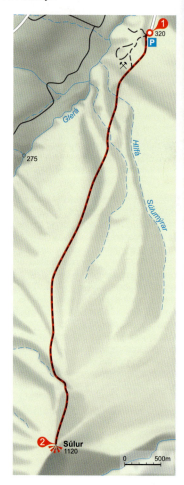

Desde el **aparcamiento (1)**, la senda —bien visible y señalizada con estacas— se aleja de la pista por la izquierda, una flecha señala hacia la izquierda y hay que superar una valla. Durante mucho rato, el camino discurre casi en paralelo al **Gléradalur** subiendo moderadamente y cruza varias canales. Por último vira en dirección a la montaña y asciende por una ladera pedregosa con una pendiente media.

Un camino bien transitable conduce al Súlur.

El terreno se allana otra vez antes de que subamos en pendiente a una antecima, desde la que cruzamos —en su mayor parte por un nevero— hasta la cresta principal. Por ella subimos al final con mucha inclinación y en zigzag hasta la cumbre. En la **cima del Súlur (2)**, señalizada con un hito, disfrutamos de una amplia panorámica de las montañas cubiertas de nieve, así como de Akureyri y del Eyjafjörður.

Para que el descenso resulte más divertido sería útil llevar una bolsa de nylon resistente, con la que podríamos bajar deslizándonos por los neveros.

36 En la península de Troll

1.45 h

Ruta fácil hasta un pequeño lago de montaña

Tröllaskagi —la península de Troll— se extiende entre los fiordos Eyjafjörður y Skagafjörður hacia el norte. Está compuesta principalmente por capas de basalto de entre 10 y 12 millones de años de edad y fue formada por glaciares. Estratos sedimentarios de colores y viejas chimeneas volcánicas varían la imagen del paisaje. Numerosos glaciares pequeños confieren un carácter alpino a la región, en la que se pueden hacer buenas rutas.

Lugar de referencia: Dalvík, 20 m.
Punto de inicio: Granja de Kot, Svarfaðardalur, 205 m.
Acceso: En coche por la carretera 805.
Desnivel: 200 m.
Dificultad: Camino señalizado con algunas partes cenagosas.
Dónde alojarse: Hotel, zona de acampada libre en Dalvík; se puede acampar en la escuela de Húsabakki y pasar la noche (camas o sacos de dormir) en la granja Klængsholl, en Skíðadalur.
Variantes: En la región se pueden hacer varias travesías exigentes (cruzando glaciares). Cerca de la escuela de Húsabakki, al principio del valle, los amantes de la naturaleza encontrarán varios caminos hacia la Reserva Natural de Svarfaðardalur. Para las rutas por el humedal recomendamos usar botas de goma.

Empezamos nuestra ruta junto a la **granja de Kot (1)** (delante del puente, a la derecha el camino se desvía hacia Heljardalsheiði, aquí se puede aparcar con limitaciones) al final del Svarfaðardalur. Después del puente (cerrar el portillo) y delante de la casa vemos a la izquierda una flecha en dirección a Skeiðsvatn. Seguimos por el camino en paralelo al vallado y en dirección sur. Tras atravesar una pequeña zanja, el camino sube por el prado, con algunas partes cenagosas. Los estrechos arroyuelos se pueden pasar fácilmente; a continuación la senda asciende por terreno llano y seco por la ladera en dirección este;

El pequeño Skeiðsvatn está encajado en las montañas de la península de Troll.

la vegetación está formada por brezos y matas de bayas, en agosto aquí madura un gran número de arándanos. El sendero gira hacia el **Vatnsdalur** y discurre ahora en llano por prados y colinas hasta el pequeño lago de **Skeiðsvatn (2)**. Las vistas del final de valle, que llegan hasta el Þverárjökull, son impresionantes. Durante un descanso, a veces incluso se pueden observar aves marinas y cisnes cantores (*Cygnus cygnus*). A menudo, una pareja de estas elegantes aves ocupa todo un lago como este para ella sola. Regresamos por el mismo camino a la **granja (1)**.

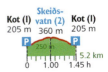

37 Gvendarskál

2.15 h

Magnífico mirador por encima de la antigua sede episcopal de la península de Troll

A través de un paisaje que parece alpino, con un bosque alto de coníferas y un brezal despejado, un buen camino señalizado nos lleva hasta una destacada terraza montañosa con grandes peñascos y unas espléndidas vistas.
El lugar de inicio de esta ruta resulta extrañamente «alpino» ya que una iglesia de piedra con torre se alza delante del bosque de coníferas y de las montañas. Ya en 1106 aquí en Hólar se fundó una sede episcopal; en la iglesia de piedra más antigua del país se pueden admirar valiosas obras de arte, como un retablo gótico.

Lugar de referencia: Hólar, 170 m.
Punto de inicio: Hotel en Hólar, señal del camino.
Acceso: Por la carretera nº 767, desvío de la carretera nº 76.
Desnivel: 450 m.
Dificultad: Ruta por un buen camino señalizado; el ascenso final es empinado.
Dónde alojarse: Camping y hotel en Hólar.

Consejo: No debemos dejar de visitar la iglesia y los edificios de Hólar, que recrean modelos históricos. El hotel también tiene restaurante y piscina.
Atención: El resto de rutas a las montañas altas de los alrededores que aparece en el mapa junto al hotel no tiene camino y está sin señalizar. El camino hacia Elliði solo está en buenas condiciones hasta el puente.

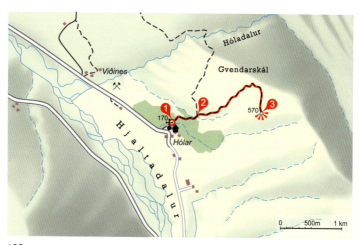

Al principio la ruta atraviesa un bosque de coníferas que parece alpino.

Detrás del **hotel (1)** comienzan los senderos con letreros indicadores claros hacia la izquierda. Seguimos las indicaciones y tomamos el camino derecho, que sube ligeramente en diagonal, y seguimos por la vereda, que ahora atraviesa el bosque. Algunos desvíos nos señalan un camping y otros una mina, pero nosotros proseguimos suavemente cuesta arriba manteniendo más o menos la misma dirección. En la linde del bosque el camino se vuelve a bifucar **(2)** hacia «Elliði» y de frente hacia nuestro destino. Pasamos por encima de una valla (con ayuda de una escalera) y después el camino asciende —al principio con moderación— y discurre por un brezal y prados hacia el noreste. Poco antes de llegar a un collado el ascenso se vuelve más empinado.

Desde el collado subimos directamente y cada vez con más pendiente a la terraza situada en el desplome del **Gvendarskál (3)**. En cuanto accedemos a ella el terreno se vuelve llano, aunque a veces hay que trepar un poco por las piedras hasta llegar al gran hito; un poco más adelante encontramos el libro de registro de escaladores. Las vistas de las montañas, la iglesia y las granjas y el mar son sumamente impresionantes.

Tras disfrutar de este espectáculo regresamos por el mismo camino.

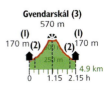

38 Kaldalón

3.00 h

Hacia una lengua glaciar pasando por morrenas

El casquete glaciar de Drangajökull, que llega hasta una altura de 925 m sobre el nivel del mar, domina todavía hoy —con una superficie de hielo de 160 km² y a pesar de su fuerte retroceso— la zona más septentrional y completamente despoblada de los fiordos occidentales. En este desolado e inmenso paisaje, nuestra ruta nos lleva por un valle glaciar llano a través de laderas de 600 m de altura.

Lugar de referencia: Ísafjörður, 20 m, o Holmavik, 20 m.
Punto de inicio: Bahía de Kaldalón; antes del puente seguimos una carretera sin salida hasta las morrenas terminales, aquí comienza la Reserva Natural.
Acceso: Desde la ctra. nº 61 por la ctra. sin salida —en mal estado pero transitable en coche— nº 635 hasta la bahía de Kaldalón.
Desnivel: 150 m.
Dificultad: Hay que cruzar o vadear varios arroyos. Aquí el tiempo puede ser muy duro (Kaldalón significa «bahía fría»).
Dónde alojarse: Hotel, baños y camping en Reykjanes; camping y cafetería en in Dalbær, 8 km más adelante por la carretera nº 635, ¡bonitas vistas del fiordo!

Delante de la lengua glaciar del Drangajökull.

Después de la **morrena terminal** (**1**; pequeño aparcamiento) seguimos de frente por una pista, la cual se convierte en una senda bien visible y continúa por morrenas y colinas de gravilla. Hasta llegar a un hito en la última morrena el camino no tiene pérdida. Desde aquí, o bien vamos en llano por gravilla hasta una roca errática con hito —para ello hay que vadear los arroyos más anchos (**2**)— o nos mantenemos más por el borde derecho del valle: aquí hay más arroyos transversales, pero son más pequeños, así que es más fácil cruzarlos; no obstante tenemos que subir y bajar tramos con frecuencia. Continuamos por debajo de una elevada pared rocosa con una serie de cascadas. El reluciente musgo verde de los numerosos arroyos resulta fascinante por su contraste con el sombrío paisaje. A continuación el terreno se vuelve más seco y podemos seguir por una vereda clara con hitos.

Al cabo de 1½ h llegamos al final del valle, donde confluyen ríos glaciares desde ambos lados. Aquí podemos disfrutar de unas buenas vistas (**3**) de la lengua glaciar teñida de azul del Drangajökull, en continuo retroceso. Por el mismo camino regresamos a la **bahía de Kaldalón**.

39 Mýrarfjall

1.30 h

Bonita montaña panorámica de fácil acceso con vistas del Dyrafjord

Subimos por la cresta de esta montaña, que se desploma escarpada hacia el mar, y obtenemos como recompensa unas maravillosas vistas y un libro de registro de escaladores.

Lugar de referencia: Þingeyri, 30 m.
Punto de inicio: Parking en la ctra. nº 624.
Acceso: Carretera nº 60, a 18 km al norte de Þingerey hay que desviarse por la carretera nº 624.
Desnivel: 250 m.
Dificultad: Ruta por un camino bien visible en su mayor parte, algunos hitos como señalización.
Dónde alojarse: Camping y hotel en Nupur, carretera nº 624.
Sugerencia: En Nupur se encuentra el jardín botánico de Skrúður, excepcional para Islandia y creado por el pastor Sigtryggur Guðlaugsson en 1909.

Desde el Mýrarfjall se divisa el típico paisaje de los fiordos occidentales en Þingerey.

Comenzamos nuestra ruta desde una pequeña elevación situada detrás de la **granja de Mýrar**; el **punto de inicio (1)** se reconoce bien gracias a un letrero. Hasta el pie de la montaña podemos seguir por una pista para jeeps, después subimos en pendiente por una senda bien visible. El ascenso pronto se allana y principalmente continuamos todo el rato cuesta arriba por la cresta. La vereda se reconoce perfectamente, sobre todo por las zonas algo más empinadas, por lo demás el trazado de la ruta tampoco tiene pérdida. Además se han colocado varios hitos, el más grande de los cuales señala con una bandera la «cima» de la **Mýrarfjall (2)**, donde podemos firmar en el libro de registro de escaladores.

Proseguimos todavía un rato por la cresta, la máxima elevación está un poco más adelante y las vistas también son mejores si seguimos avanzando por la cresta, que aquí es algo más estrecha pero se transita bien. Desde aquí, por encima del **Dyrafjord** hacia el sur vemos Þingeyri y las máximas elevaciones de los fiordos occidentales, como el **Kaldbakur (998 m)**, normalmente envuelto en nubes. Al norte divisamos un fértil valle con granjas, el hotel-escuela **Nupur** y, al lado, el pequeño jardín botánico. Regresamos por el mismo camino.

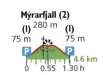

40 Dynjandifoss (Fjallfoss)

1.00 h

Paseo a lo largo de la cascada más bella de los fiordos occidentales

Con unos 100 m de altura, las cascadas del Dynjandifoss son probablemente uno de los lugares más bellos e impresionantes de los fiordos occidentales y uno de los saltos de agua más sobrecogedores de Islandia. La zona (aprox. 700 hectáreas) está protegida desde 1986.

Lugar de referencia: Þingeyri, 20 m.
Punto de inicio: Pequeño aparcamiento a los pies de la cascada, 10 m.
Acceso: En coche por la carretera nº 60.
Desnivel: 160 m.
Dificultad: Paseo.
Dónde alojarse: Camping junto a la cascada.
Sugerencia: En Hrafnseyri, a 21 km de Dynjandi en dirección a Þingeyri, hay un museo junto a una vieja granja restaurada fielmente siguiendo el modelo original. Aquí nació Jón Sigurðsson, el líder del movimiento independentista islandés. La granja tiene una bonita cafetería.

Desde el **aparcamiento (1)** el camino sube por la parte derecha y va trazando curvas seguidas; los tramos más empinados resultan más fáciles gracias a las piedras pasaderas y a los escalones altos. No obstante, algunas zonas pueden estar húmedas, así que, a pesar de la brevedad y la sencillez de la ruta, es mejor llevar un calzado fuerte. Aquí el río va cayendo de forma escalonada, de modo que una y otra vez podemos disfrutar de bonitas vistas de pequeñas cascadas. Cada una de las cascadas está señalizada; sus nombres son (de abajo a arriba): Bjarfoss (Sjóarfoss), Hrísvaðsfoss, Göngumannafoss, Strokkur y Hundafoss.

Al cabo de aprox. ½ h llegamos al pie de la impresionante y ramificada **Dynjandifoss** (2; la «estruendosa»), que se precipita unos 100 m desde la altiplanicie. Arriba tiene unos 30 m de ancho y abajo alcanza incluso los 60 m.

Regresamos por el mismo camino al **aparcamiento (1)**, allí merece la pena echar un vistazo a los paneles informativos, que nos cuentan que antaño aquí había una granja, de la que solo quedan unos pocos restos. Aquí los desprendimientos han complicado especialmente la vida.

El Dynjandi se precipita hacia el fiordo de forma escalonada desde la meseta.

41 Látrabjarg

2.30 h

Ruta por acantilados en el extremo occidental de Europa

La fascinante costa acantilada de 14 km de longitud se alza hasta 450 m por encima del tempestuoso mar y es uno de los nidales de aves marinas más importantes de Islandia. Por eso, lo mejor es visitarla en julio. En los acantilados de Látrabjarg anida la mayor parte de los 6 millones de frailecillos (Fratercula arctica arctica) de la isla, pero también se ven gaviotas, urias y alcas comunes.

Lugar de referencia: Patreksfjörður, 20 m.
Punto de inicio: Faro de Bjargtangar (aparcamiento), 50 m.
Acceso: En coche por la ctra. nº 612.
Desnivel: 200–400 m.
Dificultad: Un breve paseo o una ruta larga: ambas cosas son posibles. Atención: el borde de los acantilados es inestable, ¡riesgo de desprendimientos!
Dónde alojarse: En Látravik, poco antes de Látrabjarg, zona de acampada sencilla pero maravillosamente ubicada junto al mar; camping y alojamientos en Breiðavik.

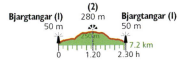

Puesta de sol en el extremo más occidental de Europa.

El camino comienza en el aparcamiento junto al **faro de Bjargtangar (1)**. Justo al lado de este ya hay frailecillos descansando al borde del acantilado sin dejarse molestar por los turistas. Estas aves, con un tamaño de aproximadamente 30 cm, tienen una envergadura de hasta 63 cm. Pueden recorrer hasta 80 km por hora y sumergirse a 60 m de profundidad. En abril, después de su cortejo nupcial en mar abierto, buscan un nidal donde pasar los tres meses siguientes incubando y criando a sus polluelos en profundas cuevas. Después, las aves jóvenes tiene que pasar tres años solas en el mar.

Una senda bien trillada durante los primeros kilómetros sube —al principio en pendiente, luego más en llano— por los acantilados, desde donde continuamente podemos disfrutar de nuevas vistas de las aves y de la imponente costa acantilada. Se recomienda continuar hasta donde también divisemos **(2) la bahía de Keflavik** al este. La duración de la ruta depende en última instancia del tiempo, ya que a menudo podemos encontrarnos con tormentas o niebla.

Millones de frailecillos anidan en los acantilados de Látrabjarg.

42 *Helluvatn* — 2.00 h

Ascenso al típico paisaje de las Tierras Altas

La región del fiordo Vatnsfjörður fue considerado el primer lugar poblado de Islandia por Hrafna Flóki y es una Reserva Natural. Un camino bien acondicionado va subiendo desde el mismo hotel y nos ofrece bonitas vistas hacia atrás del fiordo antes de conducirnos por la árida altiplanicie hasta el «lago del infierno».

Lugar de referencia: Flókalundur, 20 m.
Punto de inicio: Hotel o camping.
Acceso: Por la ctra. nº 60 o nº 62 (cruce).
Desnivel: 300 m.
Dificultad: Ruta con un ascenso/descenso de pendiente media por un camino bien señalizado.

Dónde alojarse: Camping y hotel en Flókalundur.
Sugerencia: En Brjanslækur, en la Surtarbrandsgil, encontramos extraordinarios fósiles de hojas. Solo se puede entrar en la garganta con una visita guiada, más información al respecto en el hotel Flókalundur.

Los serbales son típicos de la Reserva Natural.

Desde el **hotel Flókalundur (1)** el camino está señalizado hasta el Helluvatn. Caminamos primero hasta el camping, en cuyo extremo norte una escalera que pasa por encima de la valla señala el auténtico inicio de la senda. Subimos con regularidad, siempre por la derecha orográfica del arroyo. El camino pasa por debajo de un gran serbal, un árbol típico de la zona. Ahora, por delante de las rocas, nos adentramos en el barranco por el que seguimos subiendo. Después del borde de un terreno el camino se allana, pero

El Helluvatn está situado en una meseta.

continúa ascendiendo; cruzamos un arroyuelo con cardos lanudos y finalmente llegamos a una árida altiplanicie donde principalmente florecen musgos y líquenes. El camino es claro y está bien señalizado en su mayor parte, de modo que aunque haya niebla —algo frecuente aquí— puede transitarse con seguridad. Ahora continuamos por terreno bastante llano, pero a veces tenemos que subir por piedras más grandes y sueltas. En cuanto llegamos al lago de **Helluvatn (2)** podemos disfrutar del típico paisaje de la altiplanicie antes de regresar por el mismo camino.

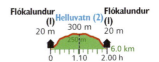

43 *Ruta circular por Vatnsdalur*

2.15 h

Variada ruta circular por un camino señalizado en la Reserva Natural de Vatnsfjörður

Después de un rato caminando a lo largo del gran lago de Vatnsdals llegamos a la garganta de Lambagil y, por último, a las cascadas de Þingmannaá, que ya han servido como escenario para películas.

Lugar de referencia: Flókalundur, 30 m.
Punto de inicio: Aparcamiento en la carretera nº 60 junto al puente.
Acceso: Por la carretera nº 60 o nº 62 (cruce).
Desnivel: 200 m.
Dificultad: Ruta con un ascenso algo más empinado por veredas estrechas pero señalizadas.
Dónde alojarse: Camping y hotel en Flókalundur.

Sugerencias: En Hörgsnes, a 3 km al sur de la ruta, se puede hacer un breve recorrido en el que encontraremos la cueva de «Gisli el proscrito» y rocas agujereadas (restos de antiguos árboles); en la costa a veces se pueden observar águilas marinas o focas.
Variante: La duración se refiere al camino circular. Un desvío subiendo a lo largo de las cascadas y la vuelta dura otra media hora.

El camino con la indicación «**Lambagilseyrar**» y señalizado con estaquillas rojas comienza en la parte oriental del **puente (1)** y primero discurre cómo-

El Þingmannaá forma pequeñas y bonitas cascadas.

damente en paralelo a la orilla del lago. Junto a la playa podemos encontrar diversas flores. En el lugar donde la orilla se vuelve más empinada, el camino serpentea arriba y abajo suave y continuamente a través de matas de abedules, después continúa otra vez por la orilla del lago pasando por encima de piedras. A la altura de la garganta de **Lambagil (2)** torcemos hacia la derecha y llegamos a su entrada. Desde aquí el camino sube —empinado y en zigzag en algunos tramos— por la parte sur de la garganta y cruza algunas partes pedregosas. En cuanto llegamos a una ancha elevación podemos disfrutar de las vistas **(3)** por encima del lago de las montañas y del fiordo. Nos dirigimos hacia la derecha y seguimos por este nivel del terreno un poco cuesta abajo y paralelamente a la orilla del lago en dirección suroeste; aquí no hay tantas estaquillas de señalización como durante el ascenso. Finalmente llegamos a un verde y fértil valle lateral en el que subimos hasta un pequeño collado. Por el otro lado accedemos a un pequeño lago. Ahora bajamos por el angosto valle superando las zonas cenagosas por piedras. La vegetación es muy interesante, incluso entramos en un bosquecillo de coníferas. A continuación el camino gira un poco hacia la izquierda y después nos encontramos con una pista; ante nosotros se encuentran las cascadas del río **Þingmannaá (4)**. Bajamos un rato por la pista y luego torcemos hacia la izquierda por un camino señalizado que discurre a lo largo del río. Aquí seguimos subiendo hasta que nos cansemos y contemplamos las cascadas. De vuelta a la pista continuamos por ella hasta llegar a la carretera y, junto a esta, recorreremos unos 100 m hasta nuestro **punto de inicio (1)**.

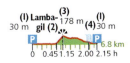

44 Aves y fuentes termales: Reykhólar

Paseo por la costa hasta unas fuentes termales donde tenemos la posibilidad de observar aves

Por caminos bien señalizados atravesamos la marisma hasta un escondrijo desde donde podemos observar aves acuáticas como colimbos chicos y eideres comunes. Una bifurcación prosigue hasta una gran fuente termal y llega hasta el mar.

Lugar de referencia: Reykhólar, 20 m.
Punto de inicio: Grettislaug, camping.
Acceso: Desde Buðadalur por la carretera nº 60 hacia el noroeste, después por la carretera sin salida 607 (13 km).
Desnivel: 20 m.
Dificultad: Caminos bien señalizados con partes húmedas.
Dónde alojarse: Camping y hotel en Reykhólar.
Sugerencias: En el pueblo hay una piscina y unos baños de algas. ¡No hay que olvidarse de los prismáticos!

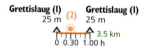

Desde el **camping (1)** continuamos por el camino señalizado en dirección este. Después de pasar una valla, junto a los indicadores nos mantenemos primero a la derecha (**Fuglarskoðurnar**); cruzamos los prados un poco en zigzag siguiendo las estaquillas azules de señalización, aquí suelen verse zarapitos trinadores, chorlitos dorados comunes y perdices nivales.

Tras pasar una llamativa roca y atravesar una valla llegamos a las fuentes termales, que nacen en este mismo prado y muestran todo su colorido entre vistosas flores. Enseguida llegamos al lago **Langavatn**. Desde un abrigo podemos observar aves acuáticas como eideres comunes y colimbos chicos. Regresamos por el mismo camino y ahora, junto al indicador, continuamos por la derecha. El camino nos lleva hasta las colinas secas; en el humedal

hay puentes y caminos de tablones. Al cabo de unos pocos minutos llegamos a la **fuente principal (2)** de la zona, que brota echando humo del suelo. Si seguimos por el camino señalizado durante otro cuarto de hora llegamos a la costa llana, donde podemos contemplar otras aves, como charranes árticos y ostreros comunes.
Volvemos por el mismo camino al **punto de inicio (1)**.

Jóvenes perdices nivales.

Las fuentes termales nacen en medio de la pradera junto al pueblo.

45 Panorámica del fiordo desde las Svörtuklettar   2.30 h

Ruta cerca de Laugar, conocida por sus baños, con bonitas vistas del fiordo Breiðafjörður

Montaña arriba y pasando por pastos en esta vetusta zona de asentamiento llegamos a las «rocas negras», desde donde disfrutamos de unas espectaculares vistas del fiordo y la península de Snæfellsnes.

Lugar de referencia: Laugar, 90 m.
Punto de inicio: Edda-Hotel.
Acceso: Desde Buðadalur por la ctra. nº 60 durante 16 km hacia el norte, después por la carretera sin salida 589 hasta el hotel.
Desnivel: 470 m.
Dificultad: Ruta de dificultad media; ascenso parcialmente señalizado y descenso bien señalizado, terreno sencillo.
Dónde alojarse: Camping y Edda-Hotel Laugar.
Sugerencias: En Laugar hay una piscina y también una original «olla caliente» por encima del hotel. A 10 km al sur de Buðadalur, en Haukadal (ctra. nº 586) se encuentra la granja vikinga reconstruida de Eiriksstaðir, el hogar de Erik el Rojo.

Por encima de la entrada al **Edda-Hotel (1)** un panel explicativo recrea la vida de Gúðrun Ósvífursdóttir, una figura femenina muy importante en el valle durante la Edad Media. A la derecha del panel subimos hasta la «olla ca-

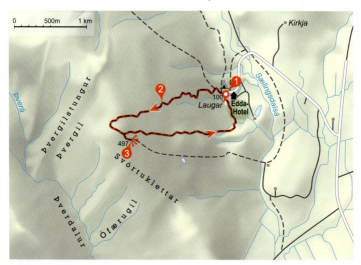

Desde los acantilados negros tenemos una amplia panorámica.

liente» con una caseta de estilo vikingo y a su derecha pasamos por encima de la valla. Nos mantenemos brevemente a la derecha y, justo después, volvemos a la izquierda para subir en zigzag la colina por el camino, ancho al principio. En cuanto llegamos al primer cortado el camino se va perdiendo gradualmente, pero algún que otro hito y los postes de señalización esporádicos nos indican que sigamos siempre la misma dirección: cuesta arriba y hacia el oeste. Cuando llegamos a la pradera verde y llana de **Brok** continuamos por su borde izquierdo. Más arriba podemos reconocer una pequeña cabaña de piedra a la que el camino conduce de frente por una elevación; aquí hay más señalizaciones. El minúsculo edificio **(2)** es lo que queda de un cobertizo de pastores. Continuamos siempre en la misma dirección —ahora subiendo de nuevo en llano— hasta que por fin llegamos a la cresta. Al sur, a la izquierda por encima de las escarpadas y oscuras rocas, se encuentra nuestra cumbre de destino sobre el Svörtuklettar, señalizada con un **hito (3)** bien visible. Aunque vista desde abajo la cresta parece abrupta, aquí arriba el terreno es llano, incluso hay una pista para jeeps que conduce hasta allí. Desde esta cumbre disfrutamos de unas bonitas vistas del fiordo y de las montañas nevadas en la península de Snæfells.

A continuación bajamos desde un pequeño collado hacia el este por una buena senda con una señalización visible y nueva hecha de estacas (verdes). El descenso tiene algunas partes empinadas y a veces resulta resbaladizo cuando pasamos por la gravilla de riolita (**Hvítihryggur**). No obstante, enseguida llegamos de nuevo al valle por el camino directo y, pasando a la izquierda por encima de una valla con la ayuda de una escalera y a través de un bosquecillo, regresamos al **punto de inicio (1)**.

46 Ránagil

2.00 h

Ruta por una colorida garganta

A través del Sælingsdal, rodeado de leyendas, caminamos con pocas subidas hacia una garganta multicolor. Una saga nos habla de la importancia del valle: aquí vivió hacia el año 1000 d. C. la bella e inteligente Guðrún Ósvífursdóttir, conocida por sus cuatro matrimonios, todos los cuales acabaron mal.

Lugar de referencia: Laugar, 90 m.
Punto de inicio: Edda-Hotel.
Acceso: Desde Buðadalur por la ctra. nº 60 durante 16 km hacia el norte, después por la ctra. nº 589 hasta el hotel.
Desnivel: 250 m.
Dificultad: Ruta de dificultad media; la senda hasta la garganta está poco señalizada. Último tramo sin camino.

Dónde alojarse: Camping y Edda-Hotel Laugar.
Consejos: En Laugar hay una piscina y también una original «olla caliente» por encima del hotel. A 10 km al sur de Buðadalur, en Haukadal (carretera nº 586) se encuentra la granja vikinga reconstruida de Eiriksstaðir, la tierra natal de Erik el Rojo.

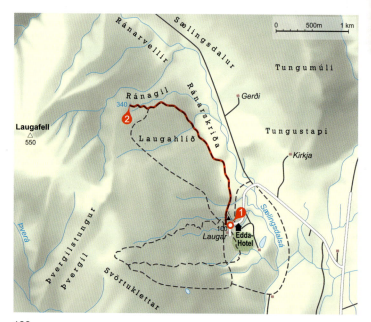

La cascada en la Ránagil se precipita por coloridas rocas.

Desde el **Edda-Hotel (1)** tomamos la pista hasta la «olla caliente» y utilizamos la escalera para pasar la valla. Ahora nos mantenemos a la derecha al pie de la colina y continuamos siempre de frente; después de un prado lleno de baches podemos distinguir una senda que conduce a una pequeña colina con un llamativo hito. Por esta senda, mal señalizada con viejas estacas rojas, llegamos a una hondonada y, por la siguiente colina llana, a un campo de lava. A continuación, el camino prosigue en dirección noroeste rumbo al valle por prados bordeando la ladera. No tenemos ningún problema para orientarnos, también podemos seguir la línea eléctrica. Llegamos a **Ránagil** donde la señalización tuerce bruscamente hacia la izquierda. De la imponente y colorida garganta fluye un arroyo. A partir de aquí exploramos la garganta sin camino, para ello tenemos que cruzar varias veces el arroyo, pero las piedras nos sirven de ayuda. Al cabo de ¼ h largo nos encontramos ante una **cascada (2)** que se precipita por las coloridas rocas volcánicas. ¡Esta ruta es perfecta para quienes se interesen por la geología! Regresamos por el mismo camino.

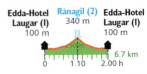

47 Selvellir

1.30 h

Curiosas rocas de toba y buenas vistas del Berserkjahraun

Las formaciones de toba por debajo del Hraunsfjarðarvatn son un auténtico paraíso para los fotógrafos. Gracias a la construcción de un nuevo aparcamiento con fantásticas vistas ahora podemos llegar con más facilidad a esta zona poco conocida.

Lugar de referencia: Stykkishólmur, 40 m.
Punto de inicio: Desde Stykkishólmur nos desviamos de la carretera nº 54 por la carretera nº 56, aprox. después de 2 km hay un aparcamiento/área recreativa a la derecha.
Acceso: Carretera nº 56.
Desnivel: 180 m.

Dificultad: Ruta sin camino ni señalización. Solo podemos orientarnos si hay buena visibilidad. Coordenadas del destino (canal con rocas de toba): N64 56.050, W22 55.36.
Dónde alojarse: En Stykkishólmur.
Consejo: Bonitos motivos fotográficos, contar con algo más de tiempo.

Desde el **aparcamiento (1)** subimos por la parte derecha de la carretera, cruzamos el arroyo **Fossá** y luego torcemos por la derecha hacia el terreno y

caminamos en dirección suroeste por la loma hacia la destacada montaña de Horn. Después de 800 m llegamos al borde del terreno. Ahora tenemos que buscar en la empinada falda con prados una buena bajada que nos lleve hasta el valle. Algunos tramos cenagosos nos dejan claro que en Islandia un calzado impermeable siempre resulta útil. El arroyo se puede saltar. A continuación proseguimos por caminos de cabras a lo largo de la falda en dirección oeste. A mano derecha divisamos el **Selvallavatn**. Al cabo de 20 min vemos a la izquierda las primeras rocas de toba. Continuamos por la falda hasta que, poco antes de un arroyo, subimos una canal por la izquierda. Aquí no solo encontramos las formaciones rocosas de toba riolítica más impresionantes, sino también un cauce de arroyo con partes

Colchones de musgo en un curioso paisaje de lava y toba.

de color naranja fuerte y algunas fuentes rodeadas de musgo verde oscuro: todo ello crea un paisaje **(2)** maravilloso. En la parte superior de la canal recorremos con dificultad el terreno debido a la arena de lava, además aquí existe el peligro de dañar a la delicada vegetación. Aunque se puede subir a la cima del **Horn**, esta montaña está compuesta por roca quebradiza, por lo que no es aconsejable hacerlo. Por otra parte, en este reducido espacio hay motivos más que suficientes para sacar fotos. En caso de humedad hay que evitar las pendientes de toba demasiado empinadas, aunque la roca seca también puede ser bastante resbaladiza debido a la arena: es mejor que no intente escalar de forma precipitada. Regresamos al **aparcamiento (1)** por el mismo camino.

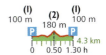

48 La costa basáltica de Arnarstapi

2.00 h

Columnas de basalto, arcos de roca, colonias de aves y una recompensa gastronómia en Hellnar

Quien deje su coche en Arnarstapi, junto al enorme troll de piedra, ni se podrá imaginar la fantástica costa acantilada que aquí le espera. Al pie del Snæfellsjökull el oleaje ha dejado al descubierto chimeneas volcánicas —cuya lava se ha solidificado creando hexágonos— en forma de pilares, cuevas y arcos que ofrecen las condiciones ideales para distintas colonias de aves marinas.

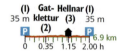

Lugar de referencia: Arnarstapi, 35 m.
Punto de inicio: Arnarstapi, aparcamiento junto al troll de piedra.
Acceso: En coche por la ctra. nº 574.
Desnivel: 120 m.
Dificultad: Bonita ruta por la costa.
Dónde alojarse: En Arnarstapi.
Sugerencia: Comer algo en el Café Fjöruhúsið en Hellnar. Carretera sin salida Dritvík – Djúpalónssandur, 5 km al oeste de Arnarstapi: bonita ruta por la costa, curiosas formaciones de lava, un lago y restos de un barco encallado.

La primera parte de nuestra ruta nos lleva desde **Arnastapi** directamente al arco de roca de **Gatklettur** (señalizado), solo tenemos que dirigirnos desde el **aparcamiento (1)** hacia la costa acantilada. Desde aquí merece la pena seguir paseando por la línea costera en dirección noreste, pasando por delante de un pequeño estanque en el que suele haber aves marinas. Pero lo más impresionante son los agujeros en las rocas que se desploman en vertical, conectan con el mar y sirven

El arco de basalto «Gatklettur» cerca de Arnarstapi.

como privilegiados nidales a una colonia de gaviotas chillonas. Están señalizados y desde el agujero de **Miðgjá** se tienen unas buenas vistas. En 15 min llegamos al pequeño y pintoresco **puerto**. Lo mejor es regresar por el mismo camino, pasando otra vez por delante del arco rocoso de **Gatklettur (2)**, y proseguir después por el camino a lo largo del litoral en dirección suroeste. Las continuas vistas de las formaciones de basalto hacen que la ruta sea muy divertida. Pasamos un puentecillo y un arco, luego la senda deja el paisaje de praderas y serpentea por un campo de lava escarpado, aunque cubierto de musgo blando. El camino está muy transitado, por lo que se reconoce bien, y también está señalizado con estaquillas rojas. Nuestro destino es el pueblecito de **Hellnar (3)**, al que llegamos al cabo de 40 min (calculados desde el aparcamiento). Esta población de nueve habitantes presenta una peculiaridad, y no se trata de su bonita bahía con arcos de piedra, sino del **Café Fjöruhúsið** con sus deliciosos pasteles. En Islandia, una ruta con la posibilidad de tomar algo por el camino es más bien la excepción. Después de reponer fuerzas regresamos a **Arnarstapi (1)** por el mismo camino.

49 Eldborg

1.45 h

Ruta fácil hasta el cráter volcánico del «castillo de fuego»

Desde el punto más alto del Eldborg, cuyo origen data del año 900, disfrutamos de unas impresionantes vistas del cráter circular con sus escarpadas paredes que hace honor al nombre de «castillo de fuego».

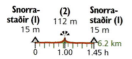

Lugar de referencia: Borgarnes, 30 m.
Punto de inicio: Granja de Snorrastaðir.
Acceso: Servicio de autobús por la ctra. nº 54, se recomienda ir en coche: desde la ctra. nº 54 se desvía una ctra. secundaria a la izda. hasta la granja de Snorrastaðir.
Desnivel: 100 m.
Dificultad: Sendero bien visible.

Dónde alojarse: Camping y refugios junto a la granja Snorrastaðir, cerca: hotel y camping Eldborg (ctra. nº 767).
Sugerencia: Por la carretera nº 54 continuar aprox. 10 km hacia el noroeste hasta un cruce: a la izquierda la carretera nº 767 lleva hasta Kolviðarnes (piscina). A los pocos kilómetros, por la derecha se llega a la granja Gerðuberg, donde justo al lado de la carretera se alza una imponente pared de bonitas columnas basálticas. El recorrido continúa hasta Höfði, donde hay varias fuentes minerales de gran tamaño.

El campo de lava delante del cráter de Eldborg está cubierto por una frondosa vegetación.

Junto a la **granja de Snorrastaðir** (**1**; aparcamiento, WC), tras el puente que cruza el Kaldá, encontramos un panel informativo. El camino nos lleva a través de un portillo y por la orilla de un arroyo. Al cabo de unos 10 min, se desvía a la izquierda hacia el cráter de **Eldborg**, que ya se divisa a lo lejos. El camino, bien acondicionado, nos conduce a través del **Eldborghraun**, que de lo contrario sería intransitable. Esta lava, de unos 1.000 años de antigüedad, está cubierta por una frondosa vegetación. Los abedules enanos que han ido creciendo entre los bloques de lava ofrecen cobijo a muchas aves; los arándanos y frutos comestibles les sirven de alimento. Al cabo de ¾ h llegamos al pie del cráter. El ascenso no es nada difícil, ya que el camino tiene escalones y una cadena de seguridad en los tramos más empinados. No obstante la roca y, sobre todo, el borde del cráter son muy quebradizos. Después de disfrutar de las fantásticas vistas desde el **borde del cráter (2)** regresamos al punto de inicio en **Snorrastaðir (1)** por el mismo camino, que no debemos abandonar por motivos de protección medioambiental.

50 Bæjarfell

2.30 h

Vuelta por una garganta con vistas a los glaciares

Esta ruta circular nos ofrece arte e historia al principio, un bonito camino por campos con flores y un desafío de montaña. No obstante, el ascenso sin camino se ve recompensado por unas impresionantes vistas de los glaciares Ok y Eiriksjœkull.

Lugar de referencia: Húsafell, 150 m.
Punto de inicio: Iglesia.
Acceso: En coche por la ctra. nº 518.
Desnivel: 380 m.
Dificultad: El primer tramo es fácil por un camino bien acondicionado; la segunda parte no tiene camino, pero el terreno es sencillo (¡solo si hay buena visibilidad!).
Dónde alojarse: Húsafell, camping.
Sugerencias: 1) La principal atracción de Húsafell son las Hraunfossar: a lo largo de 1 km numerosas cascadas se precipitan desde el campo de lava hacia las aguas color turquesa del río glaciar Hvitá (aparcamiento, WC, kiosco, rutas de paseo). 2) En la pista F578, 8 km al norte de la granja Kalmannstunga, se llega a un aparcamiento donde hay carteles con información sobre las grutas de lava de Surtshellir e Ishellir.

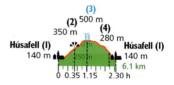

El artista Páll Guðmundsson tiene su atelier junto a la pequeña iglesia blanca de **Húsafell (1)**. Admiramos los rostros que ha cincelado en las piedras y continuamos por una pista en dirección sureste. Los indicadores colocados en las piedras nos informan sobre la historia del corral de ovejas y cabras histórico. Antes de la garganta subimos por la derecha de la pista hasta la colina, donde al cabo de un cuarto de hora llegamos a un discreto montón de piedras que está señalizado como trampa para zorros.
Ahora el camino sube empinado en algunas partes, pero se ve bien gracias a las piedras que lo delimitan. Podemos refrescarnos en una fuente; a la iz-

Páll Guðmundsson expone sus obras de arte al pie de la Bæjargil.

quierda nuestra vista alcanza el glaciar Eirik, por encima de la colorida **Bæjargil**. ½ h más tarde llegamos a un **banco (2)** con un libro de rutas. Desde aquí proseguimos sin camino hasta llegar a una altiplanicie pedregosa, donde nos mantenemos hacia el sur; algunos hitos nos facilitan la orientación. Ante nosotros se encuentra el pequeño glaciar de **Ok**.

Junto a una pequeña **cascada (3)** que cae por piedra roja podemos cruzar el arroyo fácilmente. Desde aquí emprendemos el regreso. Por esta parte (derecha orográfica) al principio el terreno es llano. Bajamos por una alfombra de plantas y gravilla, siempre con la garganta a la vista; de vez en cuando los rastros se juntan para crear una senda y al rato vuelven a dispersarse.

A partir de un llamativo **hito (4)** antes de la última pendiente algo más inclinada, el camino ya no tiene pérdida. Cuando llegamos a la entrada de la garganta podemos cruzar el arroyo sin problemas por las piedras y regresar a nuestro **punto de inicio (1)**.

Por encima de la garganta se extiende una llanura de piedras hasta el glaciar de Ok.

51 Glymur

2.40 h

Exigente ruta circular por la cascada más alta de Islandia

Esta ruta nos lleva desde la Reserva Natural de Storibotn, de 2.000 hectáreas de extensión, que nos deleita con abedules y una gran variedad de flores, hasta las áridas mesetas por las que serpentea el Botnsá al borde del Hvalfell hasta precipitarse 200 m hacia la angosta garganta.

Lugar de referencia: Hofsvik, 20 m.
Punto de inicio: Aparcamiento de Glymur, al final del Hvalfjörður (ctra. nº 47), desvío señalizado a aprox. 3 km.
Acceso: Desvío desde la ctra. de circunvalación (antes del túnel) por la ctra. nº 47.
Desnivel: 370 m.

Dificultad: Cruce del río por un puente provisional, ascenso empinado, trepadas fáciles, cruce del río por encima de la cascada.
Dónde alojarse: En ningún sitio.
Variante: Muchos solo van hasta el primer mirador y después dan la vuelta.

Junto al **aparcamiento (1)** al final de la carretera pasamos por el portillo metálico siguiendo las piedras pintadas en amarillo en dirección este. El camino discurre por terreno llano hasta llegar a una pequeña bajada a un arroyo, que se puede cruzar fácilmente. Al cabo de 30 min el camino llega al río **Botnsá**. Para acceder al **puente (2)** sobre el río, ahora el camino baja y atraviesa brevemente una cueva. Poco después encontramos un tronco sobre el río con una cuerda para sujetarnos y lo cruzamos sin mojarnos. A continuación la senda sube en pendiente a la derecha del río por la ladera. 10 min escasos más tarde tenemos que superar un incómodo cantizal y, 10 min después, incluso una sencilla zona de trepada que puede resultar difícil sobre todo bajando, ya que no se ve demasiado bien dón-

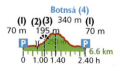

de pisamos. Al rato llegamos al primer **mirador (3)**, con una destacada roca desde la que se puede admirar la cascada de Glymur en todo su esplendor. Ahora la senda continúa hacia arriba hasta otro mirador, al que llegamos en 15 min. Quien tenga ganas de un poco de aventura, puede seguir caminando por el desplome de la cascada. Por encima el río fluye tranquilo y ancho y se puede vadear tranquilamente en circunstancias normales **(4)**. Aquí no estaría mal tener unas chanclas de baño y una toallita para secarnos y calentarnos los pies. Desde aquí la senda baja por la garganta y continuamente nos regala preciosas vistas de la parte superior de la Glymur, pero lo que resulta más impresionante es la amplia panorámica, que llega hasta el mar. El descenso se realiza por un terreno pedregoso, con algunas partes por un bosque de abedules, y nos lleva de vuelta a la senda señalizada en amarillo, por la que regresamos por la derecha a nuestro punto de inicio en el **aparcamiento (1)**.

La cascada más alta de Islandia cae 200 m a una angosta garganta.

52 Þingvellir

2.00 h

Sencilla ruta circular en el Santuario Nacional de Islandia

En este «campo de la asamblea nacional» se celebró hacia el año 930 el primer Alþingi, una asamblea con poder legislativo y judicial. Mil años más tarde de la zona fue declarada Parque Nacional.

Lugar de referencia: Reykjavík, 30 m.
Punto de inicio: Centro de información, carretera nº 36; también se puede aparcar junto a los lugares de interés viniendo desde la ctra. 361.
Acceso: Servicio de autobús desde Reykjavík una vez al día; en coche por la ctra. 36.
Desnivel: 100 m.
Dificultad: Ruta variada y sencilla por caminos señalizados.
Dónde alojarse: Campings en el Parque Nacional.

Desde el moderno **centro de visitantes (1)**, primero entramos en un mirador sobre una plataforma para hacernos una visión de conjunto. A continuación bajamos por un camino ancho hacia la «**Garganta de Todos los Hombres**», que no solo es interesante desde un punto de vista geológico por ser una de las mayores grietas de esta región, sino también desde un punto de vista histórico por haber sido el antiguo lugar de reunión del Parlamento is-

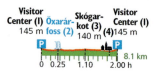

landés. Caminamos por el ancho camino a lo largo de la garganta, por delante de la **Lögberg** («roca de las leyes»), coronada por un asta de bandera. Aquí, antiguamente se daba lectura a los textos legales. A continuación el camino

La Garganta de Todos los Hombres es la frontera geológica entre Europa y América.

sale de la grieta, pasa por delante del aparcamiento y vuelve a subir hacia la grieta. Aquí, por un camino de tablones retrocedemos un poco hacia la izquierda en dirección a la **Öxarárfoss (2)**. Desde aquí regresamos y seguimos a la derecha por el camino de tablones a través de la garganta hasta el siguiente camino a la derecha. Bajamos por este hasta la carretera; a partir de aquí el sendero Skógarkotsvegur está señalizado. Cruzamos la carretera de acceso, pasamos por delante de una profunda grieta rellena de agua y cruzamos también la carretera nº 361. Nuestro ancho sendero y camino de herradura atraviesa un bosque de abedules y pasa por otra grieta cubierta de musgo hasta la granja **Skógarkot (3)**, abandonada desde 1936. Allí, desde una pequeña colina, disfrutamos de una buena panorámica que llega hasta el Þingvallavatn. Regresamos trazando un ángulo agudo y en dirección a Þingvallabær por el Gönguvegur, que ahora es un estrecho camino peatonal que serpentea por el campo de lava. Al cabo de 30 min cruzamos otra vez la carretera y pasamos por otro aparcamiento hasta la **Flosagjá**, en la que relucen muchas monedas. Nos mantenemos a la izquierda hasta la —idílicamente ubicada— **iglesia (4)** con su pequeño cementerio. Desde aquí (hay un desvío a la derecha poco antes de la iglesia) caminamos por un camino ancho y algo pedregoso por la orilla izquierda del río hasta un puente amplio. En el prado que aparece a continuación, donde ahora hay un área recreativa, se encontraba el hotel Valhöll. Desde aquí, una vereda con escalones vuelve a subir hasta otro mirador y regresa a la grieta, desde donde vamos unos pocos metros cuesta arriba y a la izquierda y regresamos a nuestro **punto de inicio (1)**.

53 Nesjavellir

1.20 h

Bonita ruta circular ante las puertas de Reykjavík

Cerca de la central geotérmica más moderna de Islandia se pueden hacer algunas rutas de senderismo muy bonitas. Como muchas de ellas son travesías, hemos escogido un recorrido circular durante el cual podamos conocer bien esta zona.

Lugar de referencia: Reykjavík, 30 m.
Punto de inicio: Carretera nº 435 viniendo desde Reykjavík; poco antes de la central eléctrica, junto a un depósito de agua blanco; se puede aparcar.
Acceso: Por la carretera nº 435.

Desnivel: 135 m.
Dificultad: Ruta circular sencilla. Los caminos están muy bien y de manera ejemplar señalizados, también hay paneles con mapas.
Dónde alojarse: En Reykjavík.

El «Sporhelludalur hringleið» se puede empezar desde el **depósito de agua (1)**. Cruzamos la carretera hasta una valla con escalera para pasarla e indicador y subimos por la ladera siguiendo la señalización de estaquillas verdes. Continuamente se nos muestran bonitas vistas de las formaciones de lava,

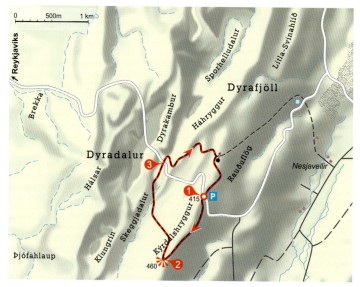

Estrambóticas formaciones de lava en Nesjavellir, con vistas del Þingvallavatn.

pero también del paisaje que se extiende más allá del Þingvallavatn. A la izquierda vemos las columnas de humo que salen de la central eléctrica de Nesjavellir. Al cabo de 10 min llegamos a otro indicador y seguimos por la senda a la derecha; a la izquierda se baja a la central. Poco después, junto a un panel, un camino se desvía cuesta arriba por la cresta, pero nosotros continuamos por el camino señalizado en verde, que cruza la loma de **Kýrdalshryggur (2)** —el punto más alto de nuestra ruta—, y bajamos por la senda hacia el valle de Skeggjadalur. Allí nos mantenemos de nuevo a la derecha. Tras un breve descenso nos dirigimos hacia la carretera nº 435, la cruzamos **(3)** y subimos por escalones por el camino señalizado en rojo. Al rato aparece un nuevo cruce de caminos: seguimos la señalización roja hacia la derecha. Sin embargo, a partir del siguiente indicador seguimos la señalización verde («Kýrdalshryggur/Sporhelludalur»). Enseguida llegamos a una estación emisora y desde aquí la pista nos lleva de regreso al **depósito de agua (1)**, al que llegamos en unos minutos.

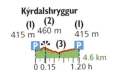

54 Zona geotérmica de Hengill

2.45 h

Ruta hasta una zona de fuentes termales con una de las piscinas naturales más bellas de Islandia

A Hveragerði suelen ir muchos autobuses turísticos para visitar los invernaderos, en los que se puede tomar café bajo los plataneros. Pero el auténtico tesoro de esta región son sus fuentes termales, que no solo sirven para calentar los invernaderos, sino que también, junto con la zona geotérmica de Hengill, nos ofrecen una ruta con un maravilloso paisaje.

Lugar de referencia: Hveragerði, 30 m.
Punto de inicio: Desde la carretera nº 1 viniendo de Reykjavík torcemos hacia el pueblo, atravesamos el centro, pasamos por delante del campo de fútbol y nos mantenemos a la izquierda hasta el aparcamiento, donde la pista desemboca en un vado (aprox. 3 km).
Acceso: En coche o autobús (que para en la carretera de circunvalación).
Desnivel: 300 m.
Dificultad: Ruta fácil por caminos bien señalizados.
Dónde alojarse: Camping, hotel en el pueblo.
Variante: Vuelta por el Ólkelduhnúkur, aprox. 1 h.
Consejo: No olvidarse del bañador.

El camino a la zona de baños pasa justo por delante de fuentes termales.

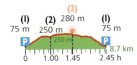

Desde el **aparcamiento (1)** junto al vado cruzamos una pasarela de madera y, por delante de los paneles informativos, seguimos por la senda que sube a la derecha en dirección a **Reykjadalur** (señalización de estaquillas rojas). Pronto pasamos algunas fuentes termales pequeñas y un arroyuelo con una cascadita que se precipita hacia una poza tibia. Después del primer ascenso empinado de 160 m verticales vamos por la ladera y, con vistas a la garganta del Reykjadalsá, continuamos subiendo con una pendiente moderada. El paisaje es impresionante; sobre todo la cascada situada más abajo en la garganta bien se merece una foto.

A continuación llegamos cuesta abajo al **Reykjadalsá (2)**, un arroyo que debido a su agua templada es muy agradable de vadear. Ahora seguimos por la vereda que discurre un poco por encima del arroyo en dirección norte.

Al rato pasamos borboteantes pozos de barro y algunas fuentes de las que emanan fuertes vapores y que, con 100ºC, sin duda son demasiado calientes para bañarnos. Un poco más tarde (hasta aquí ha transcurrido algo más de 1 h) llegamos a las zonas de baño. Sin embargo, seguimos durante un trecho la señalización que nos conduce hacia arriba hasta Ölkelduháls has-

Una de las fuentes termales más coloridas de Islandia está muy cerca de la zona de baños.

ta que, a la derecha, una senda señalizada se desvía hacia el nacimiento del Reykjadalsá en una garganta rocosa. Aquí nos dirigimos hacia las columnas de vapor y allí podemos admirar otra fascinante zona geotérmica con solfataras, pozos de barro y fuentes de agua.

A continuación retrocedemos un poco y seguimos la señalización hacia la izquierda y cruzamos el caliente arroyo por piedras. Desde esta orilla pronto divisamos una magnífica fuente teñida de rojo. Algo más tarde nos mantenemos a la derecha junto a un indicador, cruzamos el frío afluente por piedras y buscamos una **zona de baño (3)** adecuada, aunque al principio el agua está muy caliente.

Para el regreso podemos seguir una senda bien trillada por el lado izquierdo del arroyo, aunque la pradera tiene algunas partes cenagosas. En el vado —que de este modo evitamos— volvemos a encontrarnos con el ancho camino señalizado, por el que regresamos a nuestro **punto de inicio (1)**.

El río, con agua muy caliente, también alimenta la zona de baños.

55 Zona termal de Krýsuvík

Travesía por un fascinante paisaje de lava

En la península de Reykjanes, por la que muchos turistas injustamente pasan de largo, la dorsal mesoatlántica emerge a la superficie. Grietas, campos de lava, volcanes y zonas geotérmicas con solfataras y fuentes termales nos demuestran que esta región es todavía una zona volcánica activa.

Lugar de referencia: Reykjavík, 30 m.
Punto de inicio: En la ctra. nº 42, viniendo de Reykjavík, hay un aparcamiento (Seltún) a la derecha después del Kleifarvatn.
Acceso: En coche o también en bicicleta por la carretera nº 42.
Desnivel: 160 m.
Dificultad: Ruta sin dificultad técnica por un camino señalizado.
Dónde alojarse: En Reykjavík.
Observaciones: El panel junto a la zona de fuentes termales puede interpretarse erróneamente como un sendero circular, sin embargo lo que muestra es el recorrido ampliado por las pasarelas de madera. No se puede hacer un recorrido circular por las solfataras situadas por encima, el terreno no tiene camino y presenta algunos peligros.
Sugerencias: También se recomiendan los otros destinos excursionistas por la península, como el museo del pescado en salazón de Grindavik y la zona geotérmica de Gunnuhver.

Desde el **aparcamiento (1)** un camino circular nos lleva por pasarelas de madera hasta algunas solfataras. Tras esta introducción seguimos el indicador «Ketilstígur». El camino está señalizado con estaquillas naranjas y sube 150 m verticales con una pendiente moderada. Cuanto más subimos, más impresionantes son las vistas de los alrededores. Después de 1 km el camino se allana y discurre por entre dos colinas hacia una altiplanicie. Allí pasamos por delante del lago **Arnavatn** en dirección norte. Ahora la ruta atraviesa casi en llano un árido paisaje volcánico, que una y otra vez nos sorprende con sus peculiares formaciones de lava y piedra. Al cabo de aprox. 1 h llegamos a una pendiente, desde donde tenemos unas magníficas vistas **(3)** de un gran campo de lava. A la derecha se alza la loma de la montaña **Ketil**. Desde aquí la senda baja hasta una pista. Sin em-

El sendero está señalizado con estaquillas; detrás el lago Arnavatn.

bargo, no tiene sentido que bajemos, por lo que regresamos por el mismo camino. El desvío junto al lago **(2)** en dirección suroeste es un sendero de largo recorrido (señalización «Hettu»); quien tenga ganas puede hacer un desvío y pasar por encima de la valla por una escalera para ascender a la ladera, desde donde podrá disfrutar de otra buena panorámica **(4)**. El camino de **Ketilstígur** nos lleva de vuelta al **aparcamiento (1)**.

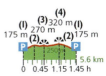

Índice alfabético

A
Akureyri 20, 104
Arnarstapi 11, 130
Arnavatn 146
Ásbyrgi 84, 86, 88, 90, 92
Askja 26

B
Bæjarfell 134
Bæjargil 135
Bakkagerði 70, 72, 75
Bláhnúkur 11, 42
Borgarnes 132
Botnsá 136
Brennisteinsalda 44, 47
Brjanslækur 118
Brúnavik 70
Buðadalur 124

D
Dalvik 106
Dettifoss 92
Dimmuborgir 94
Drangajökull 111
Dynjandifoss (Fjallfoss) 114

E
Egilsstaðir 20, 63, 66, 68, 75
Eldborg 132
Elliði 108
Eyjabakkajökull 26
Eyjafjallajökull 34
Eyjan 84

F
Fálkaklettur 64
Fimmvörðuháls 11, 30
Fiordos occidentales 22
Fjallabak (Parque Nacional) 11
Fjallfoss (Dynjandifoss) 114
Fljótsdalur 36
Flókalundur 118, 120
Flosagjá 139
Fuglabjagarnes 78

G
Gatklettur 131
Geldingafjall 75
Gerðuberg 132
Gláma 57
Gléradalur 104
Gluggahellir 32
Glymur 11, 136
Godahraun 31
Grænagil 43
Grettislaug 122
Grindavik 146
Grjótagjá 98
Gunnuhver 146
Gvendarskál 108

H
Hafragil 92
Hafragilsfoss 92
Hallormsstaður 63, 66
Hella 42, 44, 48
Hellnar 130
Helluvatn 118, 119
Hengifoss 11, 68
Hengill (Zona geotérmica) 11, 142
Herðubreið 26
Hljóðaklettar 88
Höfðabrekkajökull 39
Höfn 60
Hofsvik 136
Hólar 108
Hólatjoern 64
Hólmárfossar 90, 92
Hólmatungur 90, 92
Holmavik 110
Hornstrandir 26
Hrafntinnusker 46
Hundafoss 53, 56
Húsadalur 34
Húsafell 134
Hvannadalshnúkur 57
Hvannagil 60
Hveragerði 142
Hveravellir 26
Hverfjall 95, 98
Hvitarvatn 26
Hvolsvöllur 32, 34, 36

I
Isafjörður 23, 110

J
Jökulsá á Fjöllum 84
Jökulsá (Cañón) 86
Jökulsá i Lóni 60
Jökulsárgljúfur (Parque Nacional) 20, 21, 84

K
Kaldalón 110
Karl og Kerling 92
Katla 38
Kirkja 88, 95
Kirkjubæjarklaustur 42, 44, 48, 50
Klappir 86, 92
Kópasker 82
Krafla 102
Kristinartindar 57
Krýsuvik (Zona termal) 146
Kýrdalshryggur 141

L
Lambafoss 64
Lambagil 121
Landmannalaugar 11, 19, 25, 42, 44, 46, 48
Langavatn 122
Langidalur (Refugio) 32, 34
Látrabjarg 23, 116
Laugar 124, 126
Leirhnjúkur 103
Litlanesfoss 69
Lögberg 138
Lónsöræfi 26

M
Miðgjá 131
Morinsheiði 31
Morsárdalur 54
Mýrarfjall 112
Mýrdalsjökull 34, 38
Mývatn 20, 97

N
Námafjall 11, 100
Namskvisl 48
Nesjavellir 140
Nyrðrihnaukur 58

O
Ok 135
Öxarárfoss 139

P
Papey 20
Patreksfjörður 116

R
Ránagil 126
Rauðanes 80
Rauðhólar 11, 88
Rauðinúpur 82
Reykhólar 122
Reykjadalsá 143
Reykjahlið 94, 96, 98, 100, 103
Reykjanes 146
Reykjavík 24, 138, 140, 146
Río Krossá 34

S
Sælingsdal 126
Sanddalur 92
Sel 52
Seljalandsfoss 32, 34
Selvallavatn 128
Selvellir 128
Sjónarnípa 57
Sjónarsker 52, 58
Skaftafell (Parque Nacional) 11, 19, 52, 54, 57
Skalli 42
Skeiðsvatn 107
Skógafoss 11
Skógar 25, 30
Skrúður 112
Snæfell 20, 26
Snæfellsnes 23, 124
Snorrastaðir 132
Stafafell 60
Stóragjá 99
Stórihver 47
Stórurð 75
Strútsfoss 66
Sturluflöt 66
Stykkishólmur 128
Suðurnámur 48
Súlur 104
Surtarbrandsgil 118
Svartifoss 11, 52
Svörtuklettar 124
Systravatn 50

T
Þakgil 38
Þingeyri 112, 114
Þingmannaá 121
Þingvallavatn 141
Þingvellir 11, 138
Þórólfsfell 36
Þórshöfn 80
Þórsmörk 19, 25, 30, 32, 34
Tindfjallajökull 34
Torfajökull 42
Troll (Península) 106

V
Valahnúkur 34
Vatnsdalur 107, 120
Vatnsfjörður 118, 120
Vatnsskarð 75
Vesturdalur 88, 90, 92
Vík 38, 40
Vindbelgjarfjall 96
Vopnafjörður 78

Foto de cubierta:
Caldera del volcán Ljótipollar al borde de la
Reserva Natural de Fjallabak.

Foto página 1:
Aguja rocosa cerca de Vík en el sur de Islandia.

Todas las fotos son de los autores.

Cartografía:
55 mapas a escala 1:50.000, 1:75.000 y 1:100.000
© Bergverlag Rother GmbH, Múnich
(elaborados por: Barbara Häring)
Mapa general a escala 1:3.000.000 und 1:5.000.000
© Freytag & Berndt, Viena

Traducido por Tramontana Translations
(Verónica Sánchez Ferrarós y Victoria E. Gil Talavera)

La elaboración de todas las rutas descritas en esta guía ha sido realizada por los autores conforme a su experiencia y conocimientos. El resultado de seguir las rutas descritas es por cuenta y riesgo del lector. Ni la editorial ni los autores se responsabilizan, bajo ningún concepto, de los posibles accidentes, altercados o daños que pudiesen sufrir los lectores al llevar a la práctica estas rutas.

2ª edición totalmente revisada y ampliada 2013
© Bergverlag Rother GmbH, Múnich

ISBN 978-3-7633-4706-3

Distribución:
mapiberia f&b
Nave A2, 05004 Ávila (Spain)
Tel.: (34) 920 03 01 06 · Fax: (34) 920 03 01 08
Internet www.mapiberia.com · **E-Mail** info@mapiberia.com

Islandia

Gabriele y Christian Handl

Islandia

49 rutas selectas por la
»isla de hielo y fuego«

Traducido por Tramontana Translations
(Isabel Grasa Vilallonga y Verónica Sánchez Ferrarós)

Con 69 fotos en color,
dos mapas parciales a escala 1:250.000, un mapa parcial a escala
1:125.000, 24 mapas parciales a escala 1:100.000,
19 mapas parciales a escala 1:50.000, un mapa parcial a escala
1:40.000, dos mapas parciales a escala 1:25.000
y un mapa general a escala 1:2.000.000.

ROTHER · MÚNICH

Foto de cubierta:
Caldera del volcán Ljótipollar al borde
de la Reserva Natural de Fjallabak.

Foto de la página 2:
Aguja rocosa cerca de Vík en el sur de Islandia.

Todas las fotos son de los autores.

Cartografía:
Todos los mapas parciales excepto el de la pág. 70
(Nature Conservation Council, Reykjavik) y el mapa general
© Iceland Geodetic Survey, Reykjavik.

La elaboración de todas las rutas descritas en esta guía ha sido
realizada por el autor conforme a su experiencia y conocimientos.
El resultado de seguir las rutas descritas por el autor es por
cuenta y riesgo del lector. Ni la editorial, ni el autor se responsabilizan
de los posibles accidentes, altercados o daños que pudieren sufrir los
lectores al llevar a la práctica estas rutas, bajo ningún concepto.

1° edición 2007
© Bergverlag Rother GmbH, Múnich (Alemania)

ISBN 978-3-7633-4706-3

ROTHER Guías excursionistas

Camino de Santiago · Islandia · La Palma · Mallorca ·
Mont Blanc · Tenerife

Distribución:

mapiberia f&b
Plaza San Francisco, 1
05005 Ávila (Spain)
Tel.: (34) 920 03 01 06 · Fax: (34) 920 03 01 08
info@mapiberia.com · www.mapiberia.com

Prólogo

En esta época marcada por la destrucción de la naturaleza, Islandia, isla de hielo y fuego, despierta un encanto casi mágico en cualquier amante de la naturaleza. Paisajes vírgenes y salvajes, enormes glaciares frente a inmensos volcanes, fauna y flora únicas y pocas carreteras que cortan el paisaje, garantizan una experiencia inolvidable, pero también exigen mucho a los viajeros. Dicho provocativamente: ¡Islandia no es el país ideal para hacer senderismo!

En primer lugar, porque muchas regiones todavía carecen de infraestructura, hay pocos caminos señalizados, pocos refugios, a veces no hay puentes para cruzar los ríos glaciares impetuosos y en el interior de la isla escasean las posibilidades de adquirir alimentación. Todo esto se puede interpretar naturalmente como un desafío y una base para una auténtica experiencia en la naturaleza.

Pero los verdaderos problemas se ponen de manifiesto cuando nos fijamos en la geología de Islandia: ya que la actividad volcánica está presente todavía en muchos puntos de la isla, encontramos una tierra vegetal fina e inestable con una vegetación muy delicada, que además tiene que luchar contra el duro clima. Sólo con que algunos excursionistas se salgan del camino basta para destrozar la vegetación y causar graves daños en los sensibles colchones de musgo y en los escasos recursos forestales. Por este motivo, intentamos presentar en esta guía excursionista sólo aquellas rutas que transcurren por caminos ya existentes.

Nuestro objetivo es mostrarle el camino que le conducirá hasta las bellezas naturales de Islandia, sólo accesibles a excursionistas. Por ello, hemos renunciado a rutas de muy larga duración, pues el tiempo en Islandia es especialmente valioso debido a la inestabilidad meteorológica. ¡A menudo un corto paseo es suficiente para vivir una experiencia inolvidable!

Por este motivo, todas las excursiones discurren por los Parques Nacionales que abarcan paisajes de gran belleza y ofrecen, con sus infraestructuras y su accesibilidad mediante medios de transporte públicos, las condiciones necesarias para hacer senderismo. Además, también le presentamos brevemente todas las regiones de Islandia para que usted mismo pueda elegir las zonas de su interés.

Esperamos que nuestros lectores sientan también durante sus caminatas esta fascinación por Islandia, fruto de sus desiertos de lava y glaciares, del luminoso musgo y de impresionantes cascadas, y que, al igual que nosotros, queden »cautivados« por ella.

Primavera 2007   Gabriele y Christian Handl

Índice

Prólogo 5
Consejos prácticos 8
Hacer senderismo en Islandia 14
Información y direcciones de interés 18

El sur de Islandia
Þórsmörk – Landmannalaugar – Skaftafell 22
1 Skógar – Fimmvörðuháls – Þórsmörk 24
2 La cascada de la garganta Stakkholtsgjá 26
3 Por Goðaland (Tungnakvíslarjökull) 28
4 Vista desde la cumbre del Valahnúkur, 465 m 30
5 La cascada oculta de Glúfrafoss 32
6 Vista desde el monte Bláhnúkur, 945 m 34
7 Litla Brandsgil – Skalli, 1.027 m 36
8 Zona termal cerca de Hrafntinnusker 38
9 Kirkjubæjarklaustur 40
10 Por las cascadas en el PN de Skaftafell 42
11 Skaftafellsjökull 44
12 Morsárdalur 46
13 Kristínartindar, 1.126 m 48
14 Jökulsárlón 52

El este y noreste de Islandia
Paisaje de fiordos alrededor de Egilstaðir 54
15 Montañas de liparitas en la garganta de Hvannagil 56
16 En el bosque de Hallormsstaður 58
17 Hengifoss 60
18 Hvituhnjúkur 62
19 En la bahía de Héraðsflói 64

El norte de Islandia
Akureyri – Parque Nacional de Jökulsárgljúfur – Mývatn 66
20 Roca de aves cerca del volcán Rauðinúpur 68
21 Isla rocosa de Eyjan 70
22 Hacia el cañón del Jökulsá 72
23 Hljóðaklettar – Rauðhólar 74
24 Hólmatungur 76
25 Dettifoss 78
26 Dimmuborgir – los castillos negros 80
27 Los pseudocráteres de Skútustaðir 82

28	Subida al Vindbelgjarfjall, 529 m	84
29	Grjótagjá	86
30	Excursión por solfataras	88
31	Krafla	90
32	El oasis de Herðubreiðarlindir	92
33	Hacia el Öskjuvatn	94
34	Súlur, 1.213 m	96
35	Desde Dalvík hasta Olafsfjörður	98
36	En la península de Troll	100

El oeste de Islandia
Península de Vatnsnes – fiordos del Oeste – Snæfellsnes – Reykjavik . 102

37	Península de Vatnsnes	104
38	Kaldalón	106
39	Dynjandifoss (Fjallfoss)	108
40	Los fósiles en el Surtarbrandsgil	110
41	Látrabjarg	112
42	Berserkjahraun – Hraunsfjarðarvatn	114
43	Arnarstapi	116
44	Eldborg	118
45	Hraunfossar	120
46	Glymur	122
47	Þingvellir	124
48	Zona termal de Krýsuvík	126
49	Islas de los Hombres del Oeste – Heimæy	128

Excursiones de esquí 130

Índice alfabético 132

Consejos prácticos

Cómo utilizar esta guía

La guía está dividida en cuatro partes. Al principio de cada una encontramos una descripción de la región correspondiente. El mapa con los números de las rutas (páginas 14/15) nos ofrece una buena visión general.
Al principio de la descripción de la excursión, hay un resumen de los datos técnicos con respecto al acceso, carácter, duración y dificultad de la excursión. Con el término »lugar de partida« entendemos el pueblo situado más cerca y con posibilidad para comprar. Para tener una información más exacta y actual sobre las líneas de autobús, se puede consultar en internet o en los folletos de las compañías de bus, fáciles de conseguir en Islandia. Un mapa parcial en color, sacado de los mapas del Instituto geodésico islandés y que indica el itinerario de cada ruta evita tener que comprar mapas adicionales. En ocasiones, no se ha marcado el punto de inicio si este ya aparecía en otro mapa. Los mapas excursionistas, como los hay en otras regiones de senderismo, todavía no están disponibles para todas las regiones de Islandia. Sobre todo, hay que tener en cuenta que en Islandia ningún mapa puede hacer un seguimiento constante de todos los cambios geológicos y ni de construcción de carreteras.

Trepada fácil en el descenso a Þórsmörk.

Vadear por helados ríos glaciares es todo un reto.

Dificultad
Para poder valorar las dificultades que nos esperan en cada caminata, se han clasificado las rutas propuestas en tres grados de dificultad. Cada número de ruta tiene uno de los siguientes tres colores:

AZUL
La mayoría de estos caminos están bien señalizados, son bastante anchos y moderadamente empinados, con lo cual, incluso en caso de mal tiempo, apenas suponen ningún peligro. Son caminos que, bajo condiciones normales, pueden recorrer también niños y gente mayor.

ROJO
Estos caminos, en su mayor parte, están bastante bien señalizados, son estrechos, en ocasiones encontramos tramos algo expuestos o empinados y en caso de mal tiempo pueden causar en seguida problemas (ver la indicación especial de aviso en cada ruta).

NEGRO
Estos caminos no están señalizados o a trechos o en todo el recorrido y/o presentan tramos difíciles como vados o campos de volcanes y/o son muy expuestos. Además, en su mayoría, son muy largos y exigen un excelente sentido de orientación y una buena condición física. En caso de mal tiempo, estas caminatas se pueden alargar mucho.

Peligros
Por supuesto hemos intentado organizar las excursiones evitando peligros innecesarios, pero aún así, lo que realmente cuenta, más que en otras regiones de senderismo, es la responsabilidad de cada uno y la autovaloración correcta. La duración de las excursiones, basada en la experiencia y los valores registrados con gran precisión, depende sobre todo de la forma y capacidad física de cada uno.

Los cambios bruscos de tiempo son muy frecuentes en Islandia y, en cuestión de poco de tiempo, se pueden producir diferentes fenómenos meteorológicos. Podemos encontrar nieve en las zonas elevadas y en las Tierras Altas lo cual dificulta la marcha. En general, desde un punto de vista climático, hay que calcular unos 2.000 metros de altura para alcanzar los valores de referencia centroeuropeos. Tanto la fuerte lluvia como la radiación solar pueden hacer subir rápidamente el nivel de los ríos glaciares.

Esto puede causar retrasos si realizamos una ruta en la que hay que vadear ríos (temperatura del agua 3-5 grados C). Para vadear (¡nunca descalzos!) hay que desabrocharse el cinturón de la mochila para poder liberarse enseguida de ella en caso de caída. Por este motivo, se recomienda llevar consigo un pequeño kit de emergencia.

Las excursiones pondrán a prueba nuestro sentido de la orientación ya que sólo contaremos con la ayuda de los mapas, a veces las rutas discurren por viejos caminos de conexión entre pueblos o senderos de ovejas. Para no perderse por las zonas sin camino, hay que saber manejar perfectamente los mapas y la brújula. En caso de niebla, si es posible, esperar a una mejor visibilidad. El uso de un GPS (si se ha practicado) puede ser de gran utilidad.

Se recomienda especial precaución en las calientes zonas volcánicas. Sólo en las zonas más conocidas encontramos protecciones en forma de pequeños senderos limitados por cuerdas. En las solfataras evite las zonas blancas y los bordes con charcas de ácido sulfúrico o lodo hirviendo. Aquí hay gran peligro de derrumbamiento. Nunca se acerque mucho a los géisers calientes y tenga también siempre en cuenta la dirección del viento.

Tampoco se debería confiar ciegamente en la información que le den los islandeses o los guardas de refugios, ya que su sentido de la seguridad no es el mismo que el que quizás conocemos de otras regiones de montaña. En caso de emergencia (accidentes en la montaña y búsqueda de desaparecidos), pónganse en contacto con la asociación de salvamento y rescate de Islandia: Slysavarnafélagið Landsbjörg, Stangarhylur 1, 110 Reykjavik (00354/5874040). El teléfono de urgencias es el 112.

Equipamiento
Calzado sólido con suela de goma compacta (la roca volcánica es a menudo afilada), ropa de abrigo siguiendo el principio de la cebolla (no tiene que ser un polar – los jerseys de Islandia son igualmente calientes y repelentes

La mezcla de agua termal caliente y agua de manantial fría hacen que la temperatura de baño sea muy agradable, como aquí en Hveravellir.

al agua), absolutamente imprescindible una buena protección antilluvia, funda para lluvia para la mochila; dentro de la mochila colocar todo de nuevo en bolsas impermeables. Paquete de primeros auxilios, suficientes provisiones, agua potable (según la región, abundante hasta casi inexistente). Es muy importante utilizar bastones de montañismo, pues son requisito imprescindible para cruzar los ríos. En caso de vadeo, utilizar mejor sandalias de trekking, zapatillas de baño de plástico o botas de goma altas dobladas por encima de la rodilla y con una suela de goma compacta (ideales también para húmedas excursiones de un día. No son muy recomendables para rutas de más de un día debido al peso). Equipo completo de camping con infiernillo de gasolina o alcohol (alcohol de quemar = Rauðspirit, para camping gas sólo se pueden adquirir los pequeños cartuchos, sino lo habitual es el sistema »Primus«), una buena esterilla, un saco de dormir caliente y una tienda de campaña a prueba de tormentas. Teniendo en cuenta los numerosos baños termales (»sundlaug«), ¡no olvidar el bañador!
Las diferentes tonalidades de luz y color convierten Islandia en un país de ensueño para fotógrafos. Por este motivo, llevar consigo suficientes carretes y baterías de reserva (o, en caso de cámaras digitales, chips adicionales).

Mejor época del año
De junio a agosto, aunque las pistas en las Tierras Altas a menudo sólo están abiertas a partir de mediados de julio, en julio apenas oscurece (Islandia se encuentra casi por debajo del círculo polar), en septiembre los días ya se acortan, hay pocos servicios de autobús y el tiempo es peor.

Comida y alojamiento
Quien quiera conocer Islandia haciendo senderismo, tiene que prepararse desde un principio para unas vacaciones de camping, ya que en los lugares más bonitos apenas hay hoteles y si los hay, son muy caros.
Los refugios son exclusivamente de autoabastecimiento, pero, eso sí, equipados con una buena cocina a compartir; sólo en algunos pocos hay un guarda en verano. Los refugios en Þórsmörk y en Landmannalaugar son destinos de fin de semana apreciados también por los islandeses. Se recomienda preguntar en las asociaciones excursionistas y reservar. A Islandia sólo se pueden importar tres kg de comestibles por persona. La importación de embutidos, mantequilla y leche está terminantemente prohibida. Lo mejor es llevar alimentos deshidratados, sopas precocinadas, mezclas de frutos secos para picar. A menudo, sólo se puede comprar pan blanco; en general, los comestibles son bastante más caros que en Europa, pero los alimentos básicos (pasta y sobre todo patatas) son asequibles. Los productos lácteos son de muy buena calidad (especialidad islandesa: skyr), por lo contrario el pescado y la carne son muy caros; a menudo, la verdura importada es más barata que la del país. Se recomienda comprar en la cadena de supermercados »Bónus«. El alcohol se vende caro sólo en tiendas especiales o restaurantes con licencia.

Senderismo con paso quedo – cómo moverse por la isla
- **Autobús**: Islandia dispone de una red de compañías privadas de autobuses muy bien organizada que nos permite elegir diferentes puntos de partida y llegada. Con un billete especial podemos recorrer toda la

Refugio en Hvítárvatn.

isla por la carretera nº 1, pudiendo hacer paradas según nos convenga; con varios billetes de autobús (válidos también para los Fiordos del Oeste) podemos viajar de un sitio a otro durante un determinado periodo de tiempo. Para más información: www.re.is. En verano, las compañías de autobuses ofrecen también excursiones guiadas, p. ej. por las Terras Altas, en Þórsmörk, hasta Askja o hasta Landmannalaugar. Por lo general, es la única posibilidad de llegar a estos lugares sin vehículo propio. Generalmente, las interrupciones son sin gastos adicionales, pero estas líneas son más caras que las líneas normales de autobús.

Se puede llegar en autobús a la mayoría de los puntos de inicio de las rutas presentadas en esta guía. En cambio, algunas regiones de Islandia apenas son accesibles con medios de transporte públicos. A la hora de coger el coche propio para recorrer tramos de larga distancia y en malas condiciones, hay que replantearse si realmente vale la pena.

■ **Bicicleta:** Quien quiera recorrer Islandia en bicicleta y con equipaje pesado, realmente debe ser un verdadero fanático de la bici. Los inconvenientes de utilizar la bicicleta como principal medio de transporte son: el, a menudo, cambiante y tormentoso tiempo, los muy largos recorridos y los diferentes estados de las carreteras. En algunos tramos de la carretera que rodea toda la isla saltan todavía piedras cuando pasamos, algunas pistas no son muy aptas para las bicicletas. Por ejemplo, si hacemos una pequeña excursión hasta Landmannalaugar hay que empujar la bicicleta por algunos tramos de arena profunda. Quien combine hábilmente los viajes en autobús y las excursiones y alquile una bicicleta en Mývatn y Reykiavik, donde se recomienda ir en bicicleta (v. ruta 26), disfrutará mucho más del país y de sus lugares más bonitos.

Para los que vayan en bicicleta de montaña, las rudas pistas de Islandia con los campos de lava y los vadeos de ríos son todo un desafío. Las personas interesadas deberían consultar la página de internet del Icelandic Mountainbike Club: http://www.mmedia.is/~ifhk/touring.htm.

■ **Coche:** Llevar coche propio a Islandia es caro y hace perder mucho tiempo, pero hay lugares a los que sólo se puede acceder en vehículo (también en esta guía) y que merecen mucho la pena. Para subir a las Tierras Altas del interior, es imprescindible un 4x4 o incluso mejor un vehículo todoterreno bien equipado, ya que a menudo hay que ir superando vados. No hay que menospreciar el riesgo, pues cada año se producen accidentes mortales. El resto de la red de carreteras (excepto las pistas de tierra) se encuentra cada vez en mejores condiciones y se puede ir perfectamente en cualquier tipo coche. Los precios de los coches de alquiler son muy altos, comparados con otros países y en el caso de los coches todoterreno hay que asegurarse de que tengan un seguro.

Hacer autostop es difícil, ya que la densidad de tráfico es muy baja. Una posibilidad es hacerlo poniéndose de acuerdo con otro conductor.

Hacer senderismo en Islandia

La isla de hielo y fuego

Islandia se encuentra situada en el Atlántico, a 300 km al este de Groenlandia. Con apenas 103.000 km² y 287.000 habitantes, Islandia es un país muy poco poblado (1 hab./km² de media, 175.000 hab. en la zona de Reykjavik). La mayor parte de la gente vive en las ciudades de la costa, de tal manera que hay regiones en las que no vive nadie. Típico de Islandia son sus 140 volcanes, de los cuales unos 30 todavía están activos (o pueden serlo), y su gran contraste con los glaciares. Estos elementos todavía marcan y modifican el aspecto de la isla. Encontramos tanto paisajes de tundra como altas montañas, así como los glaciares más grandes de Europa y también los desiertos de lava más grandes del mundo, volcanes y enormes ríos glaciares que, divididos en muchos afluentes e interrumpidos por cascadas, buscan su camino hacia el mar. La zona de volcanes activos se extiende en dirección norte-sur por la isla y debe su existencia a la zona de hundimiento tectónico del medioatlántico. Gracias al calor propio de la tierra y a las fuentes calientes, casi todas las casas se calientan ecológicamente, lo que deriva en aire y agua limpios.

Rutas de varios días – Senderos de gran recorrido en Islandia

Exponerse durante días o semanas a la impresionante naturaleza de Islandia es algo fascinante, pero requiere una muy buena condición física y un buen equipamiento. Sobre todo en caso de mal tiempo como lluvia continua, una caminata con tienda de campaña a campo traviesa se puede convertir en una auténtica pesadilla. Lo mejor es hacer excursiones por ca-

Salida del sol en el Jökulsárlón.

El famoso géiser Strokkur es una de las principales atracciones de Islandia.

minos señalizados y en los cuales se encuentran refugios donde pasar la noche. Pero, comparado con otras regiones de senderismo, los recorridos de este tipo en Islandia son todavía escasos y dado que algunos refugios son pequeños, es imprescindible ponerse antes de salir en contacto con las asociaciones excursionistas responsables. Además, estas asociaciones también ofrecen las siguientes rutas guiadas de varios días (a parte de otras):

- La ruta de Skógar a Þórsmörk y luego a Landmannalaugar (6 días) es el sendero de gran recorrido más conocido y bonito. Las etapas que van de refugio en refugio (¡no hay posibilidad de comprar o de abastecimiento!) son: Skógar – Fimmvörðuháls (4–5 hrs.) – Þórsmörk (v. ruta 1, 5–6 hrs.) – Emstrur (5–6 hrs.) – Álftavatn (6–7 hrs.) – Hrafntinnusker (5–6 hrs.) – Landmannalaugar (v. ruta 8, 4–5 hrs.). Señalizados con estacas, hay algunos puentes, hay que vadear algunos ríos, por lo que la época para hacer excursiones depende del estado del agua. A pesar de que desde el verano de 1996 todos los refugios tienen espacio para mínimo 40 personas, es necesario hacer una reserva a tiempo. Al lado de los refugios por lo general hay zonas de acampada.
- Desde Hveravellir hasta Hvitarvatn (2–3 días, 3 refugios, en general senderos bien visibles). También se puede seguir hasta Gullfoss (2 días, no hay refugio, a lo largo de la pista Kjalvegur, F 37, sin señalización).
- Desde Snæfell, (este del Vatnajökull), pasando por la lengua glaciar Eyjabakkajökull hasta el Valle de Lónsöræfi en la costa sur (4 ref., mín. 4 días).
- Desde el pie del Herðubreið hasta Askja (Herðubreiðarlindir – Bræðrafell i Ódaðahrauni – Dreki í Dyngjufjöllum), 2 días, etapas largas, señalizado.

- Por el Parque Nacional de Jökulsárgljúfur se puede caminar desde la Dettifoss hasta Ásbyrgi, pasando por Vesturdalur, siempre a lo largo del Jökulsá (v. rutas 22–25). Hay zonas de acampada pero no refugios, muy bien señalizado, buen camino, recomendable (2 días).
- En la parte más septentrional de los fiordos occidentales, en la Reserva Natural de Hornstrandir (580 km^2), se ofrecen en verano rutas guiadas, pero no hay caminos señalizados. La orientación en estos paisajes áridos es muy difícil y las conexiones en barco son irregulares (en función del tiempo). Por ello, es necesario llevar reservas de comida y disponer de tiempo. El abandono de las granjas ha convertido Hornstrandir, en las últimas décadas, en una región deshabitada, lo que no significa que no haya absolutamente nadie. Las viejas granjas son ahora apreciadas residencias de verano para los islandeses. Durante las rutas por la costa, se recomienda precaución, ya que a veces la marea alta puede cortar el paso.
- En Tröllaskagi, la península al norte de Akureyri, se pueden hacer excursiones a pie de varios días por caminos conectados entre sí y pernoctar en el valle (alojamientos en casas particulares). Para más información, diríjase a la guía de montaña, Anna Hermannsdóttir.
- Entre Bakkagerði y Seyðisfjörður se pueden hacer rutas por los solitarios fiordos y las montañas ricas en colores. Se puede pernoctar en refugios y zonas de acampada y los caminos están en gran parte señalizados.
- En el caso de rutas peligrosas, no hay que infravalorar nunca el trayecto. Hay que planear la caminata con mapas exactos, llevar suficientes víveres. Antes de salir hay que informar el guarda del refugio de la ruta prevista y avisar el regreso.

Con ayuda de la guía excursionista resulta fácil orientarse en Þórsmörk.

Musgos de un verde luminoso rodean los fósiles de hojas (v. ruta 40).

Flora y fauna
Islandia es un paraíso para los amantes de la naturaleza. Sobre todo por el gran número de aves que aquí anidan y a las que en muchos lugares podemos acercarnos hasta muy pocos metros, pero también las focas, los lobos marinos, los renos o los caballos islandeses, tan apreciados por los jinetes, son los representantes más importantes de la fauna de Islandia. No hay animales venenosos como arañas o serpientes, ni tampoco animales feroces y hay que tener mucha suerte para ver zorros polares. Los únicos animales que pueden atacar a las personas son las aves preocupadas por sus nidos (muchas anidan en el suelo) y nos podemos llevar un buen susto con el (falso) ataque de un págalo. En cuanto a las plantas, llama la atención el crecimiento achaparrado de muchos árboles como por ejemplo el abedul, el cual apenas alcanza una altura de más de dos metros. Otros quedan achaparrados a ras de suelo. Los líquenes y el increíblemente luminoso musgo, así como flores como la colleja de color rosado, dominan la flora de Islandia, contrastando con el árido paisaje volcánico.

Parques Nacionales
Representan un elemento muy importante para la conservación de la naturaleza de la isla, pues aquí también hay intentos de explotarla desconsideradamente. En los Parques Nacionales hay que acampar en las áreas señalizadas y sólo se puede hacer excursiones por los caminos existentes. El excursionista encontrará caminos bien señalizados, una oficina que facilita las previsiones meteorológicas, material informativo, mapas e información sobre el estado de los caminos. A menudo también se puede encontrar una pequeña tienda o un supermercado. Sobre todo si viajamos en autobús, los Parques Nacionales son lugares ideales como puntos de partida para estancias de varios días.

Información y direcciones de interés

▪ Llegada a Islandia
En verano hay vuelos desde Madrid y Barcelona a Reykjavik (consulte una agencia de viajes). En verano, hay un ferry una vez a la semana entre Hanstholm (Dinamarca) – Seyðisfjörður (Smyril Line). El viaje en el Norröna (ferry de lujo) dura 4 días (estancia en las islas Feroé: dos noches), regreso 3 días.

▪ Información
Oficina de Turismo islandesa, Icelandic Tourist Board, Lækjargata 3, 101 Reykjavík. Tel.: (00354) 535-5500, Fax: (00354) 535-5501, Correo electrónico: info@icetourist.is (en inglés). Página web (también en español) de la oficina de turismo islandesa: www.icetourist.is.

▪ Camping
En Islandia, hay unos 125 campings y zonas de acampada de diferentes tipos, pero en general son muy sencillos. Muy pocos disponen de toma de corriente para caravanas. Acampar fuera de los recintos está permitido (Derecho público de libre tránsito en la Naturaleza), excepto en los Parques Nacionales. Aún así es preferible no hacerlo por respeto a la naturaleza. En propiedad privada, se necesita la autorización del propietario.

▪ Días festivos
17 de junio: fiesta nacional; el primer lunes de agosto: cerrado (verslunarmannahelgi, fiesta de los comerciantes): ¡muchos islandeses se van de excursión!

▪ Ocio y deporte
Natación: En la mayoría de lugares hay piscinas al aire libre (sundlaug) que disponen de »hot pots« y jacuzzis y que por lo tanto se pueden visitar con cualquier tiempo. *Hípica*: hay muchas ofertas en granjas y con rutas guiadas. Si trae su propia montura hay que desinfectarla antes de entrar a Islandia. *Pesca*: para los ríos, es necesario obtener un permiso; en el caso de salmones hay que pedirlo con antelación (jun.-sept.), para truchas se obtiene el permiso en la granja más cercana. Hay que desinfectar los utensilios. *Golf*: en Islandia es un deporte con muchos adeptos, hay más de 50 campos, los turistas son bienvenidos. Navegar en el Mývatn está prohibido incluso para *barca de remos*, al parecer por respeto a la naturaleza. Aún así, se ofrecen rutas en lancha motora. En el Jökulsárlón (rutas en barco organizadas) o en los ríos glaciares está prohibido navegar, ya que es muy peligroso y sólo está permitido a los »especialistas«.

▪ Clima
Clima oceánico moderado con veranos frescos e inviernos suaves; muy cambiante, temperatura media de verano: 10 grados, a veces más de 20 grados, pero también temperaturas bajo cero, sobre todo en la zona de los glaciares.

■ Horarios comerciales
Normalmente, de 9.00 – 17.00 h. En verano, también de 8.00 – 16.00 h., y algunos supermercados hasta las 23.00 h. En los meses de verano, muchas tiendas cierran los sábados, excepto las tiendas de souvenirs que incluso abren los domingos. Horarios de bancos: lunes – viernes 9.15 – 16.00 h. Correos: lunes – viernes 8.30 – 16.30 h.

■ Literatura y guías
Para conocer el país a través de su literatura, se pueden leer las obras del premio Nobel Halldor Laxness (p.ej: »Gente independiente«, »La campana de Islandia«).

■ Emergencias/Médicos
El teléfono de emergencia (24 horas), de carácter gratuito, es el 112. En Reykjavik: Servicio de urgencias del centro de salud, Barónsstígur 47,101 Reykjavík. Tel: 354-552-1230. En los días laborables de 17 h. a 8 de la mañana. Los fines de semana, todo el día.

■ Idioma
En Islandia, casi todo el mundo habla y entiende inglés. El alfabeto islandés tiene más letras que el español. La ortografía islandesa tiene la peculiaridad de haber retenido el uso de dos letras antiguas: þ y ð, que representan los sonidos sordo y sonoro de la »th« inglesa (similares respectivamente al sonido de la »z« castellana y de la »d« final en español), æ se pronuncia como »ay«, á como »au«, é como »ye«, ó como »ou«, u como »oi« y au como »oi«. Algunas palabras importantes relacionadas con la geografía son: *brú* – puente; *dalur* – valle; *fjall* – montaña; *foss* – cascada; *gil* – barranco; *gjá* – grieta; *hver* – fuentes calientes; *jökull* – glaciar; *jökulsá* – río glaciar; *vað* – vado.

■ Teléfono
Desde el extranjero: 00354 más el número de teléfono de 7 cifras. Cuidado: las guías de teléfono islandesas están ordenadas por los nombres de pila. Prefijo para llamadas a España: 0034. Las tres compañías de telefonía móvil cubren la mayor parte de la isla, al menos todas las poblaciones con más de 200 habitantes. Se pueden comprar tarjetas y alquilar teléfonos.

■ Asociaciones excursionistas
Se encargan de organizar excursiones y dan información sobre la ocupación, los horarios y reservas de los refugios. Siempre intentan vender sus rutas guiadas, así que a veces no nos dieron suficiente información para nuestras caminatas individuales.
Direcciones: *Ferðafélag Íslands*, Mörkinni 6, Reykjavik, tel: 568-2533, fax: 568-2535, fi@fi.is. *Ferðafélagið Útivist*, Laugavegi 178, 105 Reykjavík, tel.: 562-1000, fax: 562-1001, utivist@utivist.is.

El sur de Islandia

Þórsmörk – Landmannalaugar – Skaftafell

Pendientes de riolitos de muchos colores caracterizan el paisaje de Landmannalaugar.

El sur de Islandia, al que se llega fácilmente en autobús desde Reykjavik, ofrece a los excursionistas algunas de las rutas más bonitas y los paisajes más impresionantes del país.
A tan sólo 160 km de Reykjavik y tras recorrer los 30 km del largo Valle de Markarfljót, llegamos a Þórsmörk, un lugar comparable a un oasis. Por eso, es recomendable ir entre semana, ya que los tres refugios con posibilidad de camping son para muchos el destino ideal para el fin de semana. En verano, hay autobuses diarios. Pero la manera más impresionante e inolvidable de llegar a Þórsmörk es recorrer la ruta por el Puerto de Fimmvörðuháls. Desde Þórsmörk, el excursionista bien preparado puede realizar una ruta de 4 días hasta Landmannalaugar (Reserva Natural de Fjallabak). Esta zona, situada al norte de Mýrdalsjökull, es uno de los lugares más inolvidables de un viaje a Islandia. Ya desde la llegada de los primeros pobladores, se buscaban »las fuentes calientes de los lugareños«. En una piscina natural se mezcla agua caliente de hasta 72 grados con agua fría de deshielo, invitando a un largo baño con una temperatura graduada al gusto de cada uno. En 1979, se declararon protegidos 47 km² de ese paraje, aunque la pe-

culiaridad de esa zona no es tanto su escasa vegetación, formada por poco más de 150 especies de plantas y algunas especies de aves, sino más bien las coloridas pendientes de riolitos. Los caminos que rodean el camping permiten dar cortos paseos y hacer pequeñas excursiones que garantizan unas vistas impresionantes. Para rutas que se salen de los caminos señalizados, es imprescindible contar con buen tiempo y tener buen sentido de la orientación.
El Parque Nacional de Skaftafell fue fundado en 1967 con la ayuda de WWF y comprende una superfície de 1.600 km². Es un punto de partida ideal para excursiones largas y cortas. Además dispone de una buena infraestructura gracias al camping, un supermercado con restaurante y una oficina del Parque Nacional. Una loma de un verde exuberante conforma el centro de una región formada a partir de la erosión de los glaciares y del agua. Sobre el Skeiðará, el más imponente de los ríos glaciales, no se construyó un puente hasta 1974. Este Parque Nacional (abierto del 1 de junio al 15 de septiembre) está situado en la carretera de circunvalación y en verano hay autobuses diarios desde Reykjavik y Höfn.

Lengua glaciar del Vatnajökull, teñida de negro por las cenizas de lava.

1 Skógar – Fimmvörðuháls – Þórsmörk

Impresionante travesía de un puerto entre cascadas y glaciares

Skógafoss – Fimmvörðuháls – Morinsheiði – refugio Básar

Lugar de partida: Skógar, 20 m, situado en la carretera de circunvalación.
Punto de inicio: Skógafoss en Skógar.
Acceso: Servicio de autobuses una vez al día en ambas direcciones.
Duración: Skógafoss – puente 3 hrs., puente – refugio Fimmvörðuháls 1¼ h., refugio – puerto de Fimmvörðuháls 1 h., puerto – altiplanicie 1 h., altiplanicie – refugio Básar 1½ hrs. Total: 7¾ – 8½ hrs.
Cota máxima: Puerto de Fimmvörðuháls, 1.116 m.
Desnivel: 1.100 m.
Dificultad: Excursión larga y dura. En la zona de Fimmvörðuháls, el camino transcurre por grandes campos nevados, sólo señalizados con unos pocos palos, lo que en caso de mala visibilidad puede ocasionar problemas de orientación. De bajada a Þórsmörk encontramos un tramo un poco expuesto.
Dónde comer y alojarse: En Skógar, camping, hotel. En Þórsmörk: Refugio Básar, y al lado zona de acampada.
Variante: La ruta puede dividirse en dos días, pasando la noche en el refugio de Fimmvörðuháls. Normalmente no hay agua en la cisterna de lluvia, ni fuente, sólo nieve. Por debajo de la altura del puerto encontramos un pequeño refugio con guarda.

La impresionante Skógafoss.

Desde el Puerto de Fimmvörðuháls podemos disfrutar de unas vistas impresionantes sobre Þórsmörk, con sus curiosas formaciones rocosas y profundas gargantas con cuevas y cascadas, así como sobre las lenguas glaciares que llegan hasta la base del valle.

A la derecha de la **Skógafoss**, el camino de escalones sube empinado siguiendo a lo largo del río Skóga, precipitándose hacia el mar en innumerables cascadas. Cruzamos sin dificultad algunos valles laterales. Absorto por tanta belleza, el excursionista apenas se percata de lo mucho que va subiendo. Al cabo de 1 h., llegamos a un salto de agua muy hermoso: el camino de la derecha es más fácil, el de la izquierda es más expuesto y empinado, aun-

que es el que ofrece mejores vistas. Luego, cruzamos unos manantiales, donde deberíamos reponer agua. Tras pasar dos cascadas más, subimos por una loma. Unas 3 hrs. después, llegamos a un puente peatonal, tras el cual pasamos a la orilla izquierda. Por aquí es es mejor seguir la carretera. La señalización con palos está pensada para el invierno. Cuando ya se divise el **refugio**, podemos dirigirnos directamente hacia él, ya que el camino hace una gran curva. Tras poco más de 4 hrs., llegamos al refugio, el cual es un buen sitio para hacer una pausa (hay una estufa de gas, pero no un hornillo). A partir de aquí, la subida hasta el **puerto de Fimmvörðuháls** discurre en pendiente suave por campos nevados. A la izquierda, encontramos un refugio, donde en verano se ofrecen rutas de esquí. Al cabo de 1 h., llegamos al punto más alto y empezamos a bajar. ½ h. después hay que pasar por un tramo de trepada fácil dotado de cuerdas. El camino sigue por una altiplanicie, la **Morinsheiði**. A continuación, seguimos por la ladera izquierda de una loma y luego por una cresta. A trechos, el camino se estrecha. A la izquierda, disfrutamos de grandes vistas en el barranco profundo de Strákagil. De nuevo, bajamos por un camino empinado hasta llegar al fondo del valle, donde nos sorprenden exuberantes bosques de abedules. Cuando llegamos al río, una flecha nos indica el **refugio Básar**, al que llegamos en ¼ h. tras cruzar un puente y luego siguiendo por la derecha del bosque de abedules.

2   La cascada de la garganta Stakkholtsgjá

A través del típico paisaje de garganta de Þórsmörk

Refugio Básar – Hvannárgil – Puente Hvanná – Stakkholtsgjá – refugio Básar

Lugar de partida: Hvollsvöllur, 20 m, situado en la carretera de circunvalación.
Punto de inicio: Þórsmörk, refugio Básar, 240 m.
Acceso: Ruta guiada desde Reykjavik, posibilidad de incorporarse a la excursión en Hvollsvöllur. O con vehículo todoterreno (¡trayecto muy peligroso!) por la crta. nº 249.
Duración: Refugio Básar – cresta ¾ h., cresta – puente Hvanná ½ h., puente Hvanná – entrada a la garganta de Stakkholtsgjá ¾ h., entrada a la garganta – cascada en la cueva ¼ h., cascada en la cueva de Stakkholtsgjá – refugio Básar 1¾ h.Total: 4 – 5 hrs.
Cota máxima: 350 m.
Desnivel: 150 m.
Dificultad: Caminata por caminos buenos y bien señalizados. El camino a través del Hvannárgil puede resultar inviable a causa de un cambio en la corriente del río, por lo que también en la ida hay que tomar la pista. Si no hay puente (¡vadeo muy peligroso y difícil!), se puede cruzar el río en coche. Información sobre el estado del Hvanná en el refugio. El último tramo hasta la cascada en la cueva es resbaladizo.
Alojamiento: Refugio Básar o camping.

El destino de esta excursión es la garganta Stakkholtsgjá, totalmente cubierta por abundante musgo y helecho, al final del cual se precipita una cascada en una especie de cueva.
Junto al refugio Básar, a la izquierda de los servicios, empieza el camino que sube por entre abedules. Tras unos 25 minutos, después de la primera bifurcación con poste direccional, subimos por la cresta en dirección a la **garganta de Hvannárgil**. Al cabo de unos 40 minutos llegamos a la cresta (segunda señalización). Desde allí, el camino va bajando. En un punto determinado, seguimos el camino que se dirige a la derecha y luego baja,

Una cascada se precipita en una tenebrosa cueva verde de la garganta.

ignorando unas estaquillas que vemos aisladas en el paisaje. En la base del barranco se encuentra el tercer poste indicador. Salimos de la garganta en dirección Álfakirkja. Al final del barranco giramos a la izquierda y cruzamos el **río Hvanná** (puente). El camino desemboca en la carretera. Hay que cruzar un riachuelo que, dependiendo del nivel del agua, pasaremos sobre piedras o vadeando. Al cabo de 2 hrs., llegamos a la entrada de la garganta de **Stakkholtsgjá** y, por piedras, cruzamos el riachuelo hacia el lado derecho. El barranco gira bruscamente a la izquierda. A continuación, cruzamos de nuevo el arroyo a través de unos tablones. Por la izquierda pasamos una pequeña cueva con un hermoso helecho colgante. Al cabo de ¼ h. desemboca por la izquierda un estrecho barranco con poca agua que nos recibe en la penumbra. En los últimos metros, hay que trepar por pequeñas rocas hasta llegar a la zona en forma de cueva con su estrecha cascada.

Hasta la bifurcación a **Hvannárgil**, seguimos por el mismo camino. Desde allí seguimos primero todo recto por la carretera pasando por la formación rocosa de Álfakirkja. Poco después, en la orilla del arroyo se desvía una senda hacia la derecha y llegamos al **refugio Básar** cruzando el puente peatonal.

3   Por Goðaland (Tungnakvíslarjökull)

A lo largo de impetuosos ríos hasta el pie de un glaciar

Refugio Básar – Tungnakvíslarjökull – refugio Básar

Lugar de partida: Hvollsvöllur, 20 m, situado en la carretera de circunvalación.
Punto de inicio: Þórsmörk, refugio Básar, 240 m.
Acceso: Ruta guiada desde Reykjavik, posibilidad de incorporarse en Hvollsvöllur. O con vehículo todoterreno (¡trayecto muy peligroso!) por la carretera nº 249.
Duración: Refugio Básar – puente Hruná 1 h., puente – collado ½ h., collado – lengua glaciar ½ h., camino de regreso 2 hrs.

Total: 4 hrs.
Desnivel: 300 m.
Dificultad: Camino señalizado con puentes, ¡cuidado en el borde del glaciar!
Alojamiento: Refugio Básar y camping.
Variante: Antes del puente encontramos un nuevo camino señalizado que conduce al camino que lleva al Fimmvörðuháls. El empinado ascensión (o descenso, si se toma esta variante como camino de ida) ofrece unas vistas maravillosas. Aprox. 1 h. más.

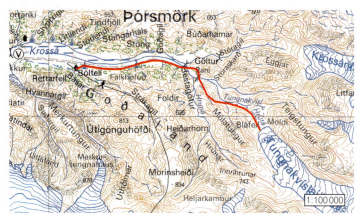

La ruta nos da a conocer las dimensiones de los ríos glaciares que fluyen desde Goðaland, la »Tierra de los Dioses«, a través de la zona fronteriza de Thor (eso es lo que significa Þórsmörk).

Desde el refugio Básar, seguimos la carretera en dirección Strakagil y en la bifurcación a Fimmvörðuháls seguimos todo recto (este) hasta los puentes peatonales sobre el **Hruná** y el **Tungnakvísl**. El camino supera un desnivel de unos 40 m siguiendo el valle de un verde radiante hasta un collado, desde el cual se aprecia una magnífica vista sobre **Tungnakvíslarjökull**. Aquí, a aprox. 1½ h. del refugio, se puede sentir el ambiente místico de este poderoso paisaje en el valle. Desde este lugar, el camino baja hasta el arroyo, a lo largo del cual se puede andar hasta el glaciar. Para regresar al refugio, se toma el mismo camino.

El río glaciar Tungnakvísl atraviesa el valle.

4 Vista desde la cumbre del Valahnúkur, 465 m

Corta ascensión con una magnífica vista panorámica

Refugio Langidalur – Cumbre de Valahnúkur – Húsadalur

Lugar de partida: Hvollsvöllur, 20 m.
Punto de inicio: Refugio Langidalur en Þórsmörk, 220 m.
Acceso: Ruta guiada desde Reykjavik, posibilidad de incorporarse en Hvollsvöllur. O con un vehículo todoterreno (¡trayecto muy peligroso!) por la carretera nº 249.
Duración: Refugio Langidalur – cumbre ¾ h., cumbre – Húsadalur ½ h., alternativa para el regreso: por Húsadalur y Langidalur ¾ h. Total: 2 hrs.
Desnivel: 250 m.
Dificultad: Si hace buen tiempo, uno de los puntos con mejores vistas en el valle. Ascensión fácil.
Alojamiento: Refugio en Langidalur, camping.
Variante: Salir desde el refugio Básar: ¾ h.; refugio Básar – Husadalur. Total: 2 hrs.

A pesar del insignificante desnivel de 250 m, Valahnúkur es una de las montañas con vistas más hermosas de Þórsmörk. Desde la cumbre, se ofrece una vista panorámica hasta el mar, sobre del valle de Þórsmörk con el río ramificado Krossá y sobre los glaciares Eyjafjallajökull, Mýrdalsjökull y Tindfjallajökull. Esta barrera de glaciares es la que hace que el valle goce de un suave clima, a pesar de representar una constante amenaza, ya que debajo del Eyjafjallajökull y del Mýrdalsjökull yacen volcanes impredecibles.

Desde el **refugio Langidalur**, seguimos la señalización y subimos por la derecha de una zanja en dirección oeste a través de un camino con escalones no muy empinado. Tras un tramo llano, desde donde ya podemos disfrutar de unas impresionantes vistas, subimos por una zanja más empinada hacia la cumbre. La placa metálica de señalización nos ayuda a orientarnos por este maravilloso paisaje.

El descenso se realiza por el sendero en dirección noroeste (ya se divisan los refugios en Húsadalur). El camino es en parte muy empinado pero se encuentra en buen estado. Esta ruta es ideal para llegar desde alguna de las otras cabañas hasta la estación de autobús en Húsadalur. Si no, se puede elegir como camino de regreso el camino señalizado por los valles de Húsadalur y Langidalur.

Vista sobre Þórsmörk desde Valahnúkur.

5   La cascada oculta de Glúfrafoss

Interesante pequeña excursión desde la carretera de circunvalación

Seljalandsfoss – Glúfrafoss y regreso

Lugar de partida: Hvolsvöllur, 20 m.
Punto de inicio: Aparcamiento delante de Seljalandsfoss, 40 m.
Acceso: Servicio de autobuses por la carretera de circunvalación, pero sólo una vez al al día en ambas direcciones (Reykjavik – Höfn).
Duración: Seljalandsfoss ¼ h., Glúfrafoss ida y vuelta ¾ h. Total: 1 h.
Desnivel: 10 m.
Dificultad: Llevar ropa impermeable y botas de agua.
Alojamiento: En Hvolsvöllur y Skógar. Camping en Glufráfoss.

Las dos cascadas Seljalandsfoss y Glúfrafoss, situadas cerca de la carretera de circunvalación, son realmente singulares: mientras que en Seljalandsfoss, de unos 60 m de altitud, se puede ir hasta su parte trasera, Glúfrafoss está oculta tras una columna rocosa y sólo se puede llegar vadeando por el agua.

Si se toma desde el **aparcamiento** el sendero de la derecha, desaparecemos en pocos minutos tras la impresionante cortina de agua de la cascada de **Seljalandsfoss**. Las ráfagas de viento pueden convertir esta excursión en una húmeda aventura y el sendero puede resultar resbaladizo. Precisamente por tratarse de un corto paseo sin alejarnos mucho del coche, se recomienda precaución. Para la pendiente de la pradera se recomienda – a pesar de los escalones – buen calzado. Pero esto es tan sólo una preparación de cara al Glúfrafoss.

Regresamos a la carretera, pasando por el camping, unos 500 m en dirección norte. Desde la carretera, se ve una estrecha y elevada grieta en la roca, tras la cual se oculta la cascada de **Glúfrafoss**. Un sendero cruza un vallado y conduce por la orilla derecha del riachuelo a través de un prado hasta llegar a esta grieta. La única posibilidad de llegar al pie de la cascada es vadear unos 10 m (a través de la grieta) por el riachuelo de agua fría y con poca corriente que cubre hasta por encima de la rodilla. Tras dar unos cuantos pasos entre las paredes húmedas y oscuras, se abre un circo rocoso por el que se precipita la cascada – ¡qué impresionante! (consejo para hacer fotos: se necesita un trípode. También resulta muy últil un paraguas para proteger el equipo de la llovizna). Regreso al aparcamiento por el mismo camino.

La Glúfrafoss queda oculta en un estrecho circo rocoso.

6 Vista desde el monte Bláhnúkur, 945 m

Por la colorida »montaña ardiente« hasta el mirador

Refugio Landmannalaugar – Bláhnúkur – refugio Landmannalaugar

Lugar de partida: Hella, Kirkjubæjarklaustur, situado en la crta. de circunvalación.
Punto de inicio: Camping o refugio en Landmannalaugar, 600 m.
Acceso: Se puede llegar también en coche a Landmannalaugar por la F 208 desde el norte. Sólo los vehículos 4x4 pueden cruzar toda la pista que pasa por Eldgja. Justo delante del camping encontramos un profundo vado, cuyo cruce requiere, a parte de un buen vehículo, mucha seguridad al conducir. De todas maneras, antes de llegar allí, hay un aparcamiento. En verano hay un servico de autobús diario desde Reykjavik hasta Skaftafell, pasando por Landmannalaugar (ruta guiada, que se puede interrumpir o hacer sólo trayectos parciales).
Duración: Refugio – collado ¾ h., collado – puente ¼ h., río – cumbre ½ h., descenso ½ h. Total: 2 – 2½ hrs.
Desnivel: 360 m.
Dificultad: Ascensión empinada y pedregosa.
Alojamiento: En Landmannalaugar: Refugio de las Islas Ferðafélag (115 camas) con vigilante o una zona de acampada. En verano, posibilidad de hacer compras y chiringuito.
Variante: Por el río a través del barranco Grænagil hasta el puente; en la ascensión una ½ h. menos.

La zona de volcanes activos del **Parque Nacional de Fjallabak** no sólo es el origen de las apreciadas aguas termales al lado del refugio, sino también de las numerosas solfataras de rico colorido al pie de la »montaña ardiente«. Es sobre todo el gran colorido lo que marca esta excursión. Empieza

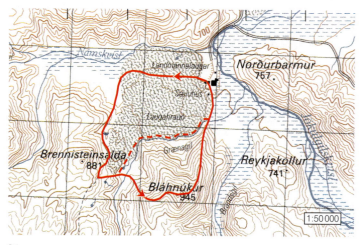

Vista desde el Bláhnúkur hacia el norte sobre el Laugahraun.

con la negra corriente de lava de obsidiana (también llamado vidrio volcánico), cuya última erupción se remonta al s. XVI y que llega hasta el camping. En la cumbre del Bláhnúkur son las pendientes de liparita teñidas de rojo, amarillo y verdiazul, y que en verano contrastan con los campos nevados, las que protagonizan el impresionante escenario paisajístico. Su origen geológico es el volcán central Torfajökull, causante del yacimiento más grande de riolitos de Islandia.

Justo al lado del refugio en **Landmannalaugar**, empieza el camino (señalización: Laugarvegur, Hrafntinnusker), que sube por el campo de lava que se termina de cruzar al cabo de aprox. 1 km. Después, el camino señalizado continua por su borde y, tras 500 m, sube de nuevo. Por la derecha, sobresale la **Brennisteinsalda**, la »montaña ardiente« con sus solfataras. También en esta zona, se recomienda precaución porque las zonas activas y las solfataras no están señalizadas ni protegidas. Después de una gran solfatara tomamos el sendero que se bifurca hacia la izquierda y que nos lleva a Grænagil. Cruzamos el arroyo a través de un puente y al otro lado seguimos el claro sendero que sube hasta Bláhnúkur. Dicho sendero es empinado y pedregoso, por lo que se requiere un poco de esfuerzo. A medida que vamos subiendo, las vistas son cada vez más impresionantes. En la cumbre, una placa metálica de señalización ayuda a orientarnos por el laberinto de montañas.

Desde la cumbre, el camino baja haciendo una gran curva hacia la cresta en dirección al refugio. El riachuelo situado a unos 300 m del refugio se puede cruzar sin mojarse los pies a través de un puente. Si se quiere, se puede seguir río arriba a través de un sendero para contemplar las capas de rocas verde claro del **Grænagil**, situado al pie del Bláhnúkur.

7 Litla Brandsgil – Skalli, 1.027 m

Excursión sin camino hasta un magnífico mirador en la montaña

Refugio Landmannalaugar – Valle de Litla Brandsgil – Skalli – Brennisteinsalda – refugio Landmannalaugar

Lugar de partida: Hella, Kirkjubæjarklaustur, situado en la carretera de circunvalación.

Punto de inicio: Camping o refugio en Landmannalaugar, 600 m.

Acceso: Se llega a Landmannalaugar por la F 208 desde el norte, también en coche. Sólo los vehículos 4x4 pueden cruzar toda la pista que pasa por Eldgjá. Justo delante del camping encontramos un profundo vado, cuyo cruce requiere, a parte de un buen vehículo, seguridad al conducir. De todas maneras, antes de llegar allí, hay un aparcamiento. En verano hay una línea de autobús diaria desde Reykjavik hasta Skaftafell, pasando por Landmannalaugar (ruta guiada, pero es posible interrumpirla o hacer sólo trayectos parciales).

Duración: Refugio Landmannalaugar – desvío Brandsgil/Litla Brandsgil ¾ h., desvío Stóra Brandsgil/Litla Brandsgil – salida de la garganta Litla Brandsgil 1¼ h., salida de la garganta Litla Brandsgil – Skalli 1 h., Skalli – sendero de gran recorrido 1½ h., por el sendero de gran recorrido hasta el refugio 1½ h. Total: 6 – 7 hrs.

Desnivel: 450 m.

Vadeo por un río en el Stóra Brandsgil.

Dificultad: Dado que el itinerario no señalizado transcurre a trechos por cimas y en general apenas se puede distinguir un sendero, sólo nos podremos orientar en caso de buena visibilidad. En los valles de Stóra y de Litla Brandsgil, hay que cruzar varias veces el normalmente poco profundo pero con frecuencia ramificado río. Por lo tanto nunca se debe hacer la excursión en caso de (peligro de) crecidas. En la parte superior del valle, los campos de nieve facilitan el camino, ya que nos ahorramos tener que ir vadeando el río.

Alojamiento: En el refugio de Landmannalaugar en las Islas Ferðafélag y en un sencillo camping (en verano, posibilidad de hacer compras).

Variante: A la izquierda, paralelo al Valle Litla Brandsgil, un sendero lleva a lo largo de la cresta (hay que cruzar sólo una vez el río). El sendero vuelve por debajo de la montaña Skalli al »camino principal«.

Esta dura excursión circular desde el Valle de Litla Brandsgil hasta el mirador de la montaña Skalli ofrece una muy buena impresión del Parque Nacional de Fjallabak. En el valle no hay un sendero señalizado y hay que cruzar varias veces el río, lo cual es posible en verano con botas de agua. Enseguida nos daremos cuenta de que esta región se encuentra a más de

500 m sobre el nivel del mar, por lo que la temperatura media sólo alcanza los cero grados y no es inusual que en verano nieve de vez en cuando. Las fascinantes formaciones rocosas y la increíble variedad de colores de las paredes de la garganta compensan el esfuerzo y las duras condiciones. Las vistas desde Skalli, de 1.027 m de altitud, alcanzan a menudo hasta Vatnajökull y ofrecen una inolvidable vista panorámica de 360 grados.
En el refugio, seguimos por la izquierda cruzando el puentecillo que también conduce hasta Bláhnúkur y nos mantenemos por la izquierda hasta llegar a Stóra Brandsgil. Al cabo de 45 minutos, el Valle de **Stóra Brandsgil** se desvía a la derecha, por el cual sólo puede seguirse unos 100 m. Continuamos por la izquierda en el **Valle de Litla Brandsgil**. Normalmente, los campos de nieve facilitan el camino, pero hay que mantenerse en las zonas laterales para no hundirse. Pasamos una pequeña cascada y una pedregosa colina. Al cabo de dos horas, el valle tuerce a la derecha y, a la izquierda, vemos una cresta con un campo de nieve. Aquí subimos en dirección sur. Ante nosotros se alza la cumbre de **Skalli** a la que nos dirigimos y que alcanzamos al cabo de 1 hora. Desde la cumbre, seguimos aprox. 1 km en dirección suroeste y luego seguimos en dirección noroeste a lo largo de la cresta (¡no bajar por la derecha o la izquierda, zanjas profundas!). Al cabo de una hora llegamos a una llamativa colina a la derecha que pasamos por la izquierda (al lado derecho, cornisas de nieve). Ahora divisamos un poste señalizador sobre otra colina, a la que nos dirigimos. Desde aquí, seguimos en dirección noreste por el bien señalizado sendero de gran recorrido **Skógar – Landmannalaugar** (el Laugarvegur), pasando por **Brennisteinsalda** y de vuelta al refugio donde nos espera la piscina caliente para relajarnos.

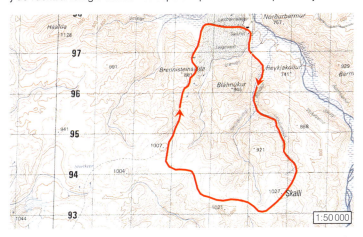

8 Zona termal cerca de Hrafntinnusker

Dura excursión a una de las regiones termales más fascinantes de Islandia

Landmannalaugar – Brennisteinsalda – Hrafntinnusker – Landmannalaugar

Punto de inicio: Refugio/zona de acampada en Landmannalaugar. Acceso y lugar de partida: Ver ruta 7.
Duración: Ascensión: 3½ – 4 hrs. zona termal/cueva de hielo 1½ – 2 hrs. Descenso: 3 – 3½ hrs. Total: 8 – 9½ hrs.
Desnivel: 700 m.
Dificultad: Caminata larga, en la zona termal no acercarse mucho a las solfataras, fuentes de vapor, agujeros de barro – ¡peligro de hundimiento! ¡campos de nieve!
Alojamiento: Refugio y zonas de acampada en Landmannalaugar, refugio con 36 camas (la mayor parte del tiempo ya reservadas) en Hrafntinnusker, zonas de acampada.

Esta ruta, larga y dura, nos lleva hasta una montaña de obsidiana y hasta la zona que hay detrás de ella, con innumerables fuentes termales, solfataras, agujeros de barro, cuevas de hielo e incluso un géiser. Especialmente digno de ver son las cuevas de hielo y una columna de vapor de unos 50 m de altura. Para poder realizar la ruta, es imprescindible contar con buen tiempo.
Empieza como la ruta 6 en **Landmannalaugar**, pero en **Brennisteinsalda** seguimos por el camino señalizado con palos (señalización: Hrafntinnus-

El destino de la ruta: la impresionante cueva de hielo en la zona termal del Hrafntinnusker.

ker). Al cabo de unas 2 hrs. de subida (buenas vistas) el camino baja paulatinamente hasta una zanja con una fuente termal y algunas solfataras. Una subida muy empinada pero corta nos lleva por el último tercio del camino hasta el refugio. A partir de aquí cruzamos a menudo campos de nieve. A pesar de que el camino está bien señalizado, puede resultar difícil orientarse en caso de niebla. En ese caso, habría que ir con otra persona para que una pudiera buscar la siguiente señal y – en alcance de la voz – avisara a la otra. Después de un collado, bajamos hasta el refugio. Desde aquí hay una señalización con estacas hasta la zona termal que se desvía a unos 100 m de la pista del Jeep en dirección noroeste.

Quien quiera evitar el descenso hasta el refugio, puede ir desde el collado en dirección oeste, pasando por un gran hito hasta llegar a la señalización. Esta nos lleva hasta la altiplanicie del **Hrafntinnusker**, que es de obsidiana. Una amplia zona termal se extiende en el Valle, en el extremo oeste del Hrafntinnusker. En el descenso hay que

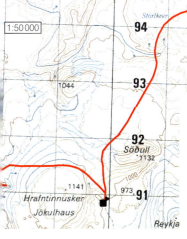

cruzar un campo de nieve, por el que nos mantendremos a la derecha (todo recto, borde escarpado y grietas), para terminar de nuevo en la señalización con estacas que nos lleva hasta la impresionante cueva de hielo, delante de la cual humean las aguas termales y las solfataras. Para el regreso, seguir el mismo camino.

9 Kirkjubæjarklaustur

Agradable recorrido circular hasta el »suelo de iglesia de basalto«

Kirkjubæjarklaustur – Systravatn – »suelo de iglesia« – y regreso

Lugar de partida: Kirkjubæjarklaustur, 50 m.
Punto de inicio: En la punta oeste de Kirkjubæjarklaustur. Antes del matadero (posibilidad de aparcar) se encuentra a la derecha una verja, donde empieza el camino.
Acceso: Autobús una vez al día en ambas direcciones (Reykjavik – Höfn) en la crta. de circunvalación.
Duración: Total: 1¼ – 1½ h.
Desnivel: 140 m.
Dificultad: Al inicio subida empinada. En general ruta agradable con buenas vistas.
Alojamiento: Hotel Edda, camping, hoteles en Kirkjubæjarklaustur.

El casi impronunciable nombre de Kirkjubæjarklaustur recuerda que el pueblo fue fundado por unos monjes irlandeses y que en su día hubo allí un monasterio. El principal monumento del lugar es, a pesar de su nombre, de origen natural: el »suelo de iglesia« está formado de columnas uniformes de basalto.

A través de la verja, el sendero bien trazado y señalizado con estacas rojas va subiendo empinado al principio por el bosque, a la izquierda de la cascada. Tras superar 130 m de altitud llegamos a una altiplanicie de praderas con el lago **Systravatn**. En días claros, se puede ver desde aquí hasta el Vatnajökull y sobre la Nýja-Eldhraun. El sendero discurre aprox. 1,5 km en dirección noreste por el acantilado. El descenso empieza en una pared de basalto con hermosas formaciones. El camino va bajando a través de escalones, hasta llegar por la izquierda a una propiedad privada. Tras salvar una valla con la ayuda de una escalera llegamos a una carretera que seguimos hacia la derecha. Al poco rato, llegamos a un aparcamiento. Tras una verja, un sendero se desvía a la derecha y nos lleva hasta el célebre »suelo de iglesia«. Aquí, o bien se regresa a la carretera, o bien se cruza un campo hacia un vallado de madera, que hay que salvar. Después nos encontramos en la carretera que nos lleva de regreso al punto de partida.

El »suelo de iglesia«.

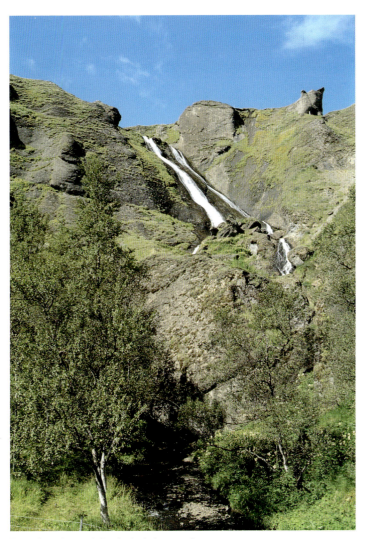
El camino sube por la izquierda de la cascada.

10 Por las cascadas en el PN de Skaftafell

Hermoso paseo a la Svartifoss, rodeada de columnas de basalto

PN Skaftafell – Svartifoss – Hundafoss – Þjófafoss – PN Skaftafell

Lugar de partida: PN y camping de Skaftafell, 100 m, abierto 1 de jun. – 15 de sept., parada de autobús (trayecto Reykjavik – Höfn).
Punto de inicio: Camping, el camino empieza en el punto oeste del camping.
Acceso: Carretera nº 1; línea de autobús.

Duración: Recorrido completo: 1½ h.
Desnivel: 150 m.
Dificultad: Hermoso paseo.
Alojamiento: Camping en el Parque Nacional de Skaftafell; alojamientos privados y refugios en los alrededores.

Desde el camping, el ancho camino sube hasta la **Svartifoss**, la cual, rodeada por columnas de basalto en parte colgantes, es uno de los lugares más fotografiados del Parque Nacional. Estas columnas se forman cuando una corriente de lava se enfría, originándose grietas de contracción. La capa superior está formada en su mayoría por columnas irregulares (»falsos órganos de lava«) y la inferior, por columnas casi perfectas llamadas auténticos órganos de lava. Este es uno de los pocos lugares de Islandia en los que a veces hay que contar con bastante bullicio, pero, normalmente los grupos desaparecen tan rápido como llegan, de tal forma que con un poco de paciencia se puede disfrutar con tranquilidad de esta joya de la naturaleza.

Desde aquí, cruzamos el riachuelo y paseamos en dirección **Sjónarsker**. Justo antes bajamos en el cruce por la izquierda y regresamos de nuevo al

riachuelo Stórilækur que vamos siguiendo por un camino. **Hundafoss** y Þjófafoss son dos otras hermosas cascadas de este trayecto. Por el puente de la carretera llegamos de nuevo al punto de partida.

La Svartifoss se precipita por columnas de basalto colgantes.

11 Skaftafellsjökull

Sencillo paseo hasta el pie del impresionante glaciar

Skaftafell – Skaftafellsjökull – Skaftafell

Lugar de partida: PN y camping de Skaftafell, 100 m, abierto 1 de jun. – 15 de sept., parada de autobús (trayecto Reykjavik – Höfn).
Punto de inicio: Tourist Service Center.
Acceso: Por la crta. nº 1, línea de autobús.
Duración: Recorrido circular: 1 – 1½ h.
Desnivel: Ninguno.
Dificultad: Hermoso paseo. Se puede hacer también en caso de mal tiempo.

Alojamiento: Camping en el PN de Skaftafell; alojamientos privados y refugios en los alrededores.
Variante: Es posible subir al glaciar con una ruta guiada. Quien quiera hacerlo solo, es imprescindible llevar pico, trepadores y la experiencia necesaria, ya que la lengua glaciar es, tras unos 100 m, muy escabrosa.

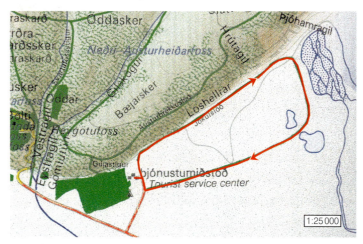

Las lenguas glaciares de Skaftafell, así como las de Morsárjökull y Skeiðarárjökull, este último el glaciar más grande de Europa en un valle, definen con sus ríos, que a su vez han creado arenales impresionantes, la imagen del Parque Nacional. En este concurrido camino, también se pueden apreciar muy bien las grandes diferencias en la vegetación. Las diferentes condiciones de superficies de guijarros, brezal y bosque de abedules albergan un mundo ornitológico formado sobre todo de escribano cerillo, agachadiza común, bisbita común y chochín. La región de Skeiðarársandur es un importante lugar de incubación de págalos. Este paseo es ideal sobre todo para días nublados.

El concurrido sendero empieza después de una pista al este del restaurante. Esta lleva por un bosque de abedules, pero sobre todo por impresionantes arenales hasta el **glaciar de Skaftafell**, el cual a consecuencia de las cenizas volcánicas se encuentra en parte teñido de negro. No sobresale mucho aunque sólo se puede subir con el equipamiento adecuado, ya que hay que superar el empinado borde escarpado.
Desde el glaciar, seguimos por una curva hacia el sur o regresamos por el mismo camino.

Las cenizas volcánicas han teñido de negro el Skaftafellsjökull.

12 Morsárdalur

Excursión a un valle fluvial rico en vegetación

PN Skaftafell – Hundafoss – Sjónarsker – Morsárdalur – Bæjarstaðarskógur

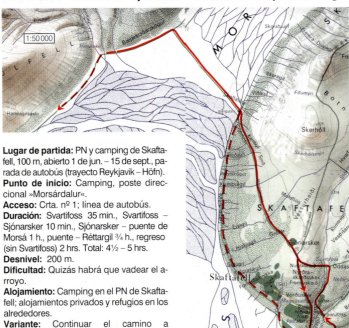

Lugar de partida: PN y camping de Skaftafell, 100 m, abierto 1 de jun. – 15 de sept., parada de autobús (trayecto Reykjavik – Höfn).
Punto de inicio: Camping, poste direccional »Morsárdalur«.
Acceso: Crta. nº 1; línea de autobús.
Duración: Svartifoss 35 min., Svartifoss – Sjónarsker 10 min., Sjónarsker – puente de Morsá 1 h., puente – Réttargil ¾ h., regreso (sin Svartifoss) 2 hrs. Total: 4½ – 5 hrs.
Desnivel: 200 m.
Dificultad: Quizás habrá que vadear el arroyo.
Alojamiento: Camping en el PN de Skaftafell; alojamientos privados y refugios en los alrededores.
Variante: Continuar el camino a Skeiðarárjökull y regreso: 1 – 2 hrs. Camino de vuelta desde el puente por un estrecho sendero a lo largo del Morsá (Vesturbrekkuslóð): por el bosque y pasando por idílicas cascadas. El camino está abandonado y poco a poco va cubriéndose de vegetación, por lo que resulta bastante duro. Puente – camping 2 hrs.

La excursión nos permite apreciar especialmente las particularidades climáticas y botánicas del PN de Skaftafell. El suave clima es el causante de la pronta colonización. Skaftafell no fue sólo una granja sino también un lugar de reunión. Desde que fuera declarado PN y se prohibió el pasto a las ovejas, crecen a parte de abedules y serbales, también campanillas, geranios de bosque y auténticas angélicas. El número de insectos es también mayor e incluso se encuentran mariposas.

Desde el camping, pasamos por **Hundafoss** hasta llegar a **Svartifoss**, rodeada de columnas de basalto y de allí subimos hasta el mirador de **Sjónarsker**. Un camino señalizado lleva desde aquí, en dirección noroeste, por una meseta y baja empinado hasta **Morsárdalur**. Cruzamos por un puente el río glaciar Morsá y a continuación seguimos por amplias áreas de rocalla a través del ancho valle desde el cual se disfruta de unas vistas sobre el Morsárjökull cada vez mejores. Al otro lado del valle nos sumergimos en una increíblemente tupida vegetación, dominada por angélicas y lupinos. Seguimos a lo largo del bosque **Bæjarstaðarskógur** con árboles de hasta 20 m de altitud hasta llegar al riachuelo que murmura desde el barranco Réttargil.

Regresamos por el mismo camino, desde el mirador de **Sjónarsker** podemos bajar directamente hasta el camping.

Una abundante vegetación caracteriza el valle glaciar situado ante el Morsájökull.

13 Kristínartindar, 1.126 m

Ascensión a la cumbre entre los glaciares

Parque Nacional de Skaftafell – Sjónarnípa – Gláma – Kristínartindar – Nyrðrihnukur – Sjónarsker – Parque Nacional de Skaftafell

Lugar de partida: Parque Nacional y camping de Skaftafell, 100 m, abierto desde el 1 de junio hasta el 15 de septiembre, parada de autobús en el trayecto Reykjavik – Höfn.
Punto de inicio: El camino empieza en el extremo oeste del camping.
Acceso: Por la carretera nº 1; línea de autobús.
Duración: Camping – mirador de Sjónarnípa 1 h., mirador de Sjónarnípa – mirador de Gláma 1½ h., Gláma – Kristínartindar 1½ h., Kristínartindar – Nyrðrihnukur ½ h., Nyrðrihnukur – Sjónarsker 1½ h., Sjónarsker – camping ½ h. Total: 7 – 8 hrs.
Desnivel: 1.050 m.
Dificultad: Excursión larga, ascensión empinada por rocas y rocalla, sólo recomendable en caso de buen tiempo, pero incluso en este caso un viento fuerte puede impedir la ascensión.
Alojamiento: Camping en el Parque Nacional de Skaftafell.
Variante: Justo detrás del Centro de Servicio al Turista (Tourist Service Center), un sendero (Austurbrekkuslòð) sube a lo largo de la pendiente hasta el mirador de Sjónarnípa (duración 1 h.).

De camino al Kristínartindar.

Las cumbres de Kristínartindar sobresalen muy altas entre las lenguas glaciares del Vatnajökull y ofrecen unas vistas espectaculares sobre las montañas de alrededor y sus enormes arenales. Desde el Mirador de Sjónarnípa tenemos unas vistas de ensueño sobre la montaña más alta de Islandia, el Hvannadalshnúkur, que domina majestuosamente el Skaftafellsjökull.

Desde el **camping** llegamos, al cabo de 10 minutos, al desvío hacia la derecha en dirección al Mirador de Sjónarnípa. El camino sube al principio por un bosque de abedules y pasa después por un brezal. Un riachuelo con pequeñas cascadas nos va acompañando por el lado izquierdo. Al cabo de 1 h. llegamos a un poste, indicando el Mirador de **Sjónarnípa**. Desde aquí seguimos subiendo en dirección norte y en aprox. 1 h. llegamos al Mirador de **Gláma** (650 m). Hasta ese punto ya hemos subido 550 m. Ante nosotros, en dirección norte, sobresale una montaña con dos picos salientes. Un sendero bien marcado se desvía a la derecha del camino principal. El

Después de la cumbre (en primer plano) la cresta se convierte en intransitable.

Excursionistas en la meseta de Skaftafellsheiði delante del Hvannadalshnúkur, la cumbre más alta de Islandia.

camino sube empinado por un terreno pedregoso y nos lleva, al cabo de ¾ h., hasta la primera de las **cumbres de Kristínartindar** (979 m).
Luego bajamos unos 50 m hasta una hondonada. Después el sendero sube de nuevo empinado en zigzag y se bifurca (el sendero que sube a la izquierda a la cresta parece ser el mejor). Se trata de un sendero pedregoso en el que parece que prime la norma de »dos pasos hacia delante y uno hacia atrás«, aunque no hay que pasar por trepadas difíciles. Cuando finalmente llegamos arriba, disfrutamos de unas maravillosas vistas de las montañas de alrededor, lenguas glaciares y arenales. Aquí es donde se aprecia mejor la fuerza de las inundaciones glaciares (Jökulhaup) del **río Skeiðará**. La última erupción del Grimsvötn en 1996 hizo fluir 3,5 kilómetros cúbicos de agua de glaciar (inundaciones de glaciar más pequeñas se producen aprox. cada 5 años).
El **descenso** se realiza por el mismo camino hasta la hondonada y allí tomamos la derecha siguiendo un sendero que baja por el pequeño circo glaciar hasta el camino principal (½ h.). Aquí se puede apagar la sed gracias a un pequeño riachuelo y el verde campo nos invita a descansar. Un ascenso muy corto nos lleva hasta el Mirador de **Nyrðrihnukur**. Desde aquí el camino baja pasando por charcas pintorescas con lino silvestre hasta llegar al Mirador de **Sjónarsker**, siguiendo después hasta el camping.

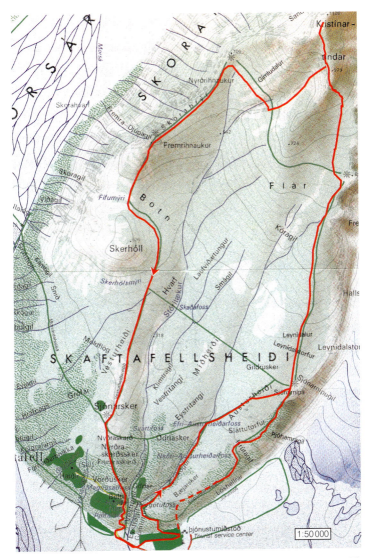

14 Jökulsárlón

Caminata por la orilla del lago glaciar más famoso de Islandia

Puente – orilla del lago y regreso

Lugar de partida: Skaftafell o Höfn.
Punto de inicio: Aparcamientos a ambos lados del puente en la crta. de circunvalación.
Acceso: Línea de autobús una vez al día en la carretera de circunvalación.
Duración: Orilla suroeste aprox. 4 km., ida/vuelta: 3 – 3½ hrs. Orilla este aprox. 15 km., ida/vuelta según se desee.
Desnivel: 20 - 30 m.
Dificultad: Cuidado con los ataques de los págalos, sobre todo en la orilla este del lago. Ayuda llevar un palo por encima de la cabeza en caso de ataques (simulados).
Alojamiento: Se puede acampar en la orilla oeste del lago. ¡No hay agua potable!
Consejo: La salida del sol en el lago de Jökulsárlón es una de las experiencias más bonitas de Islandia, ya que las diferentes condiciones de luz suponen un auténtico sueño para cualquier fotógrafo. A Fjallsárlón, precioso lago glaciar situado al suroeste, se puede llegar por una carretera sin salida señalizada, y también merece la pena verlo.

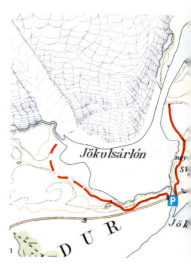

Muchos turistas hacen en **Jökulsárlón** una pausa sólo de media hora para hacer una foto o bien dan un paseo organizado en barco por el lago, aunque el ruido de los barcos resulta bastante desagradable. Mucho más bonito resulta pasar la noche allí, si el tiempo lo permite, para poder disfrutar de la belleza del lago con toda tranquilidad. Los icebergs muestran un abanico de colores que va del blanco, pasando por el azul, al negro (este último procedente de las cenizas de los volcanes de alrededor). La distribución de los icebergs va cambiando continuamente.

Se puede pasear tranquilamente por ambos lados de la orilla, ya que a la salida cerca del puente empiezan senderos no señalizados pero muy concurridos. A menudo encontramos itinerarios paralelos pero por respeto a la vegetación, es aconsejable seguir siempre por los senderos principales.
Al borde del glaciar se encuentra una zona con págalos que, de mayo a junio, incuban en el suelo: siempre hay que guardar gran distancia de estos animales, ya que les gusta atacar. Los nidales del charrán ártico se encuentran justo a lo largo de la carretera de circunvalación.

En el Jökulsárlón, vistas en dirección Vatnajökull.

El este y noreste de Islandia
Paisaje de fiordos alrededor de Egilstaðir

Un impresionante paisaje de fiordos recibe a los visitantes que llegan en barco a Seyðisfjörður. Los fiordos orientales constituyen una de las partes más antiguas de Islandia. Muy escabrosas, las crestas puntiagudas (los »Alpes de Islandia«) se alzan hasta 1.300 m por encima del mar. Frente a ellos se encuentran pequeñas islas de aves como Skrúður y Papey. En el sur encontramos una línea de costa llana y recta con lagunas separadas por el mar, condiciones ideales para limícolas, eideres comunes, ánsares comunes y cisnes cantores. A pesar de que la carretera de circunvalación en la zona de los fiordos orientales no se encuentra del todo asfaltada en las empinadas pendientes y la lluvia puede hacerla inaccesible, esta zona resulta especialmente interesante sobre todo para geólogos, ya que se encuentran grandes yacimientos de ceolitos, jaspes y ágatas, por ejemplo cerca de la granja Teigarhorn (café con tienda). Por supuesto, el yacimiento está estrictamente protegido.

Montañas de riolitos cerca de Bakkagerði al atardecer.

Paseo por la playa en la bahía de Héraðsflói.

Un punto de partida perfecto para explorar el Este de Islandia es Egilsstaðir, fundada en 1945, en medio de amplias superfícies agrícolas y con una buena infraestructura. Desde Egilsstaðir en dirección suroeste se puede dar una vuelta por el Lagarfljót, un lago-canal de la Era Glaciar. Detrás se eleva la montaña más alta del Este de Islandia, la Snæfell (1.833 m), a la que sólo se puede llegar en vehículo todoterreno y en cuyo pie pastan rebaños de renos. Desde 2004, se ha hecho más accesible la zona que va hasta la presa del Jökulsá a Brú. Aquí también se encuentra un refugio de montaña con 62 camas, desde el cual se pueden realizar excursiones guiadas por la extensa reserva natural de Lónsöræfi (320 km^2). Esta zona se extiende entre Snæfell, Vatnajökull y la costa sur y es conocida por su vistosas montañas de liparitas. Al norte de Egilsstaðir se encuentran las amplias bahías como la de Héraðsflói, donde se pueden observar numerosas aves palmípedas y ánsares comunes. El interior, por la carretera de circunvalación en dirección oeste, está definido por solitarias y monótonas tundras y sólo cuando se ha visto la hoy inhabitada Jökulsdalsheiði, se puede entender realmente la novela del escritor islandés Halldor Laxness »Gente independiente«.
Las distintas rutas de senderismo de esta maravillosa región están repartidas a lo largo de un territorio muy amplio, por lo que es necesario recorrerlo en coche para llegar a los puntos de inicio.

15 Montañas de liparitas en la garganta de Hvannagil

Excursión a campo traviesa por cantizales de vistoso colorido

Urbanización – Seldalur – Hvannagil – urbanización

Lugar de partida: Stafafell, Höfn.
Punto de inicio: De Stafafell sale una pista por la derecha del Jökulsá que pasa por algunas casas; a unos 3 km, posibilidad de aparcar delante de un pequeño puente.
Acceso: Por la crta. de circunvalación; autobús desde Höfn y Egilsstaðir hasta Stafafell.
Duración: Puente – pared de basalto ½ h., pared de basalto – valle alto 20 min., valle alto – línea divisoria de las aguas ½ h., mirador en Hvannagil y regreso ½ h., descenso hasta el lago ½ h., lago – crta. ¼ h., crta. – punto de inicio 20 min. Total: 3 hrs.
Desnivel: Aprox. 150 m.
Dificultad: Sin señalizar, hay que vadear un arroyo, orientación difícil con mal tiempo.
Alojamiento: Stafafell: Camping/albergue.

El solitario paisaje en la cuenca hidrográfica del Jökulsá i Lóni resulta especialmente fascinante para aquellos excursionistas interesados en geología. La liparita y el riolito es lava con una gran parte de ácido silícico que origina una clara coloración. En anchos cantizales, encontramos escorias amarillas (azufre), rojas (hierro) o blancas (cristales de yeso).

Junto al puente subimos la garganta de **Raftagil** por el lado izquierdo del riachuelo. En algunas zonas, la maleza de abedules hace difícil el camino, por lo que se puede ir cruzando el riachuelo varias veces de un lado a otro. Al cabo de una ½ h., el valle se vuelve más rocoso y estrecho, pasamos por un doble muro de basalto y a la derecha aparece, tras una curva, una aguja de roca. Aquí cruzamos a la orilla derecha y seguimos por un cantizal. En cuanto divisamos la cascada, cruzamos de nuevo el riachuelo. Ahora subimos por la pendiente a la izquierda. Al cabo de 1 h., llegamos a un valle alto (**Seldalur**), donde seguimos a lo largo del riachuelo en dirección noroeste, siendo posible seguir caminos de cabras. Más adelante, quedaremos impresionados con la panorámica de montañas de liparitas ricas en colores.

Una vez que hemos llegado a la línea divisoria de las aguas, sólo si hay suficiente visibilidad se puede cruzar el terreno pedregoso hacia la derecha, dirigiéndonos hacia una destacada aguja de roca en el **Hvannagil**, para llegar a un mirador con vistas especialmente bonitas. De vuelta de este pequeño desvío, subimos en dirección suroeste a una cumbre con rocas rojas muy marcadas que rodeamos por el lado sur. Ahora nos dirigimos hacia la izquierda y bajamos en dirección sureste por la rocalla. Ante nosotros se encuentra el Valle del **Jökulsá** y pronto veremos debajo nuestro un pequeño lago. Llegamos hasta él pasando por unos terrenos pedregosos y una zanja. Siguiendo por la orilla derecha, llegamos a un sendero y luego a un camino a lo largo de una salida de agua. En un cruce de caminos, seguimos en dirección sur por una pista de tierra, subimos un poco, seguimos recto por la verja de una casa de vacaciones bajando por el bosque de abedules hasta llegar al poco rato a la pista de tierra. Seguimos 20 minutos por dicha pista hasta llegar al aparcamiento.

La planta pionera silene crece también en los cantizales. Aquí ante la garganta de Hvannagil.

16 En el bosque de Hallormsstaður

Dos entretenidas caminatas por la zona de bosques más grande de Islandia

1. Recorrido circular por el bosque – 2. Ascensión a un mirador

Lugar de partida: Egilsstaðir, 80 m.
Punto de inicio: Hallormsstaður, Fosshotel.
Acceso: Carretera nº 931.
Duración: *Ruta 1:* Fosshotel – señalización azul/naranja – bifurcación 25 min., bifurcación – área recreativa Fálkaklettur 20 min., camino de regreso 45 min. Total: 1½ h. *Ruta 2:* Fosshotel – cascada 25 min., cascada – vallado 20 min., sin camino hasta la roca-mirador 25 min., descenso 35 min. Total: 1½ – 2 hrs.
Desnivel: 1: 120 m; 2: 340 m.
Dificultad: *Ruta 1:* Paseo, caminos anchos y señalizados; *Ruta 2:* Dura ascensión sin camino.
Alojamiento: Hotel y camping en Hallormsstaður.
Variante: En la crta. nº 931 encontramos, aprox. a 1 km en dirección suroeste, después del hotel, la señalización de un circuito forestal didáctico (Trjasafn). Aparcamiento al lado derecho de la crta. (¡Ideal para conocer la vegetación islandesa!).

Ruta 1: El recorrido circular lleva por cómodos y anchos caminos a través de diferentes zonas de bosque. Retrocedemos unos 100 m por la carretera del **Fosshotel** y giramos hasta Husstjornasskóli (posibilidad de montar a caballo). Desde aquí, el camino se encuentra señalizado con estacas azules y naranjas. Va subiendo por el bosque y al cabo de unos 25 minutos se divide. Nosotros seguimos por la señalización en azul (izquierda). Seguimos por el llano camino y a la izquierda se encuentra escondido un idílico estanque. Después de un descenso, encontramos en el Mirador de **Fálkaklettur** un banco para descansar. Ahora volvemos por la izquierda y vamos bajando en zig-zag casi hasta la carretera. Antes de llegar a la carretera nos mantenemos de nuevo a la izquierda y tenemos que subir otra vez hasta terminar la excursión al cabo de 1½ h.

Ruta 2: Ascensión entretenida hasta una roca-mirador sobre Hallormsstaður. La señalización de estacas blancas empieza justo detrás de la piscina al aire libre (agua caliente). Subimos por el empinado camino y en una bifurcación seguimos por la izquierda. Al cabo de 15 min. llegamos a una pequeña plataforma de roca. Aquí seguimos por la izquierda hasta llegar a un barranco a través del cual sigue el camino hasta llegar a la idílica cascada de **Lambifoss**. La señalización sigue hacia arriba hasta una antigua presa y un vallado. Saltamos el vallado y subimos sin camino por su prolongación en vertical hasta llegar a un mirador rocoso (aprox. 1¼ h.). Desde aquí podemos disfrutar de vistas sobre el lago Lögurinn y los alrededores. Después volvemos a la cascada y seguimos por la izquierda siguiendo el camino señalizado por el precioso bosque hasta bajar al hotel.

Descanso en un idílico estanque del bosque cerca de Hallormsstaður.

17 Hengifoss

Ascensión por cascadas entre columnas de basalto

Aparcamiento – Litlanesfoss – Hengifoss

Lugar de partida: Egilsstaðir, 80 m.
Punto de inicio: En la crta. nº 931, a unos 30 km viniendo de Egilsstaðir, en la orilla noroeste del lago Lögurinn, aparcamiento con una caseta con WC y panel orientativo.
Acceso: Después de Hallormsstaður en dirección suroeste, un puente cruza el lago y luego giramos a la izquierda.
Duración: Total: 1½ – 2 hrs.
Desnivel: 270 m.
Dificultad: Ninguna
Alojamiento: Egilsstaðir, Hallormsstaður.
Variante: Desde el final del camino se puede trepar por bloques rocosos hasta llegar justo al pie de la cascada, para lo que es necesario cruzar varias veces el arroyo.

Una de las maravillas naturales más impresionantes de los alrededores de Egilsstaði es Hengifoss, que con una caída de 118 m, es la tercera cascada más alta de Islandia. Desde el práctico **aparcamiento** con tablón informativo, subimos por cómodos escalones para seguir después por un ancho camino siempre por el lado izquierdo del riachuelo. Tras pasar un vallado, el sendero se vuelve más estrecho, y al borde del camino se puede ir observando el tipo de vegetación de la inclinada pradera compuesto por campanillas, genciana, tomillo, rudas y collejas sin tallo.

Aprox. a mitad de la subida se puede ver bien el barranco y la **Litlanesfoss**, rodeada de columnas de basalto marrón oscuro y negro. La causa de la forma polígona de las columnas, puestas a descubierto por el agua, fueron contracciones y grietas durante la fase de enfriamiento de la lava. Al cabo de aprox. 1 h. de subida, nos encontramos delante de la **Hengifoss**, que se precipita en el circo por el borde de la meseta entre paredes rocosas con capas de sedimento rojo luminoso. Quien lo desee, puede ir desde el final de la senda por bloques rocosos y cruzar varias veces el arroyo hasta el pie de la cascada.

El **descenso** se realiza por el mismo camino, por el que se puede contemplar el lago Lögurinn en todo su esplendor. Este lago de 30 km de largo tiene una profundidad de 112 m (es decir, que el fondo se encuentra a 92 m por debajo del nivel del mar). Su forma de piscina procede de la última Era Glacial cuando fue surcada por los glaciares y se llenó después con el agua del Jökulsá á Fljótsdal. Por cierto, se dice que en el lago vive un monstruo marino (»Lagarfljótsormurinn«).

La Litlanesfoss está rodeada de impresionantes columnas de basalto.

18 Hvituhnjúkur

Solitaria caminata por las montañas de liparita en la costa este

Valle de Tungur – Hvituhnjúkur – y regreso

Lugar de partida: Egilsstaðir, Bakkagerði.
Punto de inicio: Itinerario nº 10, 2 ó el 3 km. de la pista Fv946 (dirección Lodmundarfjörður) (2 puntos de inicio).
Acceso: Sólo en vehículo por la crta. nº 946.
Duración: Aparcamiento – lago Urðarhólavatn 25 min., lago – cresta del Hvituhnjúkur 1 h., a lo largo de la cresta ¼ h., descenso ¾ h. Total: 2½ – 3 hrs.
Desnivel: 440 m.
Dificultad: A partir del lago, no hay señalización ni camino.
Alojamiento: En Bakkagerði y Egilsstaðir.
Variantes: Desde hace poco, hay en la región numerosos itinerarios nuevos y señalizados. La excursión resulta más corta y fácil si se toma el itinerario nº 10 hasta el Gæsavatn y se regresa (en total 1–1½ h.). Desde Bakkagerði, se puede ir por el itinerario nº 1 hasta Brúnavik y regresar por la pista nº 2. Encontramos dos puertos entre las montañas de muchos colores (4–5 hrs., 700 m).

El paisaje en **Borgarfjörður** con sus impresionantes cumbres como la Dyrfjöll, las montañas de riolitos y liparitas de gran colorido, y el incomparable **Hvitserkur** es uno de los destinos que más valen la pena del este de Islandia. Sólo el viaje desde Egilstaðir, pasando por Héraðsflói y el puerto hasta Bakkagerði ya merece la pena. (consejo: una pequeña excursión a la garganta de Hvannagil – señalizado, 10 minutos de duración – vale la pena). El trayecto hasta el punto de partida de esta excursión, que muestra una visión de la fascinante geología de esta región, nos lleva, al menos durante 2 km. (primer inicio del itinerario nº 10), por una pista ruda pero accesible con vehículo. Quien además tenga la posibilidad, debería continuar por el puerto en dirección Húsavik para ver el vistoso lado del Hvitserkur.
En la pista F 946 encontramos, señalizados con carteles informativos, los inicios del itinerario nº 10 »Urðarhólar«. Seguimos la señalización con estacas a través de un brezal hasta el lago Urðarhólarvatn, desde el cual podemos contemplar cantizales del **Hvituhnjúkur**. Seguimos la señalización alrededor del lago y continuamos en dirección sureste. Allí donde el camino abandona el lecho del arroyo, nos dirigimos al noreste, hacia la montaña, y buscamos en el terreno sin camino (hierba y guijarros) un ascenso cómodo. Desde el punto más alto, donde finaliza la cresta rocosa del Hvituhnjú-

La escabrosa cresta de Hvituhnjúkur sobre cantizales de colores.

kur, disfrutamos de unas vistas maravillosas sobre la bahía de **Breiðavik**. Seguimos por la cresta en dirección noroeste – con vistas impresionantes sobre la escabrosa cresta rocosa – hasta que conseguimos descender al Urðarhólarvatn a través de un cantizal. Desde allí regresamos siguiendo la señalización hasta el punto de inicio.

19 En la bahía de Héraðsflói

Caminata por la playa hasta una colonia de gaviotas sobre una roca de colores

Sin camino: la ruta va en función de las mareas

Lugar de partida: Egilsstaðir, 80 m.
Punto de partida: En la curva antes de que la carretera nº 917 a Vopnafjörður suba por Hellisheiði.
Acceso: En coche.
Duración: Total: 1½ – 2 hrs.
Desnivel: 30 – 50 m.
Dificultad: Sin señalizar, sólo caminos de cabras, hay que cruzar algunos arroyos pequeños, pantanoso en algunas zonas, recomendable usar botas de goma.

La bahía de Héraðsflói, donde los ríos **Jökulsá á Brú** y **Lagarfljót**, procedentes de un valle en U de 15 km de ancho situado en un extenso terreno de aluvión desembocan al mar, es un destino especialmente interesante para ornitólogos. Mientras que en la superfície arenosa podemos observar págalos parásito, cisnes cantores, cercetas y patos, así como diferentes tipos de límicolas, la excursión nos lleva al bonito borde de la bahía hasta una colonia de gaviotas tridáctilas.

Desde la **carretera**, seguimos primero a lo largo de un **carril** en dirección noreste, cruzamos un ancho pero poco profundo riachuelo y continuamos por un terreno pantanoso hasta la **playa**. Seguimos hasta una bonita **torre rocosa** (¡la ruta elegida va en función de la marea!). Aquí subimos por un repecho de hierba y seguimos por senderos de cabras a través de terrenos en parte pantanosos a lo largo de la costa, hasta llegar a una empinada ensenada. Desde aquí se pueden observar bien las aves marinas que anidan en los acantilados. Las aves más frecuentes son las gaviotas tridáctiles con más de 100.000 parejas en Islandia. A veces también se ven gaviotas argénteas y, a menudo en la misma bandada, la gaviota hiperbórea, de las que sólo se cuentan 5.000 pares de cada. Desde aquí, también se pueden contemplar, hacia el noreste, los acantilados de liparita de rico colorido.

Es mejor elegir el camino de **regreso** un poco por encima del borde del acantilado, también a lo largo de senderos de cabras.

Consejo: ¡Llevar prismáticos, trípode y teleobjetivo!

Durante la caminata por la playa también podemos disfrutar de esta cascada.

El norte de Islandia

Akureyri – Parque Nacional de Jökulsárgljúfur – Mývatn

El arco iris – por encima de la solitaria costa de Melrakkaslétta – es un indicio de la inestabilidad meteorológica en Islandia.

Desde Egilsstaðir hacia el oeste, la carretera de circunvalación lleva por amplias y solitarias regiones. Sólo algunas pistas conducen, desde aquí, al interior. A lo largo de la costa hasta Ásbyrgi se recorren 300 km de carreteras a veces aún rudas pero que se pueden hacer perfectamente en un vehículo. Viajar en autobús resulta más dificultoso. A nivel paisajístico, disfrutamos una y otra vez de hermosas vistas sobre la costa, como la península de Melrakkaslétta. Sin embargo, esta amplia zona de brezal desarbolada no es muy adecuada para hacer senderismo. La única pequeña excursión que vale la pena son los acantilados de aves cerca de Rauðinúpur. El Parque Nacional de Jökulsárgljúfur se fundó en 1973 y su actual extensión es de 150 km². Va de norte a sur a lo largo del río glaciar Jökulsá á Fjöllum, que forma continuamente impresionantes cascadas que se precipitan al vacío, de las cuales la más conocida es Dettifoss. Entre las grandiosas bellezas naturales del parque destacan la ídilica Vesturdalur con sus imponentes formaciones de basalto de la Hljóðaklettar, la montaña volcánica más rica en colores de Islandia, Rauðhólar, y el verde valle Hólmatungur con sus hermosas cascadas. El clima de la región es, con 400 mm de precipitaciones anual, seco para Islandia y la nieve puede mantenerse hasta mayo/junio. Con el autobús de línea se llega a Ásbyrgi, donde empieza el Parque

Nacional. Allí encontramos un bonito camping, una oficina del PN, abierta del 15 de junio al 1 de septiembre y una tienda con cafetería. Al lado oeste del Jökulsá á Fjöllum, una pista sube pasando por Vesturdalur, Hólmatungur y Dettifoss hasta la carretera de circunvalación. A la Dettifoss se puede ir en coche y en verano hay un autobús una vez al día.

Desde 1974, la región alrededor del Mývatn y del Laxá es de protección natural. El Mývatn, con una superficie de 37 km^2, es una de las aguas interiores más grandes de Islandia, pero sólo tiene 2,5 – 4,5 m de profundidad. Su nombre, »lago de los mosquitos«, viene de las bandadas de mosquitos que aparecen allí cada verano y que son el principal alimento para aves y peces. Los 15 tipos diferentes de patos que hay en Islandia incuban aquí. 50 islas, muchas de ellas pseudocráteres, caracterizan el aspecto del lago. Por su situación en el borde oeste de la zona activa de volcanes, se encuentran muchos más fenómenos geológicos, uno al lado de otro, que en cualquier otro sitio. Además, se puede llegar a ellas fácilmente. En esta región se encuentran hoy en día cerca de 50 granjas y la pequeña localidad de Reykjahlið, donde un supermercado, un camping, un hotel, una piscina, un restaurante, un alquiler de bicicletas, la oficina del PN y un pequeño aeropuerto, desde el que se pueden hacer excursiones en avión, ofrecen toda la infraestructura necesaria. Las excursiones se pueden empezar en gran parte directamente desde el pueblo, por lo que no es de extrañar que el Mývatn sea uno de los centros turísticos de Islandia. Sin embargo, aún aquí las rutas de senderismo son bastante tranquilas, sólo en los puntos de interés accesibles en vehículo podemos encontrar hasta media docena de autobuses que pueden causar barullo. Quien quiera hacerse una idea completa de esta región, debería tomarse al menos entre 5 y 7 días. Cada día hay servicios de autobuses a Akureyri y Egilsstaðir. Desde allí también hay muchas rutas guiadas en autobús, p.ej. a Askja.

Aún 1816, Akureyri fue una zona aislada con sólo 45 habitantes, convirtiéndose después, gracias a su situación privilegiada y al puerto, en la tercera ciudad más grande de Islandia. Situada en el precioso fiordo de Eyjafjörður, que en verano se encuentra rodeada de montañas nevadas, con muchas casas de madera pintadas de muchos colores, un interesante jardín botánico, sin olvidar todas las comodidades de una gran ciudad típica islandesa, Akureyri se presenta como un lugar de descanso y ciudad para ir de compras, en la que también se puede dejar pasar tranquilamente un periodo de mal tiempo. En verano, la ciudad es un buen punto de partida para hacer senderismo y de mayo a junio también para hacer rutas de esquí sobre nieve ventada. Las líneas de autobús diarias a Reykjavik, Mývatn, Egilsstaðir y Olafsfjörður y las conexiones aéreas a muchos lugares del país son una gran ventaja. Los hoteles, el albergue y el camping que se encuentran junto a la bonita y nueva piscina, pero desgraciadamente también al lado de una carretera muy concurrida, ofrecen el alojamiento adecuado para todo los gustos.

20 Roca de aves cerca del volcán Rauðinúpur

Corto descenso a las chimeneas del volcán con gran variedad de aves

Núpskatla (granja) – faro – Rauðinúpur

Lugar de partida: Kópasker, 10 m.
Punto de inicio: Granja Núpskatla. Desde la carretera nº 85 se desvía una carretera sin salida hacia la granja, ¡cerrar la verja! Es de agradecer que permitan aparcar (¡sin molestar!) y hay incluso un libro de huéspedes.
Acceso: Sólo con vehículo por la carretera nº 85 o con ruta guiada.
Duración: 1¼ – 1½ h.
Desnivel: 70 m.
Dificultad: No caminar muy cerca de la costa acantilada, no olvidar prismáticos, trípode y teleobjetivo (300 – 600 mm).
Alojamiento: En Kópasker y Raufarhöfn.
Consejo: Para la observación de aves es mejor el mes de julio que el de agosto.

Los acantilados de aves de la punta noroeste de la península de **Melrakkaslétta** son para todos aquellos viajeros interesados en la observación de aves una excursión muy recomendable. En bien pocos casos se puede observar de forma tan clara la división de la avifauna en una roca como aquí. Cerca de la línea del mar encontramos cormoranes moñudos, y en estrechas franjas rocosas, por encima de ellos, vemos araos comunes y de pico ancho, que anidan en grandes masas; al lado, en cuevas y grietas encontramos alcas comunes. Los acantilados del Rauðinúpur también son uno de los ocho nidales del alcatraz en Islandia, una de las aves marinas más grandes y elegantes de la isla. La parte superior de las rocas la ocupan los frailecillos.
Pasamos la **granja** a la derecha y a través de la verja nos dirigimos hacia la estrecha línea de la costa. Hay que trepar con cierta dificultad hasta el otro lado de la laguna unos 15 – 20 minutos por un **dique** cubierto de grandes piedras. Ya desde aquí se divisan las dos torres de basalto teñidas de rojo-negro que sobresalen del mar. A lo largo del línea eléctrica seguimos por un sendero bien marcado a través de pastos hasta el **faro**, a la derecha del cual, antepuestas a la costa acantilada, se alzan desde el mar los acantilados de aves. Vale la pena subir 5 min. hasta el borde del cráter del hace mucho extinguido volcán de **Rauðinúpur**, desde donde disfrutamos de amplias vistas panorámicas. Regresamos por el mismo camino.

Colonia de alcatraces en los acantilados del Rauðinúpur.

21 Isla rocosa de Eyjan

Paseo hasta el mirador pasando el Ásbyrgi

Camping – mirador – camping

Lugar de partida: Ásbyrgi, 20 m.
Punto de inicio: Camping/oficina de información en el Ásbyrgi.
Acceso: Con rutas guiadas o con vehículo por las carreteras nº 85 y 864, servicio de autobús.
Duración: Camping – mirador ¾ h. Total: 1½ h.
Desnivel: 60 m.
Dificultad: Paseo a un hermoso mirador. ¡Cuidado en el borde del acantilado! ¡No acercarse demasiado!
Alojamiento: Camping en el Ásbyrgi, alojamiento en los alrededores.

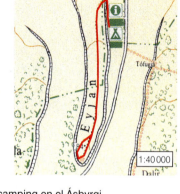

El Parque Nacional de Jökulsárgljúfur se extiende a lo lago del cañón del río glaciar Jökulsá á Fjöllum. El punto de partida ideal es el camping en el Ásbyrgi.
En este corto paseo hasta la punta de la isla rocosa, tenemos la oportunidad de observar la vegetación del Parque Nacional: en zonas protegidas crecen, sobre todo, árboles y arbustos, como p.ej. abedules, sauces y serbales. En cambio en los brezales encontramos sólo arbustos muy pequeños y líquenes. Sobre todo en esta isla rocosa se encuentran fanerógamas como geranios, angélicas y campanillas, y una planta típica del barranco es la hierba luisa. En total crecen aquí unos 220 tipos de plantas más desarrolladas y el motivo es que en esta zona el clima es más continental que en la mayor parte de Islandia. Así, la cantidad anual de precipitaciones se encuentra en los 400 mm y el termómetro sube en julio hasta una media de 10 grados.
Desde la punta de la isla rocosa hay preciosas vistas sobre la impresionante formación del **Ásbyrgi**, que en la mitología se interpretó como la huella de la herradura del caballo de Odino. Este »castillo de los dioses« (Ásbyrgi) es, de hecho, una parte del cañón del río Jökulsá que se secó hace mucho tiempo.
El camino señalizado empieza directamente detrás de la oficina del **camping**. Se sale un trecho del valle para luego subir a las rocas por la izquierda. Desde aquí el camino va en dirección sur hasta la punta de la **isla rocosa**. Tras una pequeña curva regresamos por el mismo camino.

La isla rocosa de Eyjan en el Ásbyrgi.

22 Hacia el cañón del Jökulsá

Largo recorrido circular desde el Ásbyrgi hasta el Cañón del Jökulsá

Ásbyrgi – Klappir – Jökulsárgljúfur – desvío Áshöfði – Ásbyrgi

Lugar de partida: Ásbyrgi, 20 m.
Punto de inicio: El camping en el Ásbyrgi, situado en el lado valle arriba.
Acceso: Con rutas guiadas o en coche por las carreteras nº 85 y 864, servicio de autobús.
Duración: Camping – mirador Klappir 1 h., mirador Klappir – barranco de Kviar 1h., a lo largo del cañón 1¼ h., – hasta el desvío de Áshöfði ¾ h., Áshöfði – camping ¾ h. Total: 5 – 5½ hrs.
Desnivel: 200 m.
Dificultad: Larga caminata por caminos señalizados con algunos trechos de fácil trepada.
Alojamiento: Camping en el Ásbyrgi, alojamientos en los alrededores.
Variante: En el desvío seguimos hasta la peña de Áshöfði y desde allí en dirección norte. El último tramo vuelve por la carretera al camping de Ásbyrgi. ¾ – 1 h. adicionales.

Esta extensa excursión desde el Ásbyrgi hasta la garganta del Jökulsá lleva hasta un mirador desde el cual se puede contemplar en todo su esplendor el impresionante valle del río glaciar. ¡Con sus 25 km de largo, 500 m de ancho y una profundidad de hasta 100 m, es una de las gargantas más impresionantes de Islandia! Se encuentra en la zona activa de volcanes y desde un punto de vista geológico es todavía muy joven.

El camino empieza al final del **camping** situado valle arriba y cruza dicho valle en dirección este hasta la peña escarpada. Aquí el camino lleva por una zona rocosa en la que hay que trepar un poco, aunque una cuerda ayuda a sujetarnos. Al llegar a la señalización, nos mantenemos a la derecha por el borde de los acantilados en dirección **Vesturdalur**. Desde el Mirador de **Klappir** (en el mapa indicado demasiado al sur) el camino lleva por un brezal donde sólo crecen arbustos pequeños y líquenes. Al excursionista atento y tranquilo se le presta la oportunidad de observar la fauna de la

El Jökulsá ha formado una de las gargantas más anchas de Islandia.

zona: frecuente será ver aves como chorlitos dorados, perdices nivales, esmerejones, cuervos y algunas especies de patos, así como también zorros polares y visones. Al cabo de 1 h. llegamos al Mirador de Kvíar con un panel orientativo, que nos ofrece unas impresionantes vistas sobre la garganta. Desde aquí seguimos el camino a lo largo del cañón en dirección norte. Las rocas en el punto Kuavhámmur también ofrecen buenas vistas. Seguimos en la misma dirección; el camino se aleja pronto del río y lleva por bosques de abedules y prados. Al cabo de ¾ h., llegamos a otro poste dirreccional El »Ashöfðihringur« lleva, describiendo una amplia curva, hasta la granja Ás. Fue una de las más ricas de Islandia, pero fue destruida por inundaciones glaciares en los s. XVII y XVIII. Todo recto, volvemos por tierras de cultivo, prados, pastos) hasta el **Ásbyrgi**. Al cabo de 30 minutos llegamos a la bajada y pocos minutos después estamos en el **camping**.

23 Hljóðaklettar – Rauðhólar

Hacia el volcán más variopinto de Islandia

Vesturdalur – Hljóðaklettar – Rauðhólar – y regreso

Lugar de partida: Ásbyrgi, 20 m.
Punto de inicio: Aparcamiento de Hljóðaklettar en Vesturdalur, 120 m.
Acceso: Carretera nº 862; en verano, servicio de autobús diario.
Duración: De Vesturdalur a Rauðhólar, pasando por Hljóðaklettar, 1½ – 2 hrs. Regreso 1 h. Total: 2½ – 3 hrs.
Desnivel: 150 m.
Dificultad: Caminata por caminos buenos y bien señalizados.
Alojamiento: Zona de acampada en Vesturdalur.
Variante: Una vuelta por la Hljóðaklettar (=Hljóðaklettarhringur) dura casi 1 h. y un paseo hasta las impresionantes columnas de basalto »Karl og Kerling« con bonitas vistas sobre la garganta dura 40 min. – 1 h.

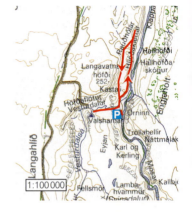

Esta entretenida excursión serpentea a través de las imponentes chimeneas volcánicas, las cuales fueron puestas al descubierto y seccionadas por el **Jökulsá á Fjöllum**. Las columnas de basalto, a menudo ordenadas en forma de rosetas y que se pueden observar de cerca, se originaron a causa de contracciones y grietas durante la fase de enfriamiento de la lava.
El ancho y señalizado camino empieza en el **aparcamiento** (desde el camping se puede llegar por un sendero hasta el inicio del recorrido circular, aprox. 700 m). Seguimos el camino y nos mantenemos a la derecha (»Hljóðaklettarhringur«) y enseguida otra vez a la derecha. Subimos y bajamos por fantásticas formaciones de basalto. No hay que perderse las cuevas de lava de »**Kirkjan**«. Cuando lleguemos a la siguiente señal, seguimos en dirección »Rauðholar«. Por unos escalones superamos un impresionante muro de basalto, detrás del cual sobresale la estribación roja del **Rauðholar**. A continuación, el camino sube algo más empinado por esa estribación hasta la cumbre del Rauðholar, desde donde disfrutamos del juego de colores rojo-amarillo hasta negro de las laderas del volcán y la garganta del Jökulsá. **Regresamos** por un camino señalizado que lleva un poco por encima (hacia el oeste) de las rocas hasta el **aparcamiento**.

La rojiza escoria ha dado el nombre al Rauðhólar.

24 Hólmatungur

Paseo hasta unas cascadas, situadas en un lugar idílico

Aparcamiento de Hólmatungur – Hólmafossar – Katla – y regreso

Lugar de partida: Ásbyrgi, 20 m.
Punto de inicio: Aparcamiento de Hólmatungur (accesible en coche).
Acceso: Por la carretera nº 862 (v. ruta 23).
Duración: Hólmatungur – Hólmafossar ½ h., Hólmafossar – Katla ½ h., recorrido circular ¼ h., Katla – Hólmatungur ½ h. Total: 2 hrs.

Desnivel: 80 m.
Dificultad: Caminata corta y bonita por caminos señalizados.
Alojamiento: Zona de acampada Vesturdalur.
Variante: Se puede ampliar la ruta: Desde Holmártungur hasta Vesturdalur, bonita caminata con una zona de vadeo; 3 – 3½ hrs.

La zona de Hólmatungur muestra, a pesar de su altura sobre el nivel del mar (220 m aprox.) una vegetación muy rica; el camino lleva por bosques de abedules, al lado de fuentes y riachuelos crecen plantas higrófitas como angélicas (Angelica archangelica) y musgo raros.

Desde el aparcamiento, bajamos por un camino ancho y señalizado. Cuando lleguemos al poste indicador, nos mantenemos a la izquierda (»Vesturdalur«) y seguimos el curso del riachuelo con su rica vegetación. Cuando llegamos a la **Hólmarfossar**, cruzamos los puentes y descendemos algunos metros para contemplar, también desde abajo, las idílicas cascadas.

Volvemos a los puentes y elegimos el camino de regreso (izquierda) a lo largo del Jökulsá. Al cabo de casi ½ h., seguimos la señalización hacia la izquierda hasta »**Katla**«, una zona estrecha en el río con numerosas cascadas, grandes y pequeñas, que se precipitan por las vistosas paredes a las borboteantes torrentes. Un corto recorrido circular ofrece vistas impresionantes. Desde aquí regresamos al **aparcamiento**.
Consejo para hacer fotos: Esta zona es ideal para hacer fotografías macro de plantas. Como que de cerca disminuye mucho la profundidad de campo de la foto, los pequeños diafragmas y los tiempos de apertura bastante largos que en consecuencia se producen, hacen necesario el uso de un trípode, a no ser que se utilice un flash TTL, a ser mejor con cable para poderlo posicionar de forma variable. Quien no disponga de un objetivo macro, puede usar lentes de aproximación.

Un brazo del río Jökulsá.

25 Dettifoss

Duro recorrido circular cerca del salto de agua más impresionante de Europa

Aparcamiento – Dettifoss – Hafragilsfoss – Selfoss – aparcamiento

Lugar de partida: Ásbyrgi, 20 m.
Punto de inicio: Aparcamiento cerca de Dettifoss/Sanddalur (accesible en coche).
Acceso: Por la carretera nº 862.
Duración: Aparcamiento – Dettifoss ¼ h., Dettifoss – desvío Sanddalur ½ h. – rodeo por el Hafragil ¾ h., camino de regreso por Hafragil – Hafragilsfoss – desvío Sanddalur 1 h. – Sanddalur – Dettifoss ½ h., Dettifoss – Selfoss – aparcamiento ¾ h. Total: 4 hrs.
Desnivel: 150 m.
Dificultad: Camino señalizado con tramos cortos y protegidos, una travesía expuesta por un cantizal; humedad en la zona de las cascadas.
Alojamiento: La zona de acampada más próxima se encuentra en Vesturdalur.

Por la pista F 862 se llega a uno de los puntos de interés más importantes de Islandia: la Dettifoss. Con una anchura de 100 m y una caída de 45 m, se considera la cascada más caudalosa de Europa (193 m³/seg.). Con la Selfoss, situada más al sur, y la Hafragilsfoss empieza aquí la garganta del Jökulsá.
Desde el aparcamiento, vamos por un ancho camino hasta la impresionante Dettifoss (húmedo). Seguimos al norte la señalización con estacas hasta que un cartel nos indica pronto la dirección hacia Vesturdalur y Hafragil. Después de una meseta pedregosa bajamos a Sanddalur. En la siguiente bifurcación, tomamos el camino de la izquierda, trepamos hacia arriba por un escalón rocoso (fácil) y rodeamos por la meseta el barranco de Hafragil. En su extremo norte (señalización/panel orientativo) bajamos por escalones hasta la garganta y entramos en el cañón del Jökulsá. Aquí, las paredes rocosas alcanzan su mayor altura. Seguimos río arriba y pronto cruzamos un empinado cantizal (tramo corto y expuesto). Por un camino más cómodo llegamos a la Hafragilsfoss. Para ir de nuevo a Sanddalur, es necesario subir por una senda muy empinada (hay una cuerda para sujetarse). Ahora volvemos como en el camino de ida a la Dettifoss. Pronto giramos de nuevo hacia la izquierda y seguimos hasta la ancha Selfoss; desde allí regresamos al aparcamiento.
Consejo: Ruta de 2 días desde Dettifoss hasta Ásbyrgi: empieza como esta ruta, lleva por Hafragil hasta Hólmatungur (3 – 3½ hrs.); desde aquí como la ruta 24 hasta Hólmafossar (una zona de vadeo) y hasta Vesturdalur (pasando por »Karl og Kerling«): 3 – 3½ hrs.; la 2ª etapa lleva por Rauðhólar (v. ruta 23) y a lo largo del Jökulsá; por Klappir hasta Asbyrgi (4 hrs.) (v. ruta 22).

La Dettifoss se considera la cascada más caudalosa de Europa.

26 Dimmuborgir – los castillos negros

A través de fascinantes formaciones de lava al cráter de cenizas Hverfjall

Dimmuborgir – Hverfjall – Kirkja – Dimmuborgir

Lugar de partida: Reykjahlið, 280 m.
Punto de inicio: Aparcamiento Borgarás (Dimmuborgir).
Acceso: En autobús, coche, avión; por la carretera nº 1.
Duración: Aparcamiento – Hverfjall ¾ h., Hverfjall – portal rocoso ½ h., portal rocoso – regreso al aparcamiento por el gran recorrido (señalización roja) ¾ h. Total: 2 – 2½ hrs.
Desnivel: 150 m.
Dificultad: Excursión por caminos señalizados. El Hverfjall es un cráter de cenizas, por lo que su ascensión y descenso son polvorientos y por suelo »blando«.
Alojamiento: Hotel y un camping en Reykjahlið.
Variante: El acceso a las rutas 26, 27 y 28 se puede combinar con la bicicleta (alquiler de bicicletas en Reykjahlið). El trayecto alrededor del lago por las carreteras nº 848 y 1 está asfaltado, con pequeñas excursiones tiene 40 km de largo y, salvo el acceso a Dimmuborgir, apenas presenta subidas considerables.

Se puede combinar con la ruta 29 (Grjótagjá) por caminos señalizados.

El Hverfjall, que sobresale notablemente por encima del llano cubierto de curiosas figuras de lava, se originó de de una fría explosión de gas. Esto también se nota por la arena fina y la gravilla que conforman este cráter. Por este motivo, no hay que esperar ver desde la cumbre un cráter humeante, pero sólo por la vista panorámica vale la pena la ascensión.
En el aparcamiento Dimmuborgir empiezan los caminos bien señalizados.

A través de un portal de lava divisamos el Hverfjall.

Primero, seguimos la flecha roja hacia la izquierda en dirección »Kirkjan« y nos mantenemos siempre a la izquierda. Después de un ¼ h., una señalización blanca (»Grjótagjá«) nos desvía por la izquierda a través de un portal de lava. Por este camino llegamos al pie del **Hverfjall**. Un camino zigzagueante nos facilita la polvorienta ascensión. De vuelta, pasamos de nuevo por el portal de lava, después seguimos por la izquierda la señalización roja hacia **Kirkja**. Aquí la lava ha conseguido crear un impresionante portal. A continuación pasamos por muchas formaciones, que hacen honor al nombre de **Dimmuborgir** (=los castillos negros). Después de unas 2 hrs., llegamos – siempre manteniéndonos en el recorrido circular señalizado en rojo – a nuestro punto de inicio.

27 Los pseudocráteres de Skútustaðir

Paseo por los verdes y »falsos« cráteres junto al Mývatn

Skútustaðir – punto de inicio– Mývatn – Skútustaðir

Lugar de partida: Skútustaðir, 260 m.
Punto de inicio: Skútustaðir, aparcamiento enfrente de la cafetería.
Acceso: En autobús, coche, avión, por la carretera nº 1.
Duración: ½ h.
Desnivel: 30 m.
Dificultad: Paseo corto.
Alojamiento: En Skútustaðir, Reykjahlið.
Variante: También podemos recorrer toda la curva y regresar caminando a lo largo de la carretera, ¾ h. adicionales. Pero el paseo corto se combina mejor con la excursión en bicicleta.

Los pseudocráteres se originan cuando la lava caliente fluye por una región pantanosa. El vapor de agua y los gases crean entonces estas formaciones semejantes a cráteres, como las que encontramos en la orilla del Mývatn. En julio y agosto este lago hace honor a su nombre: los mosquitos que encontramos en el lago no pican, pero se recomienda llevar un mosquitero en la cabeza para que no entren en la boca. Sin embargo, en la zona de Laxá, aparecen también las moscas negras picadoras. Por este motivo, el Mývatn ofrece, sobre todo a los ornitólogos, un extenso campo de actividades. Podemos encontrar cisnes cantores, así como colimbos grandes, ánsares comunes, colimbos chicos, halcones gerifaltes, esmerejones, bisbitas comunes, lavanderas, pardillos sizerines y muchos otros más. Los cráteres cubiertos de hierba y musgo, el lago y el cielo, ojalá azul, recrean un paisaje espectacular.
En el **aparcamiento**, en el lado este junto a una verja, empieza un recorrido circular señalizado. El camino, que pasa por delante de algunos pequeños cráteres, nos conduce a un mirador. La vista desde aquí se extiende sobre el lago. En dirección norte sobresale el Vindbelgjarfjall. Desde el mirador volvemos en dirección suroeste por un prado y a lo largo del **lago**. El camino cerca del hotel conduce de nuevo al aparcamiento.
Consejo: Lo más impresionante es contemplar los pseudocráteres desde el aire. Si hace buen tiempo, se recomienda una vuelta en avión desde Reykjahlið. Según la duración del vuelo, podremos contemplar todos los fenómenos volcánicos de los alrededores hasta Askja.

El pseudocráter delante del Mývatn se divisa fácilmente.

28 Ascensión al Vindbelgjarfjall, 529 m

Ascensión corta y empinada hasta un mirador que realmente merece la pena

Vagnbrekka – cumbre de Vindbelgjarfjall y regreso

Lugar de partida: Reykjahlið, 280 m.
Punto de inicio: Por la crta. nº 848, que viene de la crta. de circunvalación, poco antes de la granja Vagnbrekka (en dirección Reykjahlið). Cartel indicador; posibilidad limitada de aparcar al borde de la crta.
Acceso: En autobús, coche, avión; por la crta. nº 1.
Duración: Ascensión ½ h., descenso ¼ h. Total: ¾ – 1 h.
Desnivel: 260 m.
Dificultad: Ascensión empinada, algo pedregosa con rocalla resbaladiza.
Alojamiento: En Reykjahlið.
Variante: La combinación de las rutas 26 – 28 con una excursión en bicicleta (ver variante ruta 26) ofrece la posibilidad de acceder directamente a la ascensión.

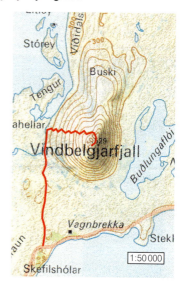

En días claros, la vista panorámica desde el monte Vindbelgjarfjall es inolvidable. Desde arriba, podemos diferenciar bien los diferentes tipos de paisajes obra del vulcanismo: mesetas como el Burfell son fruto de una fuerte erupción volcánica y las lomas de piedra de toba o palagonita, como el Namafjall, que se originaron a causa de pequeñas erupciones durante la última Era Glacial hace unos 10.000 años, cuando toda la región estaba cubierta por un glaciar.

Poco antes de la granja **Vagnbrekka**, un carril bien marcado nos lleva hasta el pie de la montaña. Este kilómetro se puede recorrer en bicicleta sin problema, está señalizado con estacas blancas. La subida se realiza por una senda empinada pero bien visible y que se dirige de manera bastante directa a la cumbre. La señalización con estacas es además un buen punto de orientación. Para proteger la vegetación, no se debe abandonar el sendero. Pasada ½ hora ya estamos en la **cumbre**.
Regresamos rápido por el mismo camino.

Vista desde el Vindbelgjarfjall sobre el Mývatn.

29 Grjótagjá

Agradable recorrido circular a unas grietas calientes

Reykjahlið – Stóragjá – Grjótagjá – tierra de diatomeas – Reykjahlið

Lugar de partida: Reykjahlið, 280 m.
Punto de inicio: Cruce de la carretera nº 1 con la carretera nº 87.
Acceso: En autobús, coche, avión; por la carretera nº 1.
Duración: Centro de la población – Stóragjá ¼ h., Stóragjá – Grjótagjá 1 h., Grjótagjá – tierra de diatomeas 20 min., tierra de diatomeas – centro de la población 20 min. Total: 2 hrs.

Desnivel: 10 m.
Dificultad: Excursión fácil, también posible en caso de mal tiempo. Ninguna posibilidad de baño en las grietas, pero sí en el lago azul cerca del tierra de diatomeas (orilla este).
Alojamiento: Hotel y camping en Reykjahlið.
Variante: Seguir la señalización desde la Grjótagjá hasta el Hverfjall.

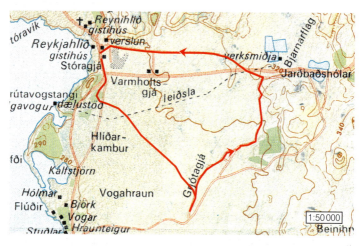

Muy cerca de la población de Reykjahlið podemos observar, en poco espacio, fenómenos naturales de gran interés: el campo de lava de Vogahraun presenta una vegetación cada vez más abundante formada por abedules achaparrados a los lados, y con tapizantes como silenes sin tallo, saxífraga, armerias y líquenes. Además encontramos en esta zona grietas calientes llenas de agua, como las conocidas Grjótagjá.

Justo en el **cruce de carreteras** empieza un camino señalizado. Primero seguimos la señalización con estacas amarillas por la derecha hacia **Stóragjá**: en una zanja de casi 10 m de profundidad, una escalera nos con-

Plantas, como la silene sin tallo, se adueñan poco a poco del desierto de lava.

duce hacia abajo hasta una gruta con posibilidad de bañarse. En una curva al borde de la zanja, el camino nos lleva hacia el sendero señalizado en blanco. Al poco tiempo, caminamos a través del bosque de abedules, cruzamos un sistema de calefacción a distancia y finalmente salimos de nuevo del bosque. Esta zona de transición de arena negra y poblada de árboles achaparrados y flores invita a hacer muchas fotos. Por este terreno árido de arena y lava, el camino nos conduce a una grieta alargada, desciende algunos metros y llega a un carril que nos lleva hasta Hverfjall. Las señales de aviso indican el camino hacia la **gruta** con una especie de **piscina** que está situada en esta zona de hundimiento tectónico. Aunque es cierto que actualmente el agua se está enfriando, sus aún casi 50°C de temperatura imposibilitan el baño (2003). Continuamos por el carril en dirección norte. Sobre todo las colinas del lado derecho presentan muchas grietas pequeñas por las que se desprende vapor caliente. El carril llega a la crta. nº1 justo enfrente de la **tierra de diatomeas** (la tierra de diatomeas son rocas sedimentarias de diatomea, una especie de alga unicelular) con el llamativo lago azul. Regresamos a **Reykjahlið** caminando un trozo por la carretera principal y después por una carretera secundaria que se desvía a la derecha, pasando por la piscina.

30 Excursión por solfataras

Recorrido circular entre agujeros de azufre y barro

Hverarönd – cumbre de Námafjall – y regreso

Lugar de partida: Reykjahlið, 280 m.
Punto de inicio: Parking Hverir, crta. nº 1.
Acceso: En autobús, coche, avión; por la carretera nº 1.
Duración: Vuelta por Hverarönd ¼ h., Hverir – cumbre de Námafjall 20 min., paso de la cumbre y camino de vuelta 40 min. Total: 1½ h.
Desnivel: 120 m.
Dificultad: La ruta discurre por la zona de solfataras, ¡atención a las señales de aviso y zonas cortadas!, ¡no salirse del camino!
Alojamiento: En Reykjahlið.
Variante: Las rutas 30 y 31 se pueden combinar mediante una excursión en bicicleta algo más dura; la distancia desde Reykjahlið hasta el Krafla es de 15 km, en el recorrido de ida y vuelta se debe salvar un total de algo más de 450 m de altitud con fuertes pendientes. Nos desplazamos por la crta. nº 1 en dirección este (Egilsstaðir) y por el Námafjall. Aprox. 1 km después de pasar por la zona de solfataras Námaskarð, se desvía a la izquierda de la carretera de acceso a Krafla.
Consejo fotográfico: Debido a los vapores corrosivos se debería proteger las lentes con filtros ultravioletas.

La riqueza de colores del Námafjall, las humeantes solfataras hirviendo a borbotones y los agujeros de barro atraen a muchos turistas quienes, la mayoría de las veces, después de una pequeña vuelta suben de nuevo al autobús con aire acondicionado. Sin embargo, nosotros seguimos caminando hasta la cumbre del Námafjall, desde donde disfrutamos de una hermosa vista sobre el extenso paisaje volcánico. Los diferentes colores del Námafjall proceden de los diferentes minerales (el amarillo, p. ej., del sulfuro de hidrógeno, ácido sulfúrico libre y sulfatos) y de las algas adaptadas al agua de hasta 100 grados de temperatura.

Desde el **aparcamiento**, empezamos primero con una vuelta por la zona de las fuentes calientes de **Hverarönd** con sus pozas de lodo, solfataras y fuentes de vapor. Después seguimos la señalización con estacas blancas y subimos, a la izquierda en diagonal, por la pendiente empinada. Desde la cumbre, disfrutamos de una maravillosa vista panorámica. El camino señalizado a través de la elevada loma pasa por numerosas solfataras y vistosos montículos de azufre (especialmente bonito a la izquierda del camino de descenso). Antiguamente se extraía azufre en esta zona. El descenso por la cresta nos conduce a la carretera, luego nos desviamos a la derecha y llegamos al aparcamiento.

Es fácil visitar la zona de las fuentes calientes de Hveraränd al pie del Námafjall.

31 Krafla

Fascinante recorrido por uno de los campos de lava más jóvenes de Islandia

Aparcamiento – Hófur – Leirhnjúkur – y regreso

Lugar de partida: Reykjahlið, 280 m.
Punto de inicio: Por encima de la central eléctrica Kröfluvirkjun encontramos a la izquierda, después de un tramo de carretera empinada, un aparcamiento con WC.
Acceso: En autobús, coche, avión; carretera sin salida procedente de la crta. nº 1.
Duración: Aparcamiento – Hófur ½ h., Hófur – cumbre de Leirhnjúkur ½ h., cumbre – aparcamiento 20 min. Total: 1½ h.
Desnivel: 50 m.
Dificultad: Zona de volcanes activos, solfataras, ¡no salirse del camino!
Alojamiento: En Reykjahlið.
Variante: Desde Reykjahlið un sendero nos lleva también hasta Krafla, pero la distancia es de 10 km. Si se hace en bicicleta, se puede combinar muy bien con las rutas 30 y 31 así como con una pequeña excursión hasta el cráter Viti situado a unos 100 m por encima del aparcamiento de Krafla.
Consejo: En la central eléctrica geotermal hay un centro de información.

El Krafla es un volcán central de 20 km de diámetro, de cuya cámara magmática fluye la lava hasta la superficie a través de las grietas originadas por la corriente continental. Desde 1975 se han producido algunas nuevas erupciones, como la que tuvo lugar en 1984. La fresca lava negra, las grietas humeantes y las solfataras recrean la imagen del origen de los tiempos. Grupos turísticos ruidosos pueden perturbar la paz de la naturaleza, aunque por otra parte, precisamente por ellos, se ha construido en los últimos años un sendero señalizado. Los fotógrafos quedarán impresionados con la gran variedad de motivos que se encuentran a lo largo de las grietas humeantes y solfataras. Sin darnos cuenta se nos puede hacer más largo el tiempo de duración indicado.

El camino señalizado con estacas blancas nos lleva recto, desde el **aparcamiento**, hasta las solfataras situadas en la ladera del Leirhnjúkur. Caminamos a lo largo de ellas y luego subimos un poco para pasar por en medio de las pozas de lodo hirviendo a borbotones y las fuentes calientes. En una bifurcación del camino seguimos por la derecha y nos dirigimos, finalmente, a través de la lava fresca de las últimas erupciones al cráter **Hófur**. La señalización nos conduce por delante de él y luego nos hace girar, en ángulo recto, por la izquierda. El camino de vuelta, que pasa por grietas humean-

El todavía joven campo de lava del Krafla.

tes y pequeñas aberturas volcánicas, es muy variado e interesante. Seguimos siempre la señalización a la derecha hasta llegar a un camino sin salida que nos conduce en pocos minutos hasta la cumbre del **Leirhnjúkur**. Desde arriba, disfrutamos de una hermosa vista sobre toda la zona volcánica y podemos distinguir las diferentes edades de las capas de lava (negra = joven, marrón = vieja). Descendemos de la cumbre, seguimos por la izquierda y bajamos agradablemente por la parte trasera del Leirhnjúkur bordeando el campo de lava. Encontramos el camino que conduce a Reykjahlið, seguimos por la izquierda y regresamos así al **aparcamiento**.

32 El oasis de Herðubreiðarlindir

Varios recorridos circulares por el único oasis del desierto de los malechores

1. **Herðubreiðarlindir – Ódádahraun – y regreso**
2. **Herðubreiðarlindir – Jökulsá á Fjöllum – y regreso**
3. **Herðubreiðarlindir – Álftavatn – y regreso**

Lugar de partida: Reykjahlið, 280 m.
Punto de inicio: Refugio de Herðubreiðarlindir, aprox. 500 m.
Acceso: En autobús, coche, avión; por la crta. nº 1 hacia Reykjahlið. Desde allí servicio de autobús hasta el punto de inicio: desde el 15 de julio hasta el 15 de agosto todos los días y desde el 20 de junio hasta el 31 de agosto lunes, miércoles y viernes. Debido a que la estancia con la ruta guiada es muy corta, se recomienda una interrupción (sin costes adicionales) y una pernoctación. Acceso sólo posible con vehículos 4x4.
Duración: Recorrido circular por el Ódádahraun (*verde*): ¾ h., recorrido circular hasta Jökulsá á Fjöllum (*naranja*): 1½ h., hasta el Álftavatn: 1½ h. *(rojo)*.
Desnivel: 10 m.
Dificultad: Itinerarios señalizados, sin dificultad alguna.
Alojamiento: Zona de acampada cerca del refugio del Akureyri Touring Club, en verano con guarda.
Variante: Desde aquí, la señalización amarilla nos lleva por la única subida (al oeste) hasta el Herðubreið; 7 hrs. hasta la cumbre. Ascenso peligroso por posibles desprendimientos de piedras. Es mejor el recorrido hasta el refugio cerca del Braeðrafell. Desde aquí, un sendero nos lleva en dirección sur hasta la Askja; señalizado, etapas de un día, largas (20 km y 15 km) y difíciles.

En medio del Ódádahraun, aquel desierto de lava donde se refugiaban los delincuentes perseguidos por la ley con una mínima posibilidad de supervivencia, se alza el Herðubreið, una meseta de hialoclástico, es decir de magma, que por debajo de los glaciares se solidifica como vidrio. Cuando vamos en el autobús todoterreno por este »desierto de malechores« y con-

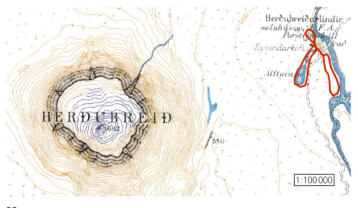

El refugio junto al Herðubreið es el punto de inicio de la caminata.

templamos el extenso paisaje árido, sin vegetación ni agua, nos sorprendemos aún más al llegar a este oasis verde de Herðubreiðarlindir. Al pie de »la reina de las montañas islandesas«, tenemos la posibilidad de realizar tres recorridos circulares que nos permiten conocer la zona.

La señalización verde nos conduce en ¾ h. por el campo de lava del **Ódádahraun**, pasando por el agujero rocoso que sirvió al proscristo Fjalla-Eyvindur de escondinte durante el invierno 1774/75. Allí sobrevivió sin fuego alimentándose de raíces y carne de caballo cruda.

La señalización naranja nos conduce en 1½ h. hasta la **Jökulsá á Fjöllum** que ha conseguido abrirse camino con fuerza a través de la lava.

La señalización roja nos conduce en 1½ h. hasta el **Álftavatn**, donde a menudo podemos encontrar cisnes cantores.

33 Hacia el Öskjuvatn

Caminata corta por la impresionante caldera de Askja

Aparcamiento – Vitilaug – Öskjuvatn – y regreso

Lugar de partida: Reykjahlið, 280 m.
Punto de inicio: Al final de la crta. hacia la Askja (dependiendo de la nieve); parking.
Acceso: En autobús, coche, avión; por la crta. nº 1 en dirección a Reykjahlið. Desde allí, servico de autobús hasta el punto de inicio: desde el 15 de julio hasta el 15 de agosto todos los día y desde el 20 de junio hasta el 31 de agosto lunes, miércoles y viernes. Excursión en autobús con posibilidad de pausa sin costes adicionales. Acceso sólo posible con vehículos 4x4.
Duración: En cada dirección ½ – ¾ h. Total: 1½–2 hrs.
Desnivel: 50 m.
Dificultad: Señalización con postes por un tétrico paisaje de escoria.
Alojamiento: Dreki del Akureyri Touring Club (hay que reservar con antelación), zona de acampada a 8 km del parking de Askja.
Variante: Desde el refugio Dreki hermoso paseo hacia la garganta de Drekagil, donde encontramos curiosas formas de lava y una cascada al final (total ¾ h.).

El enorme macizo volcánico Dyngjufjöll, de una altura de hasta 1.500 m y con la fascinante caldera de Askja de 50 km², nos recuerda un paisaje lunar – y de hecho también los astronautas de la NASA se prepararon aquí para el aterrizaje en la luna. El Dyngjufjöll es el resto de un enorme estratovolcán. En la parte sureste de su caldera se encuentra el Öskjuvatn, delimitado por las corrientes de lava de los años 1921 y 1930. La última erupción importante, una erupción fisural, tuvo lugar en el año 1961, de la cual surgió el campo de lava Vikrahraun, por el que la carretera serpentea cuesta arriba.
Quien llegue hasta aquí con el todoterreno o el autobús, necesita un poco de suerte, pues aunque en esta zona se registran al año más bien pocas precipitaciones, el tiempo es a menudo, debido a la altura, tempestuoso y frío, con posibilidad también de temporales de nieve.
Desde el **aparcamiento**, el camino nos lleva ascendiendo suavemente por un pequeño collado y a través de escoria rojinegra a lo largo de señalizaciones con varas hasta el gran **Öskjuvatn**. También pasamos por el lago volcánico **Vitilaug**, que no sólo por su olor a azufre se le puede llamar con

razón »infierno«. En el año 1875, salieron de este cráter enormes cantidades de piedra pómez y ceniza que llegaron hasta Estocolmo y devastaron extensas zonas del norte de Islandia. La blanquecina agua de azufre tiene una temperatura de 28 grados e invita a los inmunes al olor a tomar un baño; no obstante, en caso de lluvia el descenso al cráter es muy resbaladizo. Las paredes del cráter presentan un gran colorido gracias a los minerales. Poco después, llegamos a la orilla del lago. Aquí encontramos por todas partes grandes piedras pómez, tan ligeras que flotan en el agua. En medio del lago se eleva la pequeña isla volcánica Eyja.
Por el mismo camino regresamos de nuevo al **punto de inicio**.

Vista desde el avión de la caldera de Askja con Öskjuvatn y Viti.

34 Súlur, 1.213 m

Ascensión a una montaña con bonitas vistas sobre Akureyri

Akureyri – Súlurvegur – Súlur – y regreso

Lugar de partida: Akureyri (ciudad portuaria).
Punto de inicio: A lo largo de Súlurvegur, poco antes del vertedero a la drcha, a unos 250 m más adelante hay un aparcamiento (a algo más de 3 km del centro).
Acceso: En avión; autobús, coche por la crta. nº 1.
Duración: Aparcamiento – cumbre 2½ hrs., cumbre – aparcamiento 1¾ h. Total: 4¼– 4½ hrs.
Desnivel: 1.000 m.
Dificultad: El sendero está señalizado con postes y discurre según la época del año más o menos por campos de nieve cuyos bordes pueden resultar pantanosos.
Alojamiento: En Akureyri.
Consejo: En primavera interesante excursióon por la nieve con esquís (también por nieve ventada).

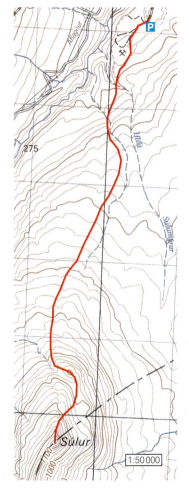

El Súlur, que sobresale con su forma llamativa por encima de Akureyri, parece estar a nuestro alcance. La mayor dificultad hasta la cumbre es la carretera que sube hasta el punto de inicio de la excursión, pues sin vehículo propio la ruta se alarga 1½–2 hrs.

Desde aquí, el sendero, al principio bien visible y señalizado con postes, avanza de forma continuada hacia la cumbre. Primero, nos conduce a la cresta de una colina y, luego, a lo largo de esta por terreno escalonado. Sobre todo las colinas de Þufurwiesen dificultan el andar. Los campos de nieve, que incluso en verano se mantienen en la parte superior del Súlur, imposibilitan aquí la formación de un sendero claro. Las señalizaciones con postes a veces tampoco se distinguen muy bien. Sin embargo, el siguiente tramo de camino se puede describir como »recto hacia arriba«. A más tardar, en una llana hondonada deberíamos pasar de la cresta izquierda a la cresta principal y subir por esta. Aquí distinguimos un sendero bien claro. Los campos de nieve no son demasiado empinados y con sólidas botas de montaña se puede subir bien. En la **cumbre**, señalizada con un hito, disfrutamos de una extensa vista panorámica sobre las montañas cubiertas de nieve, sobre Akureyri y Eyjafördur.

Para un divertido descenso, se recomienda llevar consigo un saco de nilón estable para deslizarse cuesta abajo por los campos de nieve.

El camino nos conduce a través de Þúfurwiesen hasta Súlur.

35 Desde Dalvík hasta Olafsfjörður

Travesía larga a través de un antiguo camino entre pueblos

Dalvík – Karlsárdalur – Bustarbrekkudalur – Olafsfjörður

Lugar de partida: Olafsfjörður, 20 m.
Punto de inicio: Poco después de Dalvík (en dirección Olafsfjörður) encontramos un aparcamiento cerca de la granja abandonada de Karlsá (al lado hay una casa nueva) con lápida conmemorativa.
Acceso: En coche o en autobús.
Duración: Aparcamiento – giro a la altura del poste eléctrico 2 hrs., giro/poste eléctrico – cresta 1 h., cresta – lago 1¼ h., lago – Olafsfjörður ¾ h. Total: 5 – 5½ hrs.

Desnivel: 950 m.
Dificultad: En ambos valles un carril y los postes eléctricos nos indican el camino. Sin embargo, sólo es posible realizar la ascensión y el descenso de la cresta en caso de buena visibilidad, ya que estos no están señalizados y además no hay camino (campos de nieve). En el valle Bustarbrekku hay que vadear un torrente.
Alojamiento: Zonas de acampada u hoteles en Olafsfjörður y Dalvik.

Desde el **aparcamiento**, subimos por el lado izquierdo del valle hacia el **Karlsárdalur**. Primero, dirigiéndonos a los postes eléctricos y, después, siguiendo a lo largo de ellos. Al cabo de ½ h., encontramos la primera subida empinada de 200 metros de altura. Luego el camino vuelve a ser más llano. Seguimos la pista hasta que después de otros ¾ h. cruzamos un arroyo. Aquí la pista no está en buenas condiciones y es fangosa. Después de 2 hrs., la conducción de corriente se desvía a la derecha y nos lleva hacia arriba por la pendiente empinada (aquí termina el carril).

La siguiente ascensión y el descenso a lo largo de los postes eléctricos son, desde el punto de vista de la orientación, más seguro, pero los campos de nieve son peligrosamente empinados. Por eso, es mejor continuar caminando todo recto por el lado derecho de la ladera hasta el final del valle. Luego subimos por el campo de nieve y nos mantenemos a la derecha. Al cabo de 3 hrs., llegamos a la cresta. Desde allí, disfrutamos de las maravillosas vistas sobre las montañas vecinas hasta los fiordos. Es importante bajar desde

Vista sobre el Bustarbrekkudalur.

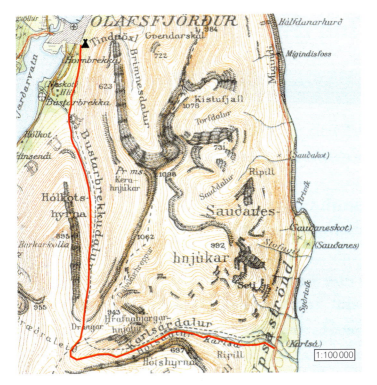

aquí hacia el valle **Bustarbrekkudalur**, por donde seguimos encontrando los postes eléctricos. Nos dirigimos en dirección al lago (¡no por la pista de los postes eléctricos!). Primero, un campo de nieve nos ofrece un »descenso« rápido, después caminamos a lo largo del lado izquierdo de la ladera. La rocalla y los zonas pantanosas hacen incómodo el andar hasta el lago. Al cabo de 1¼ h. llegamos al lago. A partir de aquí seguimos por un buen camino. Bajamos un escalón tras el cual ya divisamos el final del valle. Cerca de las casetas de cañerías del agua deberíamos buscar una posibilidad de vadeo. Luego, el carril baja por la ladera derecha hasta el pueblo. Es cierto que por el carril de enfrente nos podemos evitar el vadeo, pero nos lleva por la granja Bustarbrekka, vigilada por unos perros muy activos (situación en 2003). Al cabo de 5½ hrs. llegamos a **Olafsfjörður**, el mejor colofón de esta excursión: el nuevo baño de gran belleza y sobre todo la piscina de agua caliente.

36 En la península de Troll

Caminata fácil hasta un pequeño lago de montaña

Kot – Skeiðsvatn – y regreso

Lugar de partida: Dalvik, 20 m.
Punto de inicio: Granja de Kot, Svarfaðardalur, 200 m.
Acceso: En coche por la crta. nº 805.
Duración: Kot – Skeiðsvatn 1 h., camino de regreso ¾ h. Total: 2 hrs.
Desnivel: 180 m.
Dificultad: Sendero señalizado, el inicio es difícil de encontrar, luego fácil.
Alojamiento: Hotel, zona de acampada libre en Dalvik; pernoctación (cama o saco de dormir) en la granja de Klængsholl situada en Skíðadalur.
Variantes: En esta zona hay numerosos pasos de montañas de gran dificultad (con travesías por glaciares); un mapa excursionista se está elaborando; la guía de montaña Anna Hermannsdóttir facilita información práctica en Klængsholl. Los interesados en la naturaleza encuentran al principio del valle, cerca de la escuela Húsabakki, caminos

señalizados hacia la reserva natural de Svarfaðardalur. Para las caminatas por el humedal recomendamos botas de goma.

La península Troll, que se extiende hacia el norte entre Eyjafjörður y Skagafjörður, consiste principalmente en capas de basalto de 10 -12 millones de años de edad y fue formada por glaciares. Estratos sedimentarios de muchos colores y viejas chimeneas volcánicas varian la imagen del paisaje. Numerosos glaciares pequeños contribuyen al carácter alpino de la región.
Empezamos nuestra caminata junto a la granja **Kot** (delante del puente, a la derecha, se desvía una vieja pista, aquí posibilidad de aparcar limitada) al final de **Svarfaðardalurs**. Delante de la casa, vemos a la izquierda una estaca de señalización azul. Subimos por el repecho y atravesamos el vallado (verja) hacia la izquierda. Ahora seguimos el vallado en dirección sur. Con hierba alta no se divisa el sendero. Después de haber atravesado una pequeña zanja, divisamos en medio del prado la siguiente estaca. Seguimos en dirección a la ladera y encontramos el sendero bien visible y muy bien señalizado. Subimos por este camino a lo largo de la pendiente en dirección este. La vegetación está formada por brezo y arbustos de baya y en agosto madura aquí un gran número de arándanos. El sendero gira hacia el **Vatnsdalur** y sube ahora suavemente por prados y colinas hasta el pequeño lago de **Skeiðsvatn**. Las vistas al final de valle hasta el **Þverárjökull** son

La Gullfoss, la »cascada de oro«, es bastante concurrida.

kiavik también se puede llegar rápidamente a la península de Snæfells.
En la gran región de Reykiavik viven hoy en día más de 150.000 personas. La capital más septentrional del mundo se presenta moderna y cuenta con una extensa superficie, con dos puertos, una estación de autobuses y el aeropuerto nacional más grande de Islandia. El centro con su zona peatonal, situado alrededor de la oficina central de Correos, y las calles llenas de tiendas invitan a callejear por la ciudad. Aquí se puede comprar muy bien ropa de lana (rebajas hacia finales de agosto). Los grandes centros comerciales como el »Kringlan« se encuentran en la periferia.
Naturalmente también hay hoteles, un albergue juvenil (¡reservar con antelación!) y campings (un bonito recinto cerca de la piscina, donde también se ofrece buena información).

37 Península de Vatnsnes

Paseo hasta los lobos marinos de Hindisvík

Hindisvík – lado izquierdo de la bahía – rocas – y regreso

Lugar de partida: Hvammstangi, 40 m.
Punto de inicio: En la punta norte se encuentra la abandonada estación pesquera de Hindisvík, del mismo nombre que la Reserva Natural. Allí hay un aparcamiento.
Acceso: En coche por la carretera nº 711.
Duración: ½ h. en cada dirección.
Desnivel: 10 m.
Dificultad: Paseo. No olvidar los prismáticos y el teleobjetivo.
Alojamiento: En Blönduós (hotel, camping, albergue juvenil) y Hvammstangi (camping).

Teniendo en cuenta que los casi 30.000 ejemplares de lobo marino común (Phoca vitulina) que viven en Islandia, suponen casi la mitad del total de esta especie en el mundo, no resulta fácil ver a estos animales reconocibles por su cabeza redonda. Un buen punto de observación de estos

Focas y lobos marinos perezosamente tumbados en las rocas.

La abandonada estación pesquera de Hindisvík.

animales es cerca de Hindisvík. Además de los lobos marinos, encontramos también en las rocas muchas focas grises. Alcanzan un tamaño de unos 3 m y tienen manchas oscuras.
En el aparcamiento, cerca de la abandonada estación pesquera de **Hindisvík** (tablón informativo), por una escalera de madera pasamos un vallado y seguimos el carril hasta un edificio antiguo a la izquierda de la bahía. El claro camino nos lleva por la orilla izquierda de la bahía hasta una pequeña **península**. Desde su extremo, podemos observar con los prismáticos a los lobos marinos y focas, que a veces incluso nadan por allí y miran curiosamente desde el agua.
Regresamos por el mismo camino.
Consejo: Si pasamos por la carretera nº 711 a lo largo de la costa este de la península de Vatnsnes en dirección a la punta norte, habría que visitar el sombrío castillo de basalto Borgarvirki y la roca de Hvítserkur situada en el mar, antes de continuar hacia la Reserva Natural de Hindisvík.

38 Kaldalón

Hacia una lengua glaciar colgante, pasando por morrenas

Bahía de Kaldalón – portal glaciar– bahía de Kaldalón

Lugar de partida: Isafjörður, 20 m.
Punto de inicio: Bahía de Kaldalón; delante del puente seguimos a la derecha por una carretera sin salida hasta las morrenas terminales. Aquí empieza la Reserva Natural.
Acceso: Llegamos a la bahía de Kaldalón por la mala, pero en coche transitable carretera sin salida nº 635.

Duración: 1½ h. en cada dirección.
Desnivel: 50 m.
Dificultad: Hay que atravesar o vadear varios arroyos de poca profundidad. Cuidado en la ascensión por el campo de nieve. El tiempo puede ser aquí muy duro (el nombre Kaldalón significa algo como »Bahía fría«).
Alojamiento: Ninguno.

El glaciar casquete de Drangajökull, que llega hasta una altura de 925 m sobre el nivel del mar, domina todavía hoy, con una superficie glaciar de 160 km² y a pesar de su fuerte retroceso, la zona más septentrional y completamente despoblada de los Fiordos del Oeste. En este desolado e inmenso paisaje, nuestra excursión nos lleva por un llano valle glaciar a través de laderas de 600 m de altura. Cerca de la morrena terminal seguimos hacia la derecha por un carril que se convierte en un sendero, al principio bien visible, y que nos lleva por morrenas y colinas de rocalla. Más tarde, sin embargo, se pierde en el terreno y los numerosos hitos tampoco son de gran ayuda. Lo mejor es continuar por el borde derecho del valle, donde atravesamos numerosos pequeños riachuelos transversales que podríamos simplemente saltar. Después de aprox. 1 h., llegamos al rojo cauce de un arroyo. Aquí subimos por el campo de nieve situado a la derecha. Desde allí disfrutamos de unas buenas vistas sobre el **portal glaciar**, las cascadas y la lengua glaciar del Drangajökull que se ha reducido hasta un glaciar colgante. Regresamos por el mismo camino.

Ante la lengua glaciar del Drangajökull.

39 Dynjandifoss (Fjallfoss)

Paseo a lo largo de la cascada más hermosa de los Fiordos del Oeste

Aparcamiento – senda a la izquierda o derecha de la cascada – regreso

Lugar de partida: Þingeyri, 20 m.
Punto de inicio: Pequeño aparcamiento al pie de la cascada.
Acceso: En coche por la carretera nº 60.
Duración: Por cada lado ½ h. de ascensión, 20 min. de descenso.
Desnivel: Dos veces 60 m.
Dificultad: Paseo.
Alojamiento: Zona de acampada al pie de la cascada.

Dynjandifoss es, sin duda alguna, uno de los lugares más bonitos y espectaculares de los Fiordos del Oeste y una de las más impresionantes cascadas de Islandia. Toda la zona (aprox. 700 hectareas) está bajo protección desde 1986.
Desde el **aparcamiento** el camino sube por la izquierda. El río se precipita en diferentes escalones, de forma que siempre podemos disfrutar de bonitas vistas sobre pequeñas cascadas. Al cabo de ½ h., nos encontramos al pie de la amplia e impresionante **Dynjandifoss**, que se precipita unos 100 m desde la meseta. También vale la pena subir por el sendero del lado derecho de la cascada, ya que desde allí las vistas sobre algunas de las cascadas son mejores. Las cinco cascadas inferiores se llaman Bæjarfoss, Hundafoss, Göngufoss, Úðafoss y Háifoss. Vadear por debajo de Dyjandifoss es muy peligroso debido a la fuerza del agua.
Regresamos al **punto de inicio** por el camino de ascensión.
Consejo fotográfico: Justo en Dynjandifoss se puede ver el amplio abanico de motivos fotográficos islandeses con detalles como los musgos hasta los impresionantes paisajes de este país. Para conseguir un efecto borroso de la cascada, se necesita tiempos de exposición a partir de un segundo y para ello un trípode estable que se pueda utilizar tanto a la altura de los ojos como en el suelo (sin extender o invertir la columna central). Se recomiendan trípodes con patas de extensión variable (p. ej. de la casa Manfrotto y Gitzo). Un filtro polarizador también funciona con cielo nuboso, además, sobre todo consigue unos tonos verdes más intensos.

Desde la meseta, el Dynjandi se precipita hacia el fiordo en diferentes niveles.

40 Los fósiles en el Surtarbrandsgil

Caminata fácil hasta un interesante filón de lignito

Brjánslækur – valle de Lækjará – Surtarbrandsgil – Brjánslækur

Lugar de partida: Brjánslækur, 30 m.
Punto de inicio: Poco antes del restaurante/café, al lado del cartel indicador »Reserva Natural«.
Acceso: Ferry desde Stykkisholmur; en coche por la carretera nº 60/62.
Duración: En cada dirección: ¾ h. Total: 1½ h.
Desnivel: 50 m.
Dificultad: Caminata corta.
Alojamiento: En Brjánslækur.

El Surtarbrandsgil, cuyo nombre proviene del gigante de fuego Surtur, nos brinda la oportunidad única de formarnos una idea de la vegetación durante la era terciaria en Islandia. Hojas de alisos, álamos y abedules, agujas de pinos, abetos rojos, abetos pero también de secuoyas, incrustadas con todo detalle en una capa de diatomea, muestran un estrecho parentesco con la vegetación norteamericana actual.

Desde el **cartel indicador**, seguimos por un carril que se dirige por la derecha hacia un vallado. Llegamos a un vallado transversal y, atravesando la parte (ojalá) abierta, continuamos por la izquierda caminando por la orilla derecha del riachuelo. Después de ½ h., vemos tres barrancos. El barranco, que se encuentra en el extremo derecho, es el **valle de Surtarbrandsgil**. Este valle recorre varios 100 m hasta una pequeña cascada. Del lado izquierdo del valle se extiende hacia abajo un cantizal. Allí, la roca estratificada es muy quebradiza y pone al descubierto hermosos fósiles de hojas que datan de aproximadamente 11 millones de años. Se puede distinguir claramente diferentes capas debido a sedimentos fluviales y fenómenos volcánicos (basalto y piedra de toba). Las numerosas capas individuales también contienen diferentes grupos de fósiles. Lo típico en muchos fósiles es que una costra clara cubra la cubierta, mientras que la sustancia de la planta, oscura y carbonizada, se perfila en la cubierta inferior. Ya que se trata de una Reserva Natural, les rogamos que pregunten en el Café si está permitido llevarse un (i!) trozo.

Regresamos por el mismo camino.

En las capas de lignito de la garganta encontramos hermosos fósiles de hojas.

41 Látrabjarg

Caminata por los arrecifes a lo largo del extremo occidental de Europa

Aparcamiento – senda de arrecifes – aparcamiento

Lugar de partida: Patreksfjörður, 20 m.
Punto de inicio: Faro Bjargtangar (aparcamiento).
Acceso: En coche por la carretera nº 612 (en malas condiciones).
Duración: 1 – 2 hrs. o si se quiere más.
Desnivel: 100/400 m.
Dificultad: Es posible hacer un corto paseo o una caminata larga por los acantilados. ¡Atención, el borde de los acantilados es inestable!, ¡peligro de caída!
Alojamiento: En Breiðavík, poco antes de Látrabjarg, se encuentra una sencilla pero bonita zona de acampada situada en la orilla del mar.

En los arrecifes de Látrabjarg anida la mayor parte de los 6 millones de frailecillos (Fratercula arctica arctica) de Islandia. Estas aves de un tamaño de unos 30 cm tienen una envergadura de hasta unos 63 cm. Pueden recorrer hasta 80 km por hora y sumergirse hasta 60 m de profundidad. En abril,

Millones de frailecillos anidan en los arrecifes de Látrabjarg.

Puesta de sol en el extremo más occidental de Europa.

después de la parada nupcial en el mar abierto, las parejas buscan su nidal, donde pasaran los siguientes tres meses incubando y criando a sus crías en profundas cuevas. Después, las aves jóvenes tienen que pasar tres años solas en el mar. Los islandeses siguen cazando estos graciosos animales, a los que llaman »abad«, sin embargo, sin poner en peligro su existencia. La fascinante costa de acantilados de 14 km de largo sobresale hasta 450 m sobre el agitado mar y es uno de los nidales de aves marinas más importantes de Islandia. Por ese motivo, es mejor ir en julio. Los frailecillos se sientan en el borde de los acantilados, justo al lado del faro, y no se dejan incomodar para nada por los turistas. Gaviotas, urias y alcas comunes aparecen en masa. Un sendero, en los primeros kilómetros bien batido, nos conduce a lo largo de los acantilados, desde donde podemos disfrutar siempre de nuevas vistas sobre las aves y el enorme acantilado. La duración de la excursión depende mucho del tiempo, ya que a menudo podemos encontrar tormenta o niebla.

42 Berserkjahraun – Hraunsfjarðarvatn

Desde el Desierto de los Guerreros Mercenarios hasta la Roca del Dragón

Selvallavatn – cascada – formaciones rocosas de piedra de toba – mirador – y regreso

Lugar de partida: Stykkishólmur, 40 m.
Punto de inicio: Desde Stykkishólmur en dirección Grundarfjörður por la crta. nº 54; aprox. 100 m después de la bifurcación de la crta. nº 56, se desvía a la izq. una pista hacia la Berserkjahraun, por la que seguiremos. En una bifurcación continuar por la izq. (paralelo por debajo de la crta. nº 56). En el pequeño lago Selvallavatn seguimos a lo largo de la orilla izq. (algunos vados llanos) hasta el final de la pista, aprox. 2,5 km.
Acceso: Carretera nº 54.
Duración: Aparcamiento – torre rocosa ½ h., torre rocosa – cresta Skonsur ½ h., cresta – miradores y regreso 20 min., descenso 45 min. Total: 2 – 2½ hrs.
Desnivel: 230 m.
Dificultad: No señalizado; sendas poco claras; en caso de humedad, la piedra de toba resulta muy resbaladiza; un vadeo.

Alojamiento: En Stykkishólmur.
Variante: A la cumbre del Horn por la vía de escalada I-II (lado este), muy quebradizo. Cresta – cumbre ½ h., regreso 20 min.

Las curiosas formaciones de piedra de toba, situadas por debajo del Hraunsfjarðarvatn, fueron uno de los descubrimientos más bellos de nuestro último viaje por Islandia. El pequeño **Selvallavatn**, rodeado de campos de lava y rojizos cráteres, es un atractivo punto de inicio de esta caminata. Seguimos la orilla del lago en dirección sur, ante nosotros vemos la imponente cumbre del **Horn** (406 m), por cuya izquierda baja un barranco con formaciones de piedra de toba, de las cuales sobresale una torre. Al este, distinguimos una elevación un poco más baja, el Skonsur. Al cabo de unos 5 minutos por la playa, vadeamos un arroyo que forma hermosas cascadas. El camino que sigue por la orilla del lago es en parte pantanoso y los mosquitos pueden llegar a ser pesados, pero en contrapartida el lino silvestre florece frondosamente. Al llegar a la ladera (podemos saltar el arroyo que fluye por la izquierda), vamos en dirección oeste por el sendero de ovejas, subimos paulatinamente y cruzamos un pequeño barranco hasta encontrar la garganta más profunda que elegimos como ruta de ascensión (dirección S). Si no llueve, se puede subir directamente a la torre por la orilla izquierda. Allí encontramos las **formaciones de toba riolítica** más curiosas. Podemos seguir cuidadosamente a lo largo de la ladera por algunos puntos expuestos. Si las piedras están húmedas y resbaladizas, subimos por la zanja siguiendo la corriente del arroyo (también vistas impresionantes). En el punto donde la garganta se vuelve más escarpada, subimos por la rocalla al lado derecho del arroyo. Por encima de dos rocas, nos mantenemos en la zanja derecha y seguimos por guijarros hasta llegar a la **cresta**. Aquí disfrutamos de unas maravillosas vistas sobre el Breiðaförður con sus islas al norte, y, al sur, el lago Hraunsfjarðarvatn rodeado de impresionantes montañas. Para encontrar diferentes miradores, se recomienda caminar por la cresta en dirección oeste y este. **Regresamos** por el mismo camino.

Colchones de musgo en un curioso paisaje de lava y piedra de toba.

43 Arnarstapi

Paseo por una espectacular costa acantilada

Monumento – arco natural rocoso de Gatklettur – puerto – y regreso

Lugar de partida: Arnarstapi, 40 m.
Punto de inicio: Arnarstapi, aparcamiento junto al monumento.
Acceso: En coche por la carretera nº 74.
Duración: 1 h.
Desnivel: 20 m.
Dificultad: Paseo por la costa, ¡cuidado con los grandes hoyo rocosos en el prado!
Alojamiento: En Arnarstapi.
Variante: Desde Arnarstapi se ofrecen también varias rutas guiadas al Snæfellsjökull. El glaciar es más peligroso de lo que parece debido a sus numerosas grietas que también en verano están cubiertas de nieve.

Al pie del Snæfellsjökull, el oleaje del mar ha puesto al descubierto chimeneas volcánicas, cuya lava se solidificó en forma hexagonal, en forma de pilares, cuevas o arcos. Dichas formaciones ofrecen ideales condiciones para las colonias de aves marinas. Aquí podemos observar especialmente bien charranes árticos, gaviotas tridáctilas y fulmares. En las islitas de basalto podemos observar también cormoranes.

Desde el **monumento** seguimos primero el camino de la derecha hacia la costa y caminamos por esta en dirección O, por lo menos hasta cruzar el puente (10 min.). Desde el siguiente peñasco, podemos disfrutar de vistas especialmente hermosas sobre las rocas de basalto. Después regresamos en dirección este y vemos poco después el arco rocoso de **Gatklettur** (señalizado). Las estructuras de basalto lo hacen todavía más impresionante. Desde aquí vale la pena continuar a lo largo del litoral en dirección este. Pasamos por un pequeño estanque donde a menudo se hallan aves marinas. Pero lo más impresionante son los agujeros rocosos que caen en vertical y que tienen conexión con el mar y que ofrecen a una colonia de gaviotas chillonas privilegiados nidales. Están señalizados, una buena vista se tiene desde el agujero Miðgjá. Después de casi ¾ h., llegamos al pequeño **puerto**. Aquí también se pueden contemplar algunas torres rocosas y hermosas formaciones de basalto. O bien regresamos por el mismo camino o volvemos desde el puerto por la carretera hasta el **aparcamiento**.

El arco de basalto »Gatklettur« cerca de Arnarstapi.

44 Eldborg

Caminata fácil hasta el cráter volcánico del »castillo de fuego«

Snorrastaðir – cráter – y regreso

Lugar de partida: Borgarnes, 30 m.
Punto de inicio: Granja Snorrastaðir.
Acceso: Línea de autobús en la carretera nº 54; se recomienda el acceso en vehículo: Desde la carretera nº 54 se desvía por la izquierda una carretera secundaria hasta la granja Snorrastaðir.
Duración: 1 h. en cada dirección.
Desnivel: 70 m.
Dificultad: Corto paseo por camino claro.
Alojamiento: Camping y refugios cerca de la granja Snorrastaðir.

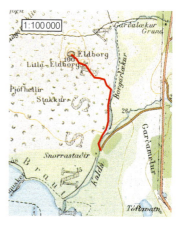

Desde el punto más alto del Eldborg, cuyo origen data del año 900, disfrutamos de unas impresionantes vistas sobre el cráter circular con sus paredes empinadas que hace honor al nombre de »castillo de fuego«.

Junto a la granja **Snorrastaðir** encontramos, tras el puente que cruza el Kaldá, un panel informativo. El camino nos lleva a través de una portilla y por la orilla de un arroyo. Tras unos 10 minutos, se desvía a la izquierda hacia el cráter de **Eldborg** que ahora divisamos a lo lejos. A continuación, nos conduce zigzagueando a través del normalmente intransitable Eldborghraun. Esta lava, de algo más de 1.000 años, está cubierta por una frondosa vegetación. Los abedules enanos, que han crecido entre los bloques de lava, son un lugar de protección para muchas aves, los arándanos y frutos comestibles (Vaccinium, Empetrum, etc.) les dan de comer. Al cabo de ¾ h., llegamos al pie del cráter. La ascensión no es nada difícil, pero la roca y, sobre todo, el borde del cráter son muy quebradizos. Regresamos al punto de inicio por el mismo camino.

Consejo: Siguiendo por la crta. nº 54 aprox. 10 km hacia el noroeste, se llega a un cruce. Por la izquierda, la crta. nº 767 nos lleva hasta Kolviðarnes, donde hay una piscina. Por la derecha, llegamos, tras pocos kilómetros, a la granja Gerðuberg, donde se levanta, justo al lado de la carretera, una impresionante pared formada por hermosas columnas de basalto. El trayecto continua hasta Höfði, donde encontramos una enorme fuente de agua mineral.

El campo de lava delante del cráter está cubierto por una frondosa vegetación.

45 Hraunfossar

Paseo por juegos naturales de cascadas saliendo del campo de lava

Aparcamiento – Barnafoss – Hraunfossar

Lugar de partida: Húsafell, 150 m.
Punto de inicio: Aparcamiento con mirador, puente con vistas, quiosco y WC cerca de Barnafoss.
Acceso: En coche por la carretera nº 519.
Duración: ½ h. en cada dirección.
Desnivel: 20 m.
Dificultad: Paseo, ¡no aproximarse demasiado al río glaciar!
Alojamiento: Húsafell, camping.
Variante: Desde Barnafoss hasta la urbanización de Húsafell. 5 km, en parte, por la carretera.

La **Barnafoss**, una hermosa cascada, se encuentra tan sólo a algunas docenas de metros del **aparcamiento**. Un sendero bien trazado nos conduce hasta allí. Cuentan que dos niños de la zona se cayeron por el puente de piedra natural. Esta desgracia dio nombre a la cascada (»cascada de los niños«). Pero la verdadera atracción y peculiaridad son las **Hraunfossar**, las »cascadas de lava«: en la orilla situada enfrente de la carretera se extiende un campo de lava permeable al agua, el Hallmundarhraun, que proviene del Langjökull, por última vez hace unos 1.200 años. Debajo, sin embargo, hay una capa de ignimbrito (flujo piroclástico de ceniza volcánica), impermeable al agua, que evita que la lluvia y el agua del deshielo sigan filtrándose: todo un fenómeno, que causa una hilera de cascadas de una longitud de algo más de 1,5 km, ya que el río Hvítá ha hecho un corte entre estas capas de rocas. No se debe contemplar este espectáculo sólo desde el aparcamiento, sino desde un sendero que va por la orilla. Las cada vez más bonitas vistas que vamos encontrando por el camino hacen que este paseo valga la pena.

Consejo: Si disponemos de vehículo propio, podemos seguir, 5 km al norte de Húsafell después de la granja Kalmannstunga (cartel indicador), por una pista hasta hasta un cambio de sentido (transitable incluso para vehículos normales). Allí encontramos señalizaciones hacia las cuevas de lava Surtshellir (sólo para escaladores con experiencia, es necesario descender en rapel) e Ishellir, cuya entrada, a menudo helada, también es peligrosa.

Innumerables cascadas se precipitan desde el campo de lava cubierto de musgo.

46 Glymur

Recorrido circular difícil por la cascada más alta de Islandia

Storibotn – vado – mirador – Storibotn

Lugar de partida: Hofsvík, 20 m.
Punto de inicio: Aparcamiento Glymur. Al final del Hvalfjörður (carretera nº 47), cruce señalizado, aprox. 3 km.
Acceso: Desvío desde la crta. de circunvalación (antes del túnel) a la crta. nº 47.
Duración: Aparcamiento – desvío desde la señalización ½ h., señalización – vado ¾ h., descenso hasta el puente peatonal 1 h., puente – aparcamiento ½ h. Total: 3 hrs.
Desnivel: 300 m.
Dificultad: Cruce del río por encima de la cascada, camino (descenso) en parte expuesto.
Alojamiento: Ninguno.
Variante: En caso de que no hubiese el puente peatonal provisional, se puede seguir el sendero poco marcado situado a la orilla izquierda del río. Tenemos que cruzar un arroyo lateral hasta encontrar una pista que nos conduce al aparcamiento a través de un puente y pasando por delante de la abandonada granja Storibotn (aprox. 20 min. más).

La caminata nos lleva desde la Reserva Natural de Storibotn, de 2.000 hectáreas de extensión, que nos deleita con abedules y una gran variedad de flores, hasta las áridas mesetas. A través de las cuales, el Botnsá serpentea por el borde del Hvalfell hasta precipitarse 200 m al estrecho barranco. Junto al **aparcamiento**, subimos por la izquierda pasando por encima de un vallado con ayuda de una escalera de hierro y, a continuación, seguimos la señalización con puntos amarillos valle arriba en dirección SE. En cuanto divisamos el puente peatonal (situación en 2003: tronco y cable metálico), giramos a la izquierda y subimos por un sendero bien marcado. Tras superar tres rampas, llegamos a una meseta y pronto a un vado (rastro de jeep). Aquí hay que vadear el ancho y poco profundo río Botnsá (¡en caso de crecidas, no cruzarlo nunca!). Ahora, en la otra orilla, tenemos que recorrer un corto trecho por un terreno pantanoso. En la ladera bajamos por un camino en dirección sur pasando por el borde escarpado de la cascada a lo largo de la **garganta**. Por este camino llegamos a tres **miradores** algo expuestos, sobre todo desde el tercero (con una roca muy marcada) vemos la cascada que se precipita a 200 m de profundidad y la estrecha garganta cubierta de musgo verde. El siguiente tramo del estrecho sendero es muy expuesto. En una plataforma rocosa encontramos escalones (no se ven muy bien). En caso de humedad, se recomienda mucha precaución. Al final de la garganta bajamos hasta un sencillo puente peatonal. La ascensión por la otra orilla nos lleva a través de una cueva. En cuanto hemos subido la orilla, seguimos la señalización amarilla para regresar al **aparcamiento**.

La cascada más alta de Islandia cae 200 m a una angosta garganta.

47 Þingvellir

Sencillo recorrido circular junto al Santuario Nacional de Islandia
Hotel Valhöll – Öxarárfoss – Skógarkot – hotel

Lugar de partida: Reykjavik, 30 m.
Punto de inicio: Hotel Valhöll.
Acceso: Servicio de autobús a Reykjavik una vez al día; en coche por la crta. nº 36.
Duración: Hotel – Öxarárfoss ½ h., Öxarárfoss – Skógarkot ¾ h., Skógarkot – carretera ½ h., carretera – hotel ¼ h. Total: 2 – 2½ hrs. sin desvío.
Desnivel: 30 m.
Dificultad: Caminata muy variada por caminos señalizados.
Alojamiento: Hotel Valhöll, tres campings en el Parque Nacional.
Consejo: En el hotel podemos deleitarnos con un café en un ambiente refinado y acogedor, pero las personas preocupadas por las calorías deberían evitar la deliciosa merienda tipo bufé (sólo domingos) con pasteles, tartas, bocadillos y todo el café que uno quiera (aprox. 14 euros).

A la derecha, junto al **hotel**, un agradable camino nos lleva (en parte por lava) al barranco de Todos los Hombres »Almannagjá«, que no sólo es interesante geológicamente hablando por ser una de las grietas más grandes de esta región, sino también a nivel histórico es muy importante por haber sido antiguamente el lugar de reunión del parlamento islandés.
Caminamos por un ancho camino a lo largo del barranco y pasamos por delante del **Lögberg** coronado por una asta de la bandera, donde antiguamente se daba lectura de las leyes. Por un puente y pasando por el aparcamiento llegamos pronto a la Öxarárfoss. Lo mejor es contemplar esta cascada desde el sendero que se desvía a la izquierda y nos lleva por la lava

hasta un borde. Tras unos 200 m, cerca de una llamativa torre rocosa a la izquierda, un sendero por el que hay que trepar un poco nos conduce hasta una isla rocosa. Allí disfrutamos de unas hermosas vistas sobre el barranco de Almannagjá. Unos 20 m más adelante, poco antes de unos restos de muro, el sendero Skógarkotsvegur se desvía a la derecha. Tras cruzar dos veces la carretera, este camino de herradura nos lleva por un bosque de abedules y por una impresionante grieta cubierta de musgo hasta la granja **Skógarkot**, abandonada desde 1936. Allí disfrutamos, desde una pequeña colina, de una magnífica vista panorámica hasta el **Þingvallavatn**.

Regresamos por el Gönguvegur en dirección **Þingvallabær**. Al cabo de ½ h. cruzamos de nuevo la carretera y seguimos un camino en dirección **Flossagjá** cruzando un puente hasta la iglesia. Desde allí, un camino nos lleva a la vía de acceso al hotel y también al **punto de inicio** de la excursión.

El barranco de Todos los Hombres es la frontera geológica entre Europa y América.

48 Zona termal de Krýsuvík

Espectacular recorrido circular por una inexplorada zona de fuentes calientes

Aparcamiento – Grænavatn – Litla Lambafell – punto de inicio

Lugar de partida: Reykjavik, 30 m.
Punto de inicio: En la carretera nº 42 (viniendo de Reykjavik), después del Kleifarvatn, hay a la derecha un aparcamiento (Soltún).
Acceso: En coche o en bicicleta por la carretera nº 42.
Duración: 2½ – 3 hrs.
Desnivel: 150 m.
Dificultad: Caminata que, en parte, lleva sin camino por una zona de solfataras muy variada.
Alojamiento: En Reykjavik.
Variante: Todo el itinerario discurre, en parte, por propiedades privadas y, según una carta de un lector, actualmente se encuentra cortada en algunos tramos. En caso de condiciones climáticas muy húmedas y malas, recomendamos evitar el cruce de los prados pantanosos y regresar a la carretera (duración: aprox. 40 min. más).

En la península Reykjanes, por la que muchos turistas injustamente pasan de largo, la loma medioatlántica emerge a la superficie. Grietas, volcanes y zonas geotermales con solfataras y pozas de lodo nos demuestran que esta región es todavía una zona de volcanes activos.
Desde el aparcamiento un itinerario circular nos lleva por pasarelas de madera hasta algunas solfataras. Se llega a las más bonitas si nos atrevemos a salir del camino. Al subir por escorias desde el recorrido circular nos mantenemos a la izquierda, hasta el siguiente campo de solfataras. Allí caminamos manteniendo la altura hasta ver a nuestros pies la zona de fuentes calientes y la granja de **Krisuvík**. Aquí las sendas de cabras discurren por un suelo sólido. Seguimos por la izquierda, cruzamos una pequeña colina y, a continuación, nos dirigimos a la loma cubierta de hierba. Al lado de una fuente de vapor artificial distinguimos una pista. Bajamos por esta hacia la

carretera principal y nos dirigimos a la derecha. Cerca de una granja caminamos por la carretera nº 42 hasta el **Grænavatn**. Siguiendo por la orilla del lago, llegamos al aparcamiento del Grænavatn. Aquí seguimos la señalización »Austurengjahver« aprox. 1,6 km hasta la siguiente columna de vapor, visible ya desde lejos. Lagos de lodo hirviendo, solfataras y fuentes calientes forman una fascinante zona termal.

A la izquierda, pasando por **Litla Lambafell**, empieza el descenso. En una bifurcación seguimos por la izquierda hasta los prados pantanosos, por cuyo borde vamos en dirección norte hasta llegar a un vallado por el que seguimos para regresar a la carretera. Enfrente vemos el géiser de vapor, el **punto de inicio** de nuestra excursión.

La excursión nos lleva sin camino por una zona termal muy variada.

49 Islas de los Hombres del Oeste – Heimæy

Recorrido tras los pasos de la erupción volcánica

Periferia del pueblo – Eldfell – punto de inicio

Lugar de partida: Heimæy, 10 m.
Punto de inicio: Extremo oriental de Heimæy.
Acceso: Ferry diario (www.herjolfur.is) desde Þorlákshöfn a las 12.00 h. y de do. a vi. a las 19.30 h.; desde las Islas de los Hombres del Oeste todos los días a las 8.15 h. y de do. a vi. a las 16.00 h. (línea de autobús hasta Reykjavik) o conexión aérea 3 veces al día.

Duración: 1 h.
Desnivel: 160 m.
Dificultad: Fácil ascensión al adormecido volcán.
Alojamiento: Camping, albergue juvenil, hotel en Heimæy.
Consejo: Las empinadas rocas cerca del puerto son un buen lugar para observar a los frailecillos.

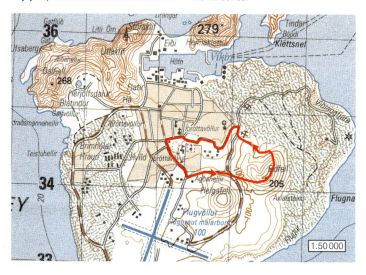

La isla **Heimæy**, de tan sólo 6 km de largo y 3 km de ancho, fue en 1973 escenario de una dramática operación de rescate, cuando el volcán **Eldfell** entró de repente en erupción. Ya que Heimæy cuenta con un puerto pesquero muy importante, se intentó con éxito parar las masas de lava mediante grandes cantidades de agua fría del mar. Aún así, la mayoría de casas quedó enterrada bajo una capa de ceniza de varios metros de grosor. Pero si hoy en día se va a Heimæy, se podrá comprobar que apenas se nota nada de los destructivos efectos de la erupción volcánica. Tan sólo se ha dejado en pie las ruinas de una casa, por lo demás el lugar fue completamente reconstruido. Justo en el extremo oriental del pueblo, un sendero nos conduce cuesta arriba por el todavía ligeramente humeante **Eldfell**. Al cabo de ½ h., llegamos al punto más elevado desde donde podemos disfrutar de unas maravillosas vistas sobre toda la isla. Aquí divisamos también el nuevo campo de lava situado en el noreste, el cual aumentó la superficie de la isla en un tercio y amenazó el puerto.

Bajamos por el otro lado y regresamos al **pueblo**.

Casas cerca del nuevo campo de lava en Heimæy.

Excursiones de esquí

Viajar a Islandia en invierno es cada vez más popular, aún así no hay que olvidarse que las excursiones de esquí al estilo alpino son casi irrealizables, ya que en invierno no hay ningún refugio con guarda y los pequeños refugios de emergencia no disponen de calefacción. Además, se debería tener en cuenta los cortísimos periodos de luz diurna en invierno y la difícil orientación en un país grande y desarbolado. Por eso, las personas interesadas en excursiones de esquí deberían dirigirse a los centros de deporte de invierno o a las asociaciones excursionistas, que ofrecen excursiones de esquí desde enero hasta mayo. Las direcciones actuales se pueden encontrar en la oficina de turismo de Islandia.

La isla parece poco apta para los deportes de invierno debido a su clima de invierno moderadamente frío pero húmedo. Aún así podemos encontrar algunas estaciones de esquí, como p. ej. Bláfjöll cerca de Reykjavik (tel. 530-3000), Ísafjörður (tel. 456-3793), Siglufjörður (tel. 467-1806), Olafsfjörður (tel. 878-1977), Dalvík (tel. 466-1010), Akureyri (tel. 462-2280), Húsavik (tel. 464-1873) y Oddskarð (tel. 476-1465). Para más información, consulte en internet.

Especialmente en el periodo de mayo a junio podemos encontrar interesantes ofertas de excursiones de esquí. A los expertos en esquiar sobre nieve costra, que están de viaje durante el mes de junio con su propio vehículo, les resulta realmente práctico llevar consigo su equipo. Es imprescindible que los esquís tengan un borde de acero y una fijación fuerte o »bigfoot«. Por ello, hoy en día, se puede disponer de diferentes esquís especiales como »funcarver« y esquís ligeros de excursión.

A continuación algunas de las excursiones de esquí más interesantes.

- **En la zona de Akureyri:** Uno de los destinos más interesantes es la montaña de Súlur, no sólo por ofrecer unas maravillosas vistas, sino también porque cuenta con una ideal pendiente. En primavera, se puede subir con raquetas de nieve, pero a principios de verano es mejor subir a pie (v. ruta 34). Hasta finales de julio podemos encontrar buenos descensos sobre nieve costra. El Glerárdalur, situado al pie del Súlur, nos ofrece, en primavera, interesantes excursiones de esquí de fondo. Al final del valle hay un refugio de emergencia (Lambi). Por encima de Akureyri hay también un pequeña estación de esquí, situada enfrente del Súlur y accesible por una carretera. Pero en caso de poca nieve, se desaconseja la ascensión a causa de las zonas pantanosas y el terreno empinado.

- **En Dalvik:** En los valles de la península Troll se ofrecen también excursiones de esquí guiadas, p. ej. por la guía de montaña Anna Hermannsdóttir (klaengsholl@isl.is).

- **En Landmannalaugar:** Desde **Bláhnúkur** baja por el lado norte un canal de nieve, que también en verano tiene suficiente nieve. Esta interesante variante de descenso es sólo para esquiadores con experiencia con nieve costra y seguros, ya que la bajada es muy empinada y la superficie de la nieve es generalmente poco dura.

■ **Estaciones estivales de esquí:** En las Tierras Altas encontramos la muy concurrida estación de esquí de **Kerlingarfjöll** conocida también por sus vistosas montañas de liparita. La estación estival de esquí, con posibilidad de pernoctación y alquiler de equipo, se encuentra abierta al público desde finales de junio hasta finales de agosto. Pero, para llegar hasta allí se necesita un vehículo 4x4.

■ A veces se ofrecen excursiones guiadas por los glaciares (**Snæfells**, **Langjökull**). Normalmente, una máquina pisapistas sube a los excursionistas hasta allí. Dado que las personas ajenas al lugar no pueden valorar debidamente el peligro de las grietas de los glaciares, se les desaconseja emprender una excursión por los glaciares por cuenta propia.

Descenso en esquí por nieve costra desde Bláhnúkur.

Índice alfabético

A
Akureyri 96, 130
Almannagjá 124
Arnarstapi 116
Ás 73
Ásbyrgi 70, 72, 74, 76, 78
Askja 94

B
Bæjarstaðarskógur 47
Bahía de Héraðsflói 64
Bakkagerði 62
Barnafoss 120
Berserkjahraun 114
Bláhnúkur 35, 130
Borgarfjörður 62
Borgarnes 118
Borgarvirki 105
Botnsá 122
Breiðavik 63
Brennisteinsalda 35, 37, 39
Brjánslækur 110
Bustarbrekkudalur 98

D
Dalvik 100, 130
Dalvík 98
Dettifoss 78
Dimmuborgir 81
Drangajökull 106
Dyngjufjöll 94
Dynjandifoss 108

E
Egilsstaðir 58, 60, 62, 64
Eldborg 118
Eldfell 128
Eyjafjallajökull 30
Eyjafjörður 100
Eyjaförður 97

F
Fimmvörðuháls 24
Fjordos del oeste 18
Flossagjá 125

G
Garganta de Todos los Hombres 124
Gatklettur 116
Gerðuberg 118
Gláma 48
Glerárdalur 130
Glúfrafoss 32
Glymur 122
Goðaland 28
Grænagil 35
Grænavatn 127
Grimsvötn 50
Grjótagjá 86

H
Hafragil 78
Hafragilsfoss 78
Hallormsstaður 58
Heimæy 128
Héraðsflói 62
Herðubreið 92
Herðubreiðarlindir 93
Hindisvík 105
Hljóðaklettar 74
Höfn 52, 56
Hófur 90
Hólmarfossar 76
Hólmatungur 76
Horn 114
Hrafntinnusker 39
Hraunfossar 120
Hraunsfjarðarvatn 115
Hruná 28
Hundafoss 43, 47
Húsadalur 30

Húsafell 120
Hvalfjörður 122
Hvannagil 56
Hvanngil 26
Hverarönd 88
Hveravellir 17
Hverfjall 81
Hvítá 120
Hvitarvatn 17
Hvitserkur 62
Hvítserkur 105
Hvituhnjúkur 62
Hvollsvöllur 26, 28, 30
Hvolsvöllur 32

I
Isafjörður 106
Ishellir 120
Isla de los Hombres del Oeste 128

J
Jökulsá á Brú 64
Jökulsá á Fjöllum 70, 74, 93
Jökulsá á Fljótsdal 60
Jökulsá i Lóni 56
Jökulsárgljúfur 70
Jökulsárlón 52

K
Kaldalón 106
Karlsárdalur 98
Katla 77
Kerlingarfjöll 131
Kirkjubæjarklaustur 40
Kjalvegur 17
Klappir 72
Kópasker 68
Krafla 90
Kristínartindar 50
Krossá 30
Krýsuvík, zona termal 126

L
Lagarfljót 64
Lago de Lögurinn 59, 60
Lambifoss 58
Landmannalaugar 35, 39, 130
Langidalur 30
Langjökull 131
Látrabjarg 112
Leirhnjúkur 91
Litla Brandsgil 36
Litlanesfoss 60
Lögberg 124
Lónsöræfi 17

M
Melrakkaslétta 68
Morinsheiði 25
Morsárdalur 47
Morsárjökull 47
Mýrdalsjökull 30
Mývatn 82

N
Námafjall 88
Nýja-Eldhraun 40
Nyrðrihnukur 50

O
Ódádahraun 92
Olafsfjörður 99
Öskjuvatn 94
Öxarárfoss 124

P
Parque Nacional de Fjallabak 34
Patreksfjörður 112

R
Raftagil 56
Rauðholar 74
Rauðinúpur 68
Refugio Básar 25, 26
Reykjahlið 80, 84, 86, 88, 90

Reykjanes 126
Reykjavik 103, 126

S
Sanddalur 78
Selfoss 78
Seljalandsfoss 32
Selvallavatn 114
Seyðisfjörður 20
Sjónarnípa 48
Sjónarsker 42, 47, 50
Skaftafell 44, 46, 52
Skagafjörður 100
Skalli 36
Skeiðará 50
Skeiðsvatn 100
Skógafoss 24
Skógar 24
Skútustaðir 82
Snæfell 17
Snæfells 131
Snæfellsjökull 116
Snorrastaðir 118
Stakkholtsgjá 27
Stóra Brandsgil 37
Stóragjá 86
Storibotn 122

Stykkishólmur 114
Súlur 96, 130
Surtarbrandsgil 110
Surtshellir 120
Svarfaðardalurs 100
Svartifoss 42, 47
Systravatn 40

T
Þingvallavatn 125
Þingvellir 124
Þjófafoss 43
Þórsmörk 24, 30
Þverárjökull 100
Tindfjallajökull 30
Tungnakvísl 28

U
Urðarhólarvatn 62

V
Valahnúkur 30
Vatnsnes, península 104
Vesturdalur 78
Vindbelgjarfjall 84
Vitilaug 94